高职高专汽车三融合新型教材

汽车故障诊断与维修 学习领域9

汽车舒适与安全系统故障诊断与维修

主编 毛 峰
参编 杨庭霞 郑锦汤 李亚鹏 陈先亮
李少平 刘存山 马 良 龙 清

机械工业出版社

本书以"必需、够用"为编写原则，以企业岗位需求为基本依据，以培养职业素养、专业技能与企业文化深度融合为主线。本书吸收了国内外先进职教经验，体现国内最新教学成果，以"项目引领、任务驱动"为主线，内容上力求反映行业最新技术发展动态。教材形式活泼，教学资源丰富，除主教材外，还配以《学习工作页》和大量的教学资源（含PPT、微课视频、学习工作页题解等），通过二维码可链接教学资源，方便教师授课和学生课外学习。

本书主要内容包括汽车仪表与报警系统故障诊断与维修、电动车窗等辅助电气系统故障诊断与维修、安全与防盗系统故障诊断与维修、车道变换等辅助驾驶系统故障诊断与维修及汽车空调系统故障诊断与维修五个项目，以丰田卡罗拉1.6AT汽车及奥迪A4L汽车为主要载体，通过22个典型工作任务介绍了系统的基本组成、工作原理、故障诊断及排除方法等内容。

本书可作为高等职业院校汽车检测与维修技术及汽车运用工程专业教材，也可供汽车维修行业技术人员及汽车工程技术人员学习参考。

图书在版编目（CIP）数据

汽车舒适与安全系统故障诊断与维修/毛峰主编 . —北京：机械工业出版社，2021. 2（2023. 1 重印）
高职高专汽车三融合新型教材
ISBN 978-7-111-67015-5

Ⅰ. ①汽…　Ⅱ. ①毛…　Ⅲ. ①汽车-舒适性-高等职业教育-教材②汽车-安全装置-检修-高等职业教育-教材　Ⅳ. ①U461.4②U472.41

中国版本图书馆 CIP 数据核字（2020）第 242092 号

机械工业出版社（北京市百万庄大街22号　邮政编码100037）
策划编辑：蓝伙金　责任编辑：蓝伙金
责任校对：王　延　封面设计：鞠　杨
责任印制：常天培
固安县铭成印刷有限公司印刷
2023 年 1 月第 1 版第 2 次印刷
184mm×260mm·22 印张·537 千字
标准书号：ISBN 978-7-111-67015-5
定价：65.00 元

电话服务　　　　　　　　　网络服务
客服电话：010-88361066　　机　工　官　网：www.cmpbook.com
　　　　　010-88379833　　机　工　官　博：weibo.com/cmp1952
　　　　　010-68326294　　金　书　网：www.golden-book.com
封底无防伪标均为盗版　　机工教育服务网：www.cmpedu.com

高职高专汽车三融合新型教材
编审委员会

高职高专汽车三融合新型教材
编写委员会

主　任：蔡兴旺（韶关学院）

副主任：欧阳惠芳（广州汽车集团股份有限公司）

　　　　曹晓光（广州科技职业技术大学）

　　　　毛　峰（东莞职业技术学院）

　　　　潘伟荣（广东交通职业技术学院）

　　　　王兆海（深圳职业技术学院）

　　　　黄　伟（广东机电职业技术学院）

　　　　夏长明（广州城建职业学院）

　　　　王玉彪（深圳风向标教育资源股份有限公司）

委　员：（按姓氏拼音排序）

　　　　陈连云（广东交通职业技术学院）

　　　　邓志君（深圳职业技术学院）

　　　　郭海龙（广东交通职业技术学院）

　　　　刘奕贯（南京交通职业技术学院）

　　　　欧阳思（广州汽车集团零部件有限公司）

　　　　邱今胜（深圳信息职业技术学院）

　　　　孙龙林（深圳职业技术学院）

　　　　王丽丽（广州汽车集团股份有限公司）

　　　　王庆坚（广东交通职业技术学院）

　　　　王章杰（深圳风向标教育资源股份有限公司）

　　　　谢少芳（广东交通职业技术学院）

　　　　许睿奇（广州汽车集团零部件有限公司）

　　　　杨庭霞（广州松田职业技术学院）

　　　　叶冰雪（华南理工大学）

　　　　张永栋（广东交通职业技术学院）

　　　　郑锦汤（广州华商职业学院）

　　　　周　逊（广州珠江职业技术学院）

序

为认真贯彻执行教育部文件精神，服务汽车产业升级需要，在市场调研和专家论证的基础上，我们列出了"高职高专汽车三融合新型教材"选题19种，并组建一流的编写队伍，在一线行业专家和院校名师组成的编审委员会的指导下编写了本套教材。

一、编写的指导思想和原则

本套教材以高职"汽车检测与维修技术"专业为主，兼顾汽车运用技术、汽车电子技术等专业教学需要，对应汽车各专业诸多平台课（"汽车企业文化""汽车机械识图""汽车机械基础""汽车电工电子技术基础"等）、核心专业课（"汽车维修接待、沟通与管理""汽车维护""车载网络系统故障诊断与维修""汽车发动机管理系统故障诊断与维修""电动汽车与燃气汽车故障诊断与维修"等12个学习领域）和部分典型品牌汽车维修案例等大量教学资源。

1. 编写指导思想

以就业为导向，以岗位需求为核心，努力将职业素养、专业技能与企业文化深度融合（三融合），使学生在学习专业知识和技能的同时，接受职业素养教育和企业文化熏陶，培养爱国爱岗、敬业守信、精益求精的观念，健全的人格和良好的修养，崇尚工匠精神，建立社会主义核心价值观。

2. 编写原则

以"必需、够用"为编写原则，以企业需求为基本依据，以培养职业素养、专业技能与企业文化深度融合为主线，兼顾行业升级需要和降低城市雾霾等环境保护的新要求，突出新能源汽车等新知识、新技术、新工艺和新方法。

二、教材特色

本套教材从企业实际出发，以培养技术应用型人才为目标，在总结多年教学经验和已有教材的基础上，充分吸取先进职教理念和方法，形成如下特点：

1. 吸收国内外先进职教经验，体现科学性和时代性

认真吸取了中德职业教育汽车机电合作项目（SGAVE）和国家示范性院校、骨干院校专业建设项目等近年来国内外的最新教学改革成果，认真总结借鉴了参加教材编写院校的许多成功经验，使本套教材具有科学性和时代性。

2. 以"项目引领、任务驱动"为主线，实现"知行合一"

本套教材以客户要求和汽车维修过程为导向，以实际任务为驱动，以实际职业要求为目标，模拟企业服务流程，包括任务接受、任务接待、任务准备（含信息资料收集与学习、任务分析、维修计划制订、设备材料准备等）、任务实施（含故障检测、使用维修、安全环保、任务检查等）和任务交付的完整行动过程。有些教材直接由企业（广州汽车集团）主编（如《汽车企业文化》和《汽车维修接待、沟通与管理》）。结合国内保有量较大的汽车

车型，按照学生认识规律，从感性到理性，由浅入深，将汽车的结构、原理、运用、维护、故障诊断与维修有机融合，各教材均插入"学习工作页"，促进学、做结合，理论紧密联系实际，着力提高学生的实践技能、综合素质和就业能力。

3. 内容上力求反映行业最新技术发展动态

为了尽可能满足行业升级需要、减少污染等环境保护的新要求，本套教材讲解了车载网络系统、电控管理系统和新能源汽车等汽车前沿最新技术，突出介绍汽车新知识、新技术、新工艺和新方法。

4. 体现中高职的有效衔接，避免重复或空白

本套教材从体系上既考虑普遍性，也考虑专项针对性，以适应不同层次、不同起点的教学需要。

5. 形式活泼，教学资源丰富

本套教材适应高职学生特点，除了主教材外，还配以"学习工作页"和大量的教学资源（含微视频/动画、学习工作页题解和教学资源包等），通过扫描二维码可链接教学资源，方便教师授课和学生课外学习。

三、教材编写队伍

本套教材由华南理工大学、韶关学院、广东交通职业技术学院、深圳职业技术学院、广州科技职业技术大学、东莞职业技术学院、广东机电职业技术学院、广州珠江职业技术学院、深圳信息职业技术学院、南京交通职业技术学院等10多所职业院校和广州汽车集团股份有限公司、深圳风向标教育资源股分有限公司等组织编写。编写成员包括企业高管、企业专家、技术骨干和院校院/校长、专业名师、学科带头人、骨干教师。

本套教材成立了教材编审委员会和教材编写委员会，在教材编审委员会的指导下，编写委员会参考了中德职业教育汽车机电合作项目（SGAVE）的课程大纲要求，结合企业需要，列出选题计划，并统一教材编写的指导思想、原则和体例等。通过自荐或他荐方式，确定了多名教授领衔主编，并要求主编拟定各自负责的教材编写大纲、体例和样章。每本教材的编写大纲、体例和样章都经过三名专家主审，以便集思广益。为了精益求精，许多教材的编写大纲经过多次反复修改。编写中结合优质院校、一流专业等建设项目，充分体现了"产教结合，校企合作"的开发特色，使教材反映了最新的技术和最新的教学成果。最后由蔡兴旺教授统一定稿。这些为保证教材的质量、水平奠定了坚实的基础。

"高职高专汽车三融合新型教材"编审委员会
"高职高专汽车三融合新型教材"编写委员会

出 版 说 明

教材是教学过程的主要载体，加强教材建设是深化教学改革的有效途径，是推进人才培养模式改革的重要条件，也是保障教学基本质量、培养高端技能型人才和技术应用型人才的重要基础。

一、培养目标说明

本套教材从职业分析入手，对职业岗位进行了能力分解（包括倾听客户抱怨、技术咨询、维修检测、专业工具和仪器设备操作、故障诊断和维修保养），确定了高职高专汽车检测与维修技术专业的培养目标，即面向汽车"后市场"，培养具有与本专业相适应的水平和良好的职业道德，掌握一定的专业理论知识，具备较强的实践技能、实际工作能力和经营管理能力，德、智、体、美、劳等方面全面发展的高等技术应用型人才。

二、职业素养的内容体系

1. 职业基本素养

（1）政治素养 政治素养包括正确的理想信念以及人生观、世界观、价值观。

（2）意识素养 意识素养包括敬业乐业意识、责任意识、团队合作意识和职业规划意识。

（3）道德素养 道德素养包括社会基本道德品质素养和职业品行修养，要养成诚信、文明礼貌、勤俭自强、乐于助人的良好品质。

（4）文化素养 不但要有计算机知识、外语和专业基础等相关文化知识，还要了解有关汽车企业的文化和发展理念。

2. 能力素养

（1）一般能力 一般能力主要指智商和情商。智商包括记忆力、思维能力、逻辑推理能力、空间想象能力和表达能力等；情商包括情绪控制能力、自我控制能力和人际交往能力。

（2）专业技能 专业技能主要通过专业课学习、培训开发转化而成。专业课应以岗位工作任务为依据，以项目为导向，以任务驱动为原则构建教学内容，采取"教、学、做"一体化来开展教学活动，并重视通过校企合作、工学交替、顶岗实习等人才培养模式改革来培养和提高专业技能。专业技能可以分为一般专业能力和核心专业能力。

① 一般专业能力是应用能力、汽车阅读能力和汽车驾驶能力。

② 核心专业能力是汽车拆装、检查、修理能力，汽车故障诊断能力，汽车性能检测能力和汽车维修企业管理能力。

（3）综合能力 综合能力是一般能力和专业技能的运用能力，既涉及特定的专业综合能力，又涉及跨专业的职业核心能力。

1）专业综合能力包括下列能力：

① 能专业地使用有关维修工具、诊断系统、测量仪和信息系统。

② 能按照维修手册、电路图和工作说明进行操作作业，会选取材料和备件并完成订购过程，能熟练地拆卸和安装部件和总成，并对不同部件进行维修，且维修时采取质量保证措施，保持工位的有序（5A）和整洁（5S）。

③ 能独立制订工作计划并实施，使工作过程可视化。

④ 能查找资料与文献，以取得有用的知识。

⑤ 能处理优惠和索赔委托任务。

2) 专业的职业核心能力包括信息处理能力、沟通能力、组织协调能力和创新能力。

① 信息处理能力，即对信息的识别、整合和加工的能力。

② 沟通能力，是指人在交往过程中所表现出来的联络与协调能力。

③ 组织协调能力，是指从工作任务出发，对资源进行分配、调控、激励和协调，以实现工作目标的能力。

④ 创新能力，是指创新事物、方法的能力。近年来，我国大力提倡教育要培养具有创新精神、创新意识和创新能力的人才，因此有必要在有关课程和教学活动中引导、培养创新创业、技改意识和能力，使学生养成勤用脑、多用手、大胆想、敢突破的创新精神和能力。

三、资源说明

本套教材围绕职业教育"教、学、做"三个服务维度开发。每本教材由主教材和学习工作页两部分组成。主教材部分主要由构造、原理和检修内容组成。学习工作页部分包含理论学习和实训。理论学习又包括课前预习和课后习题（如填空、填图、问答、班级交流等），以评价学习是否达标；实训则注重流程和方法的掌握。

本套教材在内容选材、编写和呈现方式等多方面加强精品化建设，采用双色印刷，同时配有教学资源包、微视频/动画、学习工作页题解等教学资源，为教、学、练、考提供便利。

教学资源包：包括教学课件和相关微课等资源，供教师上课、学生课前预习和课后复习使用，可以登录机械工业出版社教育服务网 www.cmpedu.com 注册下载。咨询电话010-88379375。

微视频/动画：对于课本中的部分重点、难点，以视频形式给予讲解，读者可以用手机或平板计算机扫描书中二维码链接观看。

学习工作页题解：配有每个项目的学习工作页题目解答，供做作业时参考。

机械工业出版社

前　言

随着汽车家庭化的普及，人们对汽车舒适与安全性能尤为关注，因此汽车厂家抓住这一机遇，在安全与舒适方面配置不断升级，汽车销量每年都创新高。

由于汽车在安全与舒适系统方面的配置不断升级与推广，在汽车检测与维修行业中针对安全与舒适系统的维修工作量也有了大幅度提高，因此，在编写本教材时，我们从实际出发，确定以丰田卡罗拉1.6AT汽车及奥迪A4L汽车为主要载体，调研了汽车维修企业机电工岗位的具体维修任务，通过分析安全与舒适系统常见的工作内容，提炼了22个典型工作任务，以此构成本教材的全部教学内容。

本教材编写指导思想是坚持"职业活动导向，工作任务驱动，项目载体"的教学理念，满足"做学教"一体化的教学模式需求，内容上力求反映行业最新技术发展动态。

本教材将汽车安全与舒适系统分为汽车仪表与报警系统故障诊断与维修、电动车窗等辅助电气系统故障诊断与维修、安全与防盗系统故障诊断与维修、车道变换等辅助驾驶系统故障诊断与维修及汽车空调系统故障诊断与维修五个项目，每个项目中通过若干个典型工作任务介绍了系统的基本组成、工作原理、故障诊断及排除方法等内容，理论知识以"适度、够用"为准则，重点突出工作任务的实施过程。

本教材由东莞职业技术学院毛峰主编，具体分工如下：杨庭霞编写项目1、郑锦汤编写项目2、李亚鹏编写项目3、陈先亮编写项目4、毛峰编写项目5，李少平编写学生工作页，刘存山、马良及龙清负责网络资源开发与制作。本书由毛峰统稿。

本教材除主教材外，还配以《学习工作页》和大量的教学资源（含PPT、微课视频、学习工作页题解等），通过二维码可链接教学资源，方便教学授课和学生课外学习。

在此，对所有帮助和支持本书出版的同事与相关单位表示衷心的感谢。由于作者水平有限，书中难免有疏漏和不妥之处，恳请读者批评指正。

编　者

二维码索引

序号	名称	图形	页码	序号	名称	图形	页码
1	奥迪车的防盗报警系统		132	6	自适应前照灯		209
2	安全气囊工作原理		153	7	平视系统		213
3	预张紧器安全带		163	8	斜盘式压缩机		220
4	ACC 介绍		196	9	H 形膨胀阀工作原理		226
5	夜视系统		205	10	孔管式制冷系统		227

目　录

序

出版说明

前言

二维码索引

项目1　汽车仪表与报警系统故障诊断与维修 1

任务1　汽车仪表不工作故障的诊断与维修 1

任务2　冷却液温度表不工作故障的诊断与维修 14

任务3　燃油表不工作故障的诊断与维修 19

任务4　车速表不工作故障的诊断与维修 25

任务5　发动机转速表不工作故障的诊断与维修 29

知识拓展1　仪表警告灯 34

知识拓展2　汽车总线技术 37

项目2　电动车窗等辅助电气系统故障诊断与维修 47

任务6　右后车窗玻璃不能下降故障的诊断与维修 47

任务7　左侧后视镜不能调整故障的诊断与维修 59

任务8　驾驶人侧电动座椅不能调整故障的诊断与维修 70

任务9　电动天窗不能打开故障的诊断与维修 79

任务10　刮水器不工作故障的诊断与维修 91

任务11　后风窗玻璃除雾器不工作故障的诊断与维修 104

项目3　安全与防盗系统故障诊断与维修 109

任务12　驾驶人侧车门不能锁止故障的诊断与维修 109

任务13　不能进入防盗报警模式故障的诊断与维修 124

知识拓展　无钥匙便捷上车及起动系统 139

任务14　安全气囊警告灯常亮故障的诊断与维修 143

项目4　车道变换等辅助驾驶系统故障诊断与维修 169

任务15　驻车距离报警系统不工作故障的诊断与维修 169

任务16　自动泊车系统不工作故障的诊断与维修 183

任务17　车道变换辅助系统不工作故障的诊断与维修 190

任务18　自适应巡航系统不工作故障的诊断与维修 196

知识拓展1　夜视系统 205

知识拓展2　自适应前照灯 209

知识拓展3　平视系统 212

项目5　汽车空调系统故障诊断与维修 216

任务19　汽车空调系统不能制冷故障的诊断与维修 216

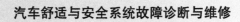

任务 20　汽车空调系统制冷不足故障的诊断与维修 ································· 246

任务 21　汽车空调系统无暖风故障的诊断与维修 ····································· 257

任务 22　汽车空调系统出风口无风故障的诊断与维修 ························· 262

参考文献 ··· 269

项目1
汽车仪表与报警系统故障诊断与维修

任务1　汽车仪表不工作故障的诊断与维修

任务接受

客户报修：我的车（丰田卡罗拉汽车1.6AT）在行驶过程中，仪表突然没有任何显示。

任务准备

1.1　丰田卡罗拉汽车仪表系统的信息收集

1. 组合仪表系统的基本结构

汽车仪表大多采用组合仪表，图1-1所示为丰田卡罗拉汽车组合仪表，其仪表板上主要有燃油表、冷却液温度表、发动机转速表和车速表及多功能信息显示中心，仪表板上还有许多指示灯、警告灯和仪表照明灯等。

图 1-1　丰田卡罗拉汽车组合仪表

丰田卡罗拉汽车组合仪表的结构如图 1-2 所示，具体功能如下所述：

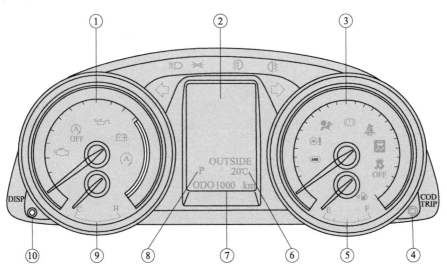

图 1-2　丰田卡罗拉汽车组合仪表的结构

① 转速表：显示发动机的转速，单位为 1000r/min。

② 多信息显示屏：向驾驶人提供各种与驾驶相关的数据，显示有平均油耗、瞬时油耗、室外温度、平均车速、驾驶时间、单次行驶里程及车辆行驶总里程等数据，显示车辆的保养信息，通过按钮④和⑩可切换信息。

③ 车速表：显示车辆行驶的速度，单位为 km/h。

④ ODB/TRIP 按钮：里程表/短距离里程表按钮，总里程数与短距离里程数相互切换。

⑤ 燃油表：显示燃油箱剩余燃油的数量。

⑥ 车外温度：显示环境温度。

⑦ 里程表/短距离里程表：ODO（里程表）显示车辆已行驶的总里程数，不能清零；TRIP（短距离里程表）显示临时计数的短距离里程数，可以清零，TRIPA 与 TRIPB 可以显示不同的两个短距离里程数，通过按钮④可切换信息。

⑧ 档位：显示所选档位。

⑨ 发动机冷却液温度表：显示发动机冷却液的温度。

⑩ DISP 按钮：切换多信息显示屏的信息。

2. 指示灯及所表达的信息

指示灯的作用是提示驾驶人车辆各系统所处的工作状态，丰田卡罗拉汽车组合仪表上常见的指示灯见表 1-1。

表 1-1　丰田卡罗拉汽车组合仪表上常见的指示灯

	转向信号指示灯		档位指示灯
	前照灯远光指示灯		巡航控制指示灯
	尾灯指示灯		打滑指标灯
	前雾灯指示灯	VSC OFF	车辆稳定控制系统/牵引力控制系统关闭指示灯
	后雾灯指示灯	SECURITY	发动机停机/警报系统指示灯

3. 警告灯及所表达的信息

当车辆运行时，如果任一警告灯点亮或闪烁，说明该系统出现故障。丰田卡罗拉汽车常见的警告灯点亮或闪烁应进行如下措施：

1）行驶车辆需要立即停车到路边，关闭发动机，联系汽车维修企业进行救援，此类警告灯及所表达的内容见表 1-2。

表 1-2　需要立即停车进行维修的警告灯

警告灯	警告灯详情
	制动系统警告灯 表示存在下列情况： 1）制动液液位过低 2）制动系统存在故障 未解除驻车制动时该警告灯也会点亮。如果完全解除驻车制动后此警告灯熄灭，则系统工作正常
	充电系统警告灯 表示车辆的充电系统存在故障
	发动机油压不足警告灯（非光电子仪表） 表示发动机油压过低

2）行驶车辆不需要立即停车，但驾驶人要注意观察车辆在行驶过程中是否存在异常，方便时再与汽车维修企业进行预约检测，此类警告灯及所表达的内容见表1-3。

表1-3　不需要立即停车而需要驾驶人认真观察的警告灯

警告灯	警告灯详情
	故障指示灯 表示以下系统存在故障： 1）发动机电控系统 2）电子节气门控制系统 3）自动变速器电控系统或无级变速器电控系统（若装备）
	SRS警告灯 表示以下系统存在故障： 1）SRS（安全气囊）系统 2）座椅安全带预张紧器系统
(ABS)	ABS警告灯 表示以下系统存在故障： 1）ABS（防抱死制动系统） 2）制动辅助系统
	EPS警告灯（警告蜂鸣器） 表示电动转向系统（EPS）存在故障
VSC OFF （闪烁）	"VSC OFF"指示灯（若装备） 表示VSC系统或TRC系统存在故障
	打滑指示灯（若装备） 表示VSC系统或TRC系统存在故障
（闪烁）	巡航控制指示灯（若装备） 表示巡航控制系统存在故障
	前照灯光束高度自动调节系统警告灯（若装备） 表示前照灯光束高度自动调节系统存在故障
	丰田驻车辅助传感器指示灯（若装备） 表示丰田驻车辅助系统存在故障

3）需要驾驶人自己处理的警告灯，此类警告灯及所表达的内容见表1-4。

表 1-4　需要驾驶人自己处理的警告灯

警告灯	警告灯详情	应对措施
	车门打开警告灯（非光电子仪表） 表示车门或行李舱未完全关闭	检查并确认所有车门及行李舱均已关闭
（闪烁）	燃油油位过低警告灯（光电子仪表） 表示剩余燃油约为 8.3L（公升）或更少	给车辆加注燃油
（闪烁更快）	燃油油位过低警告灯（光电子仪表） 表示剩余燃油约为 5.5L（公升）或更少	给车辆加注燃油
	燃油油位过低警告灯（非光电子仪表） 表示剩余燃油约为 8.3L（公升）或更少	给车辆加注燃油
（在仪表组上）	驾驶人座椅安全带提示灯 警告驾驶人系紧座椅安全带	系紧座椅安全带
或 （在中央仪表板上）	前排乘员座椅安全带提示灯 警告前排乘员系紧座椅安全带	系紧座椅安全带
	主警告灯（光电子仪表） 蜂鸣器鸣响且警告灯点亮并闪烁，表示主警告系统已检测到故障	请联系汽车维修企业
A/T OIL TEMP	无级变速器油温警告灯 表示无级变速器油温过高	将车辆停放在安全地点并将变速杆换至 P 位 如果警告灯不熄灭，请联系汽车维修企业

1.2　丰田卡罗拉汽车组合仪表不工作的故障分析

1. 组合仪表的工作原理

组合仪表工作时需要接收全车各个系统的信号，在众多的信号中，有些信号是通过 CAN 总线传输给组合仪表的，而有些信号是通过导线直接传输给组合仪表的。丰田卡罗拉汽车组合仪表所在的 CAN 总线图如图 1-3 所示，丰田卡罗拉汽车组合仪表系统控制原理图如图 1-4 所示。丰田卡罗拉汽车组合仪表电源电路如图 1-5 所示。

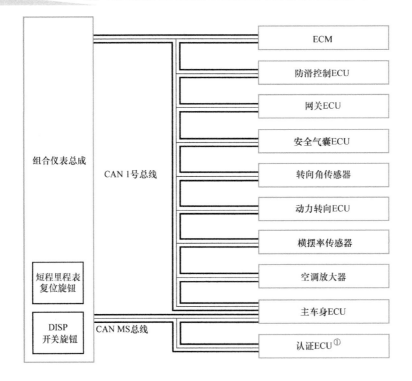

①：带智能上车和起动系统

━━━━ ：CAN

图 1-3　丰田卡罗拉汽车组合仪表所在的 CAN 总线图

①：带智能上车和起动系统　　　　②：带丰田驻车辅助传感器系统

③：带导航系统　　　　④：带前照灯光束高度自动控制

──→ ：直线连接

图 1-4　丰田卡罗拉汽车组合仪表系统控制原理图

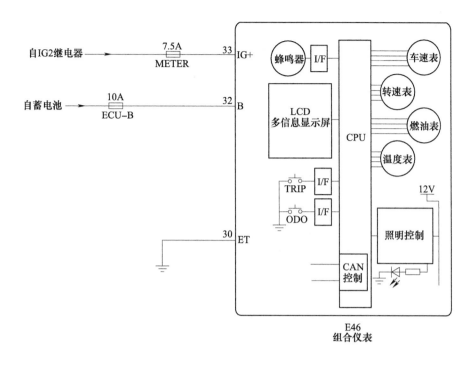

图 1-5　丰田卡罗拉汽车组合仪表电源电路

2. 组合仪表不工作的故障原因分析

根据组合仪表的结构及工作原理可知，故障部位及原因分析如图 1-6 所示。

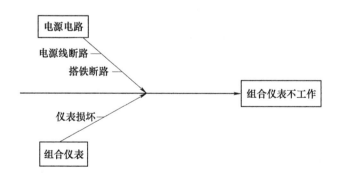

图 1-6　组合仪表不工作的故障部位及原因分析

1.3　丰田卡罗拉汽车仪表系统维修计划与维修设备、材料准备

1. 维修计划

1）外部直观检查。

2）采用万用表等一般仪器检测。

3）采用解码器进行故障诊断。

4）确定故障原因和零部件。

5）针对存在的问题进行拆装维修。

2. 维修设备、材料准备

丰田卡罗拉汽车仪表系统维修设备与材料准备见表1-5。

表1-5　丰田卡罗拉汽车仪表系统维修设备与材料准备

名称	数量	名称	数量
解码器	1台	维修手册	1套
汽车万用表	1台	手套、抹布等	1批
常规拆装工具	1套	电工胶布等	1卷
扭力扳手	1把	工作台	1台

任务实施

⚠警告
1. 拆卸仪表组装饰板总成时，要在相关位置粘贴保护性胶带，防止刮伤 2. 拆下组合仪表总成时，小心不要损坏导向销

1.4　丰田卡罗拉汽车仪表系统的故障检查

1. 确认故障现象

打开点火开关，发现组合仪表不工作，确认故障真实存在。

2. 故障检测

（1）检测熔丝　检测熔丝是否正常，如果不正常应更换熔丝；ECU-B熔丝在发动机舱熔丝继电器盒中，如图1-7所示，METER熔丝在仪表板熔丝继电器盒中，如图1-8所示。

（2）检测线束　断开组合仪表线束插接器，测试线束插接器端子30、32、33，如图1-9所示，检测标准及结果见表1-6。若检测结果正常，则更换仪表总成；若检测结果与标准不符，则检测线束。

表1-6　丰田卡罗拉仪表线束插接器检测标准及结果

解码器[①]连接	条件	规定状态	实测结果
E46-30（ET）-车身搭铁	始终	小于1Ω	
E46-32（B）-车身搭铁	始终	11~14V	
E46-33（IG+）-车身搭铁	点火开关置于ON（IG）位置	11~14V	

① 维修手册中检测仪。

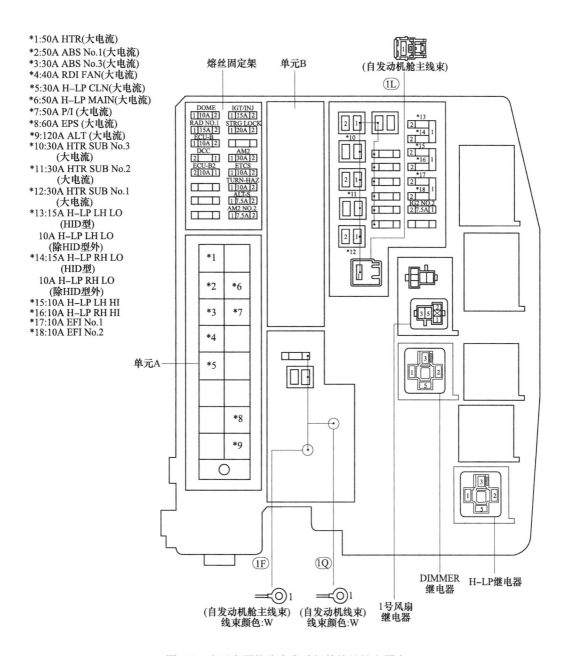

图1-7 丰田卡罗拉汽车发动机舱熔丝继电器盒

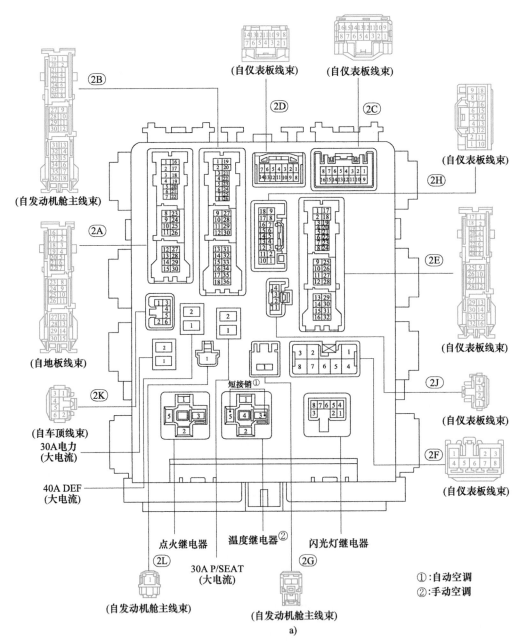

(自仪表板线束)

(自仪表板线束)

(2B)

(2D)

(2C)

(自仪表板线束)

(自发动机舱主线束)

(2H)

(2A)

(2E)

(自地板线束)

(自仪表板线束)

(2K)

短接销①

(2J)

(自车顶线束)

(自仪表板线束)

30A电力
(大电流)

(2F)

40A DEF
(大电流)

(自仪表板线束)

点火继电器

温度继电器②

闪光灯继电器

(2L)

30A P/SEAT
(大电流)

(2G)

①:自动空调
②:手动空调

(自发动机舱主线束)

(自发动机舱主线束)

a)

图1-8 丰田卡罗拉汽车仪表板熔丝继电器盒

a) 熔丝继电器盒正面

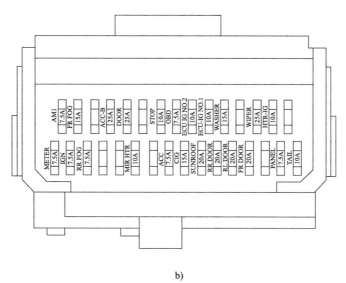

b)

图 1-8　丰田卡罗拉汽车仪表板熔丝继电器盒（续）

b）熔丝断电器盒下端面

（3）丰田卡罗拉汽车仪表总成拆装要点及注意事项　丰田卡罗拉汽车仪表总成安装图如图 1-10 所示。

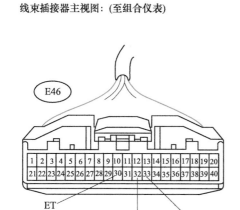

图 1-9　丰田卡罗拉汽车仪表线束插接器端子图

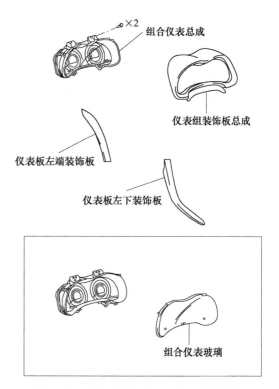

图 1-10　丰田卡罗拉汽车仪表总成安装图

1）拆卸仪表板左右下装饰板，如图1-11所示。

① 脱开三个卡爪和卡子，拆下仪表板左下装饰板。

② 脱开三个卡爪和卡子，拆下仪表板右下装饰板。

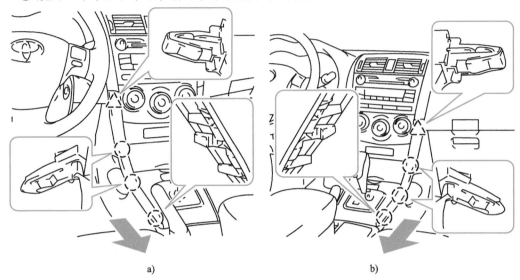

a)   b)

图1-11　拆卸仪表板左右下装饰板

2）拆卸仪表板左端装饰板，如图1-12所示。

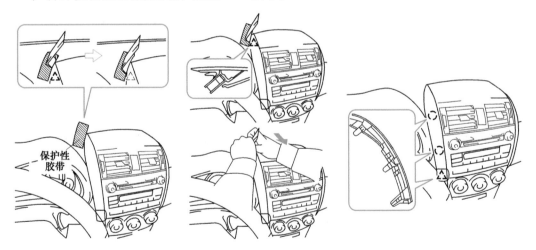

图1-12　拆卸仪表板左端装饰板

① 在图示位置粘贴保护性胶带。

② 插入车顶防护条拆卸工具并向卡子滑动拆卸工具。

③ 用双手拉动拆卸工具，以将卡子脱开。

④ 脱开两个卡爪和卡子，拆下仪表板左端装饰板。

3）拆卸仪表板右端装饰板，如图1-13所示。

① 在图示位置粘贴保护性胶带。

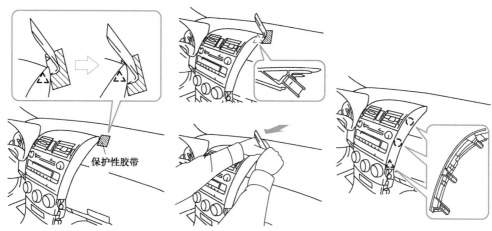

图 1-13 拆卸仪表板右端装饰板

② 插入车顶防护条拆卸工具并向卡子滑动拆卸工具。

③ 用双手拉动拆卸工具，以将卡子脱开。

④ 脱开两个卡爪和卡子，拆下仪表板右端装饰板。

4）拆卸仪表装饰板总成，如图 1-14 所示。

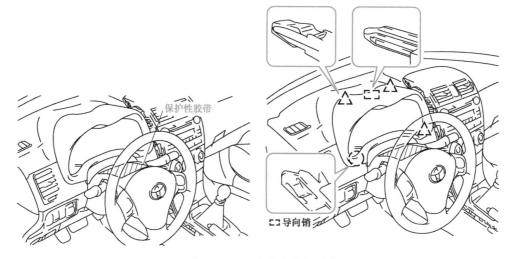

图 1-14 拆卸仪表装饰板总成

① 操作倾斜度调节杆，以降下转向盘总成。

② 在图示位置粘贴保护性胶带。

③ 脱开导向销、卡爪和三个卡子，并拆下仪表装饰板总成。

5）拆卸仪表总成，如图 1-15 所示。

① 拆下两个螺钉。

② 脱开两个导向销（拆下组合仪表总成时，不要损坏导向销）。

③ 拉出组合仪表总成，断开插接器，并拆下组合仪表总成（不要损坏组合仪表总成）。

④ 脱开八个卡爪，便可拆下组合仪表玻璃。

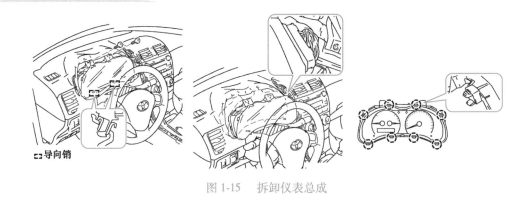

□: 导向销

图 1-15　拆卸仪表总成

任务 2　冷却液温度表不工作故障的诊断与维修

任务接受

客户报修：我的车（丰田卡罗拉汽车 1.6AT）在行驶过程中，发动机冷却液温度表突然没有任何显示。

任务准备

2.1　丰田卡罗拉汽车发动机冷却液温度表系统的信息收集

1. 发动机冷却液温度表的结构原理

发动机冷却液温度表通常也称为"水温表"，冷却液温度表是用来指示发动机冷却液工作温度的。冷却液温度表的工作电路由冷却液温度表和冷却液温度传感器两部分组成，冷却液温度表安装在组合仪表内，冷却液温度传感器安装在发动机气缸盖的冷却水套上。

目前在多数汽车上，冷却液温度表与冷却液温度警告灯同时使用。冷却液温度表分为电热式和电磁式两种。

（1）电热式冷却液温度表　图 1-16 所示为电热式冷却液温度表的结构原理。

热敏电阻式冷却液温度传感器的主要元件为负温度系数的热敏电阻，即温度升高，电阻值下降；温度下降，电阻值上升。

闭合点火开关，冷却液温度表电路接通。当冷却液温度较低时，热敏电阻阻值大，冷却液温度表电路电流较小，冷却液温度表加热线圈的温度低，双金属片的变形量较小，指针指示低温；当冷却液温度较高时，热敏电阻阻值小，冷却液温度表电路电流增大，冷却液温度表加热线圈温度高，双金属片的变形量较大，指针指示高温。

（2）电磁式冷却液温度表　电磁式冷却液温度表的结构原理如图 1-17 所示。电磁式冷却液温度表内有两个互成一定角度的铁心，铁心上分别绕有磁化线圈，其中磁化线圈 L_2 与冷却液温度传感器串联，磁化线圈 L_1 与冷却液温度传感器并联，两个铁心的下端对着带指针的偏转衔铁，其等效电路图如图 1-18 所示。

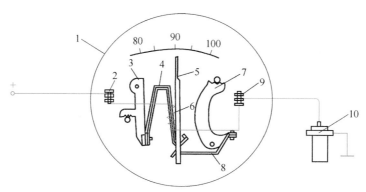

图 1-16　电热式冷却液温度表的结构原理

1—冷却液温度表　2、9—接线柱　3、7—调节齿扇　4—双金属片

5—指针　6—加热线圈　8—弹簧　10—冷却液温度传感器

电磁式冷却液温度表的工作原理：当冷却液温度低时，由于热敏电阻传感器的阻值大，因此线圈 L_2 中的电流小，而线圈 L_1 中的电流大，磁场强，吸引衔铁使指针指向低温；当冷却液温度高时，由于热敏电阻传感器的阻值减小，流经线圈 L_2 的电流增大，磁场增强，吸引衔铁逐渐向高温方向偏转，使指针指向高温。

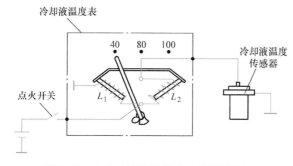

图 1-17　电磁式冷却液温度表的结构原理

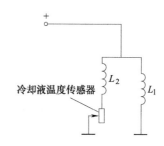

图 1-18　电磁式冷却液温度表的等效电路图

2. 丰田卡罗拉汽车发动机冷却液温度表系统的电路原理

丰田卡罗拉汽车发动机冷却液温度表系统电路原理如图 1-19 所示。当发动机冷却液温度发生变化时，冷却液温度传感器的电阻值将发生变化，此时，仪表 CPU 根据仪表端子

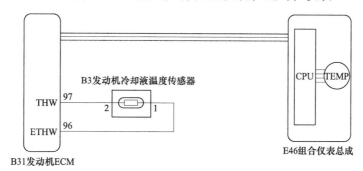

图 1-19　丰田卡罗拉汽车发动机冷却液温度表系统的电路原理图

96、端子 97 之间的电压变化，来控制冷却液温度表显示相应的温度。

2.2 发动机冷却液温度表不工作的故障分析

根据丰田卡罗拉汽车发动机冷却液温度表系统的工作原理可知，故障的部位及原因分析如图 1-20 所示。

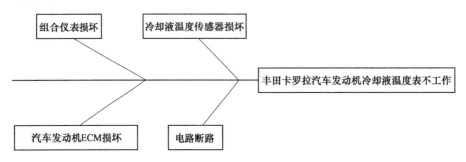

图 1-20 丰田卡罗拉汽车发动机冷却液温度表不工作故障的部位及原因分析

2.3 丰田卡罗拉汽车仪表系统维修计划与维修设备、材料准备

1. 维修计划

1）外部直观检查。

2）采用万用表等一般仪器检测。

3）采用解码器诊断系统进行故障诊断。

4）确定故障原因和零部件。

5）针对存在的问题进行拆装维修。

2. 维修设备、材料准备

丰田卡罗拉汽车仪表系统维修设备与材料准备见表 1-7。

表 1-7 丰田卡罗拉汽车仪表系统维修设备与材料准备

名称	数量	名称	数量
解码器	1 台	维修手册	1 套
汽车万用表	1 台	手套、抹布等	1 批
常规拆装工具	1 套	电工胶布等	1 卷
扭力扳手	1 把	工作台	1 台

任务实施

2.4 丰田卡罗拉汽车发动机冷却液温度表不工作的故障检查

1. 确认故障现象

通过起动发动机进行故障现象确认。随着发动机的运转，冷却液温度表指针没有变化，说明故障真实存在。

2. 故障检测

1）确认 CAN 通信系统正常。

2）用解码器读取故障码，有故障码时，按故障码的提示进行检测。一般常见的为冷却液温度传感器故障、组合仪表故障或发动机 ECM 故障，故障排除方法是更换有故障的元件总成。

如果没有故障码，则进入下一步检测。

3）用解码器进行主动测试，主动测试的步骤如下：

① 将解码器连接到 DLC3。

② 将点火开关置于 ON（IG）位置。

③ 打开解码器。

④ 进入以下菜单项：Diagnosis/OBD/MOBD/Combination Meter/Active Test。

主动测试的结果见表1-8。若指针正常，则更换仪表总成，否则进入下一步检测。

表 1-8 丰田卡罗拉汽车电子仪表冷却液温度表主动测试标准及结果

解码器显示	测试部位	控制范围	实测结果
Water Temperature Meler Operaion	发动机冷却液温度表	低的、正常的、高的	

4）读仪表数据流，步骤如下：

① 将解码器连接到 DLC3。

② 将点火开关置于 ON（IG）位置。

③ 打开解码器。

④ 进入以下菜单项：Diagnosis/OBD/MOBD/Combination Meter/Data List。

数据流检测标准及结果见表1-9，若检测结果正常，则更换仪表，否则，进行下一步检测。

表 1-9 丰田卡罗拉汽车电子仪表冷却液温度表数据流检测标准及结果

解码器显示	测试项目/范围	正常状态	诊断备注	实测结果
Coolant Temperature	发动机冷却液温度：0 ~ 127.5℃（32 ~ 261.5℉）	暖机后：80 ~ 95℃（176~203℉）	如果为-40℃（-40℉）；传感器电路断路 如果为 140℃（284℉）或更高；传感器电路短路	

5）再次读取故障码：

① 将解码器连接到 DLC3。

② 将点火开关置于 ON（IG）位置。

③ 打开解码器。

④ 进入以下菜单项：Diagnosis/Powertrain/Engine and ECT/DTC Info/Clear Codes。

⑤ 使车辆以高于 5km/h（3.1 mph）的速度行驶至少 60s。

⑥ 使车辆停止。

⑦ 读取故障码。

如果没有故障码，则更换仪表总成。

3. 发动机冷却液温度传感器的拆装及检测

若故障码为 P0115、P0116、P0117、P0118，则说明发动机冷却液温度传感器有故障，需要对发动机冷却液温度传感器进行检测。

1）发动机冷却液温度传感器的零件位置如图 1-21 所示。

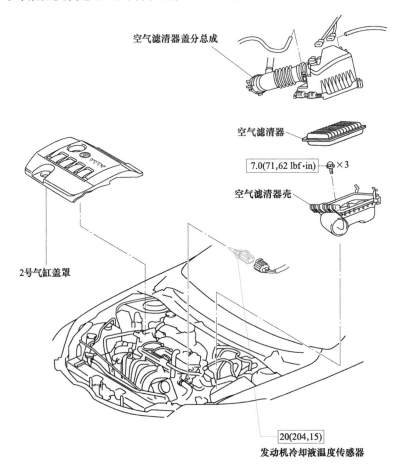

空气滤清器盖分总成

空气滤清器

7.0(71,62 lbf·in) ⊙×3

空气滤清器壳

2号气缸盖罩

20(204,15)

发动机冷却液温度传感器

N·m(kgf·cm、ft·lbf)：规定力矩

图 1-21　发动机冷却液温度传感器的零件位置

2）使用 SST（09817-33190）拆装发动机冷却液温度传感器和衬垫，如图 1-22 所示。

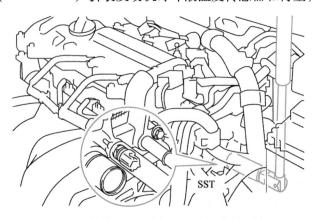

SST

图 1-22　拆装发动机冷却液温度传感器和衬垫

3）检测发动机冷却液温度传感器的方法，如图1-23所示，检测标准见表1-10，若不符合标准，则更换发动机冷却液温度传感器。

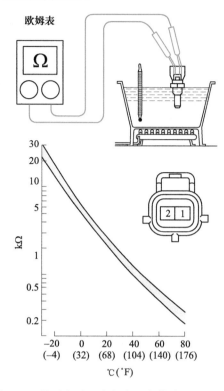

图1-23 检测发动机冷却液温度传感器的方法

表1-10 发动机冷却液温度传感器检测标准

解码器连接	条件	规定状态/kΩ
1-2	20℃（68℉）	2.32~2.59
	80℃（176℉）	0.310~0.326

任务3 燃油表不工作故障的诊断与维修

任务接受

客户报修：我的车（丰田卡罗拉汽车1.6AT）在行驶过程中，燃油表突然没有任何显示。

任务准备

3.1 丰田卡罗拉汽车燃油表系统的信息收集

1. 燃油表的结构原理

燃油表的作用是指示汽车油箱中的存油量，传感器安装在油箱中。燃油表有电磁式和电热式两种，均使用可变电阻式的传感器。

（1）电磁式燃油表 图1-24所示为电磁式燃油表的结构，其传感器由可变电阻、滑片和浮子等组成。当油箱内油面位置高低变化时，浮子带动滑片移动，从而改变电阻大小。左线圈与可变电阻串联，右线圈与可变电阻并联，等效电路图如图1-25所示。其工作原理如下：

当油箱无油时，浮子下沉，可变电阻被滑片短路，右线圈同时被短路，无电流通过。此时，左线圈

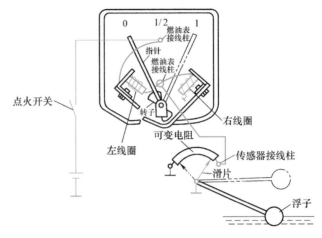

图1-24 电磁式燃油表的结构

中的电流达到最大，产生的电磁吸力最强，吸引转子使指针指向"0"的位置。

当油箱中的燃油增加时，浮子上浮，带动滑片滑动，右线圈中的电流逐渐增大，在左线圈和右线圈的合成磁场作用下，转子带动指针向右偏转，指针指向高刻度位置。

当油箱装满油时，右线圈的电磁力最大，指针指向"1"的位置，当油箱中的油为半箱时，指针指向"1/2"的位置。

（2）电热式燃油表 电热式燃油表的结构如图1-26所示。

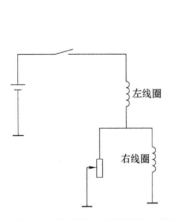

图1-25 电磁式燃油表的等效电路图

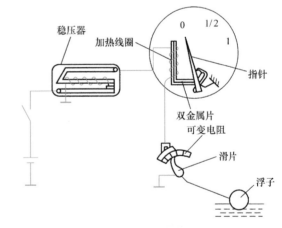

图1-26 电热式燃油表的结构

当油箱无油时，传感器浮子在最低位置，可变电阻的阻值最大，加热线圈中的电流最小，所以双金属片没有变形，指针指示"0"的位置；当油箱中的油量增加时，传感器浮子上浮，带动滑片移动，可变电阻的阻值减小，加热线圈中的电流增大，双金属片受热变形，带动指针向右转动。

2. 丰田卡罗拉汽车燃油表系统的电路原理

丰田卡罗拉汽车燃油表系统的电路原理如图1-27所示。燃油箱内的燃油表传感器电阻在15Ω（浮子处于满位置时）和410Ω（浮子处于空位置时）范围内变化。当油箱内燃油油

位发生变化时，燃油表传感器浮子随之移动，燃油表传感器的电阻值将发生变化，此时，仪表 CPU 根据仪表端子 10、端子 25 之间的电压变化，来控制燃油表显示相应的油量（当燃油油位低于 9.2L 时，燃油油位警告灯将亮起）。

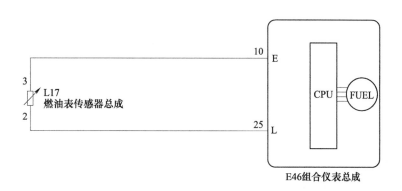

图 1-27　丰田卡罗拉汽车燃油表系统的电路原理

3.2　丰田卡罗拉汽车燃油表不工作的故障分析

根据丰田卡罗拉汽车燃油表的工作原理可知，故障的部位及原因分析如图 1-28 所示。

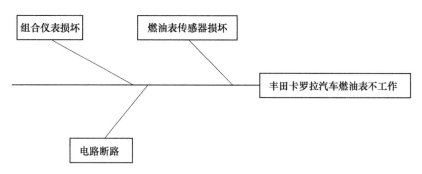

图 1-28　丰田卡罗拉汽车燃油表不工作故障的部位及原因分析

3.3　丰田卡罗拉汽车仪表系统维修计划与维修设备、材料准备

1. 维修计划

1）外部直观检查。

2）采用万用表等一般仪器检测。

3）采用解码器诊断系统进行故障诊断。

4）确定故障原因和零部件。

5）针对存在的问题进行拆装维修。

2. 维修设备、材料准备

丰田卡罗拉汽车仪表系统维修设备与材料准备见表 1-11。

表 1-11　丰田卡罗拉汽车仪表系统维修设备与材料准备

名称	数量	名称	数量
解码器	1 台	维修手册	1 套
汽车万用表	1 台	手套、抹布等	1 批
常规拆装工具	1 套	电工胶布等	1 卷
扭力扳手	1 把	工作台	1 台

任务实施

3.4　丰田卡罗拉汽车燃油表不工作的故障检查

1. 确认故障现象

打开点火开关，发现燃油表指针没有摆动，说明故障确实存在。

2. 故障检测

1）用解码器进行主动测试，主动测试的步骤如下：

① 将解码器连接到 DLC3。

② 将点火开关置于 ON（IG）位置。

③ 打开解码器。

④ 进入以下菜单项：Diagnosis/OBD/MOBD/Combination Meter/Active Test。

主动测试标准及结果见表 1-12。若指针异常，则更换仪表总成，否则进入下一步检测。

表 1-12　丰田卡罗拉汽车燃油表主动测试标准及结果

解码器显示	测试部位	控制范围	实测结果
Fuel Meter Operation	燃油表	EMPTY，1/2，FULL	

2）读仪表数据流，步骤如下：

① 将解码器连接到 DLC3。

② 将点火开关置于 ON（IG）位置。

③ 打开解码器。

④ 进入以下菜单项：Diagnosis/OBD/MOBD/Combination Meter/Data List。

丰田卡罗拉汽车燃油表数据流检测标准及结果见表 1-13，若检测结果异常，则更换仪表总成，否则，进行下一步检测。

表 1-13　丰田卡罗拉汽车燃油表数据流检测标准及结果

解码器显示	测量项目/范围	正常状态	实测结果
Fuel Input	燃油输入信号最小：0，最大：127.5	燃油表指示（F）：49.0（L） 燃油表指示（3/4）：38.2（L） 燃油表指示（1/2）：27.5（L） 燃油表指示（1/4）：16.5（L） 燃油表指示（E）：5.5（L）	

3）检测线束与插接器，断开仪表总成线束插接器（E46）及燃油泵总成线束插接器（L17），如图1-29所示。测试标准及结果见表1-14。测试结果异常，则更换线束，否则进行下一步检测。

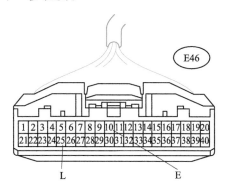
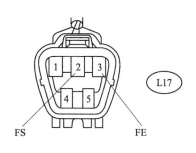

图1-29 丰田卡罗拉汽车仪表总成与燃油泵总成线束

表1-14 丰田卡罗拉汽车仪表总成与燃油泵总成线束测试标准及结果

解码器连接	条件	规定状态	实测结果
E46-10（E）-L17-3（FE）	始终	小于1Ω	
E46-25（L）-L17-2（FS）	始终	小于1Ω	
L17-2（FS）-车身搭铁	始终	10kΩ或更大	
E46-25（L）-车身搭铁	始终	10kΩ或更大	

4）检测燃油表传感器总成，首先断开燃油表传感器总成线束插接器，如图1-30所示，测试标准及结果见表1-15。如果测试结果正常，则更换仪表总成，否则，更换燃油表传感器总成。

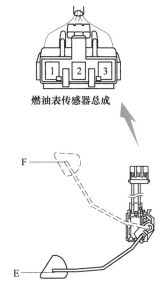

燃油表传感器总成

图1-30 丰田卡罗拉汽车燃油
表传感器总成线束插接器

表1-15 丰田卡罗拉汽车燃油表传感
器总成测试标准及结果

浮子室液位高度	测量端子2和3之间的电阻/Ω	实测结果
F	13.5~16.5	
在E和F之间	13.5~414.5（渐变）	
E	405.5~414.5	

⚠警告

1. 拆卸燃油表传感器时，要先将燃油系统卸压

2. 然后再将蓄电池负极接线柱断开

3. 断开燃油管路时，用棉丝抹布盖住，以防燃油喷出

3. 燃油表传感器拆装要点及注意事项

燃油表传感器的零件位置如图 1-31 所示。

1）首先拆卸后排座椅。

2）然后拆卸后地板检修孔盖。

3）将燃油系统卸压。

① 将燃油泵总成线束插接器断开。

② 起动发动机，当发动机自然停止后，再次起动发动机，确认发动机不起动。

4）断开蓄电池负极电缆。

5）断开燃油箱供油管。

拆下油管接头卡子，然后从燃油吸油管总成的螺塞上拉出供油管接头（拉出过程中需要用抹布盖住）。

6）断开 1 号燃油蒸发管，然后断开燃油箱 2 号蒸发管及 1 号炭罐出口软管。

7）拆卸燃油泵仪表挡圈。

用专用工具拆卸燃油泵仪表挡圈，然后拿出燃油泵总成，拆下燃油表传感器。

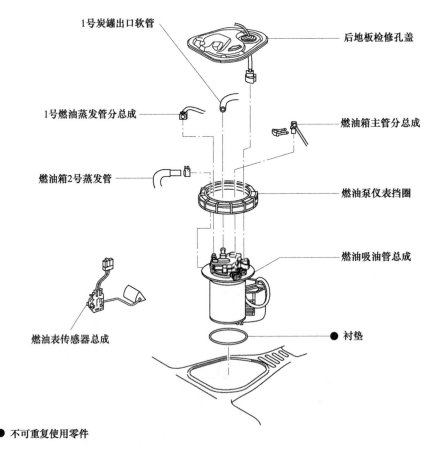

● 不可重复使用零件

图 1-31　燃油表传感器的零件位置

任务4　车速表不工作故障的诊断与维修

任务接受

客户报修：我的车（丰田卡罗拉汽车1.6AT）在行驶过程中，车速表突然没有任何显示。

任务准备

4.1　丰田卡罗拉汽车车速表系统的信息收集

1. 车速里程表的构造原理

车速里程表由车速传感器、电子电路、步进电动机、车速表和累计里程表等组成，如图1-32所示为车速里程表的结构框图。

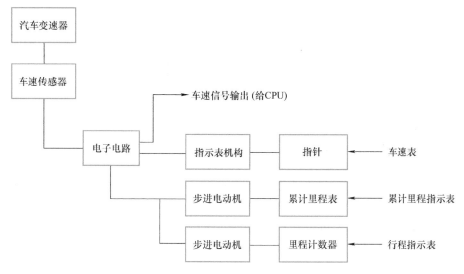

图1-32　车速里程表的结构框图

车速里程表的工作原理如图1-33所示，由变速器输出轴驱动。传感器由一个舌簧开关和一个含有8对磁极的转子组成，转子每转一周，舌簧开关中的触点闭合8次，产生8个脉冲信号，车速越高，传感器的信号频率越高，当车速为20km/h时，传感器的信号频率为17.5~22.9Hz，当车速为200km/h时，传感器的信号频率为213.3~225.2Hz。

表盘电子电路主要包括稳压电路、恒流电源驱动电路、64分频电路和功率放大电路。仪表精度由电阻R_1调整，仪表初始工作电流由电阻R_2调整，电阻R_3和电容器C_3用于电源滤波。电子电路的作用是将车速传感器送来的具有一定频率的电信号，经整形、触发、输出一个与车速成正比的电流信号，该电流驱动车速表指针偏转，车速越高，电子电路输出电流越大（双金属片变形越大），指针指示车速越高。

里程表由一个步进电动机及六位数字的十进制齿轮计数器组成，步进电动机是一种利用

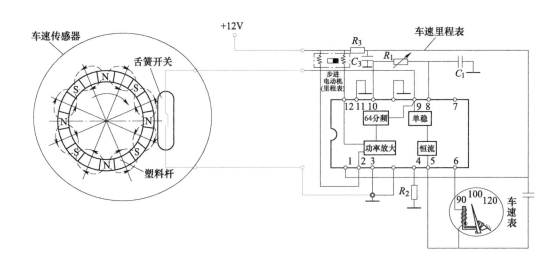

图 1-33　车速里程表的工作原理

电磁感应原理将脉冲信号转换为线位移或角位移的电动机，其结构如图 1-34 所示。车速传感器输出的信号，经 64 分频后，再经功率放大器放大到足够大的功率，驱动步进电动机，带动六位数字的十进制齿轮计数器工作，从而精确记录累计里程数。

图 1-34　步进电动机转动里程表计数器

2. 丰田卡罗拉汽车车速表的电路原理

丰田卡罗拉汽车车速表的电路原理如图 1-35 所示，4 个轮速传感器将车轮转速信号传给防滑控制 ECU，防滑控制 ECU 根据 4 个车轮转速传感器计算出车辆行驶速度，然后通过 CAN 通信电路（CAN 1 号总线）将车速信号传给组合仪表 ECU，仪表 CPU 控制车速表指示汽车的行驶速度。

（1）磁阻元件（MRE）　磁阻元件（MRE）的特性如图 1-36 所示，当磁阻元件 MRE 的电流方向与磁力线方向平行时，其电阻值最大；电流方向与磁力线方向垂直时，其电阻值最小。

（2）轮速传感器　轮速传感器是用来检测车轮转速的，并将车轮转速信号传给防滑控制 ECU 。丰田卡罗拉汽车轮速传感器结构如图 1-37 所示，主要由转子、磁环、磁阻元件（MRE A 与 MRE B）及芯片（IC）等组成。

转速传感器转子在圆环上交替排列 48 组 N 和 S 磁极，圆环与轮毂轴承内座圈安装在一起。当车轮旋转时，多级磁环也同时旋转，由于穿过磁阻元件（MRE）磁力线方向不断变化，因此磁阻元件（MRE）的阻值不断变化，这样在集成电路（IC）中便产生脉冲信号，这个脉冲信号传给防滑控制 ECU，防滑控制 ECU 根据脉冲信号的频率可确定车轮的转速。

4.2　丰田卡罗拉汽车车速表不工作的故障分析

根据丰田卡罗拉汽车车速表工作原理可知，故障的部位及原因分析如图 1-38 所示。

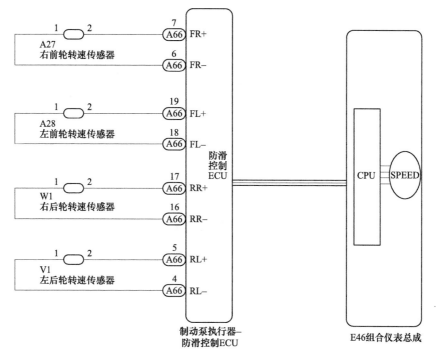

图1-35　丰田卡罗拉汽车车速表的工作原理

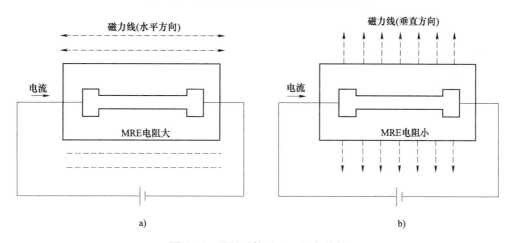

图1-36　磁阻元件（MRE）的特性

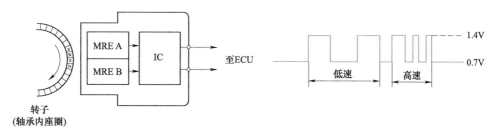

图1-37　丰田卡罗拉汽车轮速传感器结构

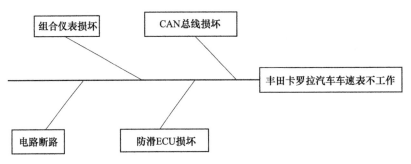

图 1-38　丰田卡罗拉汽车车速表不工作故障的部位及原因分析

4.3　丰田卡罗拉汽车仪表系统维修计划与设备、材料准备

1. 维修计划

1）外部直观检查；

2）采用万用表等一般仪器检测；

3）采用解码器诊断系统进行故障诊断；

4）确定故障原因和零部件；

5）针对存在问题进行拆装维修。

2. 维修设备、材料准备

维修设备与材料准备见表 1-16。

表 1-16　丰田卡罗拉汽车仪表系统维修设备与材料

名称	数量	名称	数量
解码器	1 台	维修手册	1 套
汽车万用表	1 台	手套、抹布等	1 批
常规拆装工具	1 套	电工胶布等	1 卷
扭力扳手	1 把	工作台	1 台

任务实施

4.4　丰田卡罗拉汽车车速表不工作故障检查

1. 确认故障现象

通过路试进行故障现象确认。

2. 故障检测

丰田卡罗拉汽车电子仪表 ECU 通过 CAN 1 号总线接收来自防滑控制 ECU 的车速信号，计算并显示车辆的行驶速度。因此，故障诊断的步骤如下：

1）检测 CAN 总线系统，确认 CAN 总线通信无故障。

2）用解码器进行主动测试，主动测试的步骤如下：

① 将解码器连接到 DLC3。

② 将点火开关置于 ON（IG）位置。

③ 打开解码器。

④ 进入以下菜单项：Diagnosis/OBD/MOBD/Combination Meter/Active Test。

主动测试的结果见表1-17。若指针异常，更换仪表总成。否则进入下一步。

表1-17　丰田卡罗拉汽车车速表主动检测标准及结果

检测仪显示	测试部位	控制范围	实测结果
Speed Meler Operation	车速表	0km/h、40km/h、80km/h、120km/h、160km/h、200km/h	

3）读仪表数据流，步骤如下：

① 将解码器连接到 DLC3。

② 将点火开关置于 ON（IG）位置。

③ 打开解码器。

④ 进入以下菜单项：Diagnosis/OBD/MOBD/Combination Meter/Data List。

⑤ 将车置于底盘测功机上。

检测标准及结果见表1-18，若检测结果正常，更换仪表总成。否则，进入下一步。

表1-18　丰田卡罗拉车车速表的数据流检测标准及结果（一）

检测仪显示	测量项目/范围	正常状态	实测结果
Vehlcle Speed Meter	车速/最低为0km/h(0mile/h)，最高为255km/h(158mile/h)	检测仪上显示的车速和底盘测功机上测量的实际车速相等	

⑥ 进入以下菜单项：Diagnosis/Chassis/ABS/VSC/TRC/Data List，再次读取数据流。检测标准及结果如表1-19所示，若检测结果正常，更换仪表总成。否则，故障不在仪表，需要更换防滑 ECU。

表1-19　丰田卡罗拉车车速表的数据流检测标准及结果（二）

检测仪显示	测量项目/范围	正常状态	实测结果
FR/FL/RR/RL Wheel Speed	车速/最低为0km/h(0mile/h)，最高为326km/h(202mile/h)	检测仪上显示的车速和底盘测功机上测量的实际车速相等	

任务5　发动机转速表不工作故障的诊断与维修

任务接受

客户报修：我的车（丰田卡罗拉车1.6AT）在行驶过程中，发动机转速表突然没有任何显示。

任务准备

5.1　丰田卡罗拉汽车发动机转速表系统的信息收集

1. 发动机转速表的工作原理

发动机转速表的作用是指示发动机工作时运转速度，通过发动机运转速度与车况对比可判断发动机与汽车的技术状况。发动机转速表及其传感器的工作原理如图 1-39 所示。

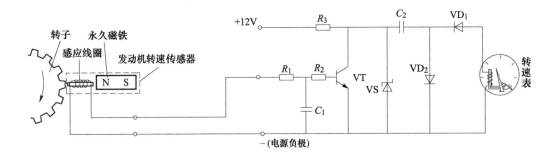

图 1-39　发动机转速表及其传感器的工作原理

（1）发动机转速传感器　发动机转速传感器的结构由永久磁铁、感应线圈及转子组成。转子位于曲轴上，当曲轴带动转子旋转时，感应线圈中便产生一个正弦信号，且信号的频率及幅值与曲轴转速有关，转速传感器输出信号波形如图 1-40 所示。

（2）发动机转速表电路原理　当传感器输

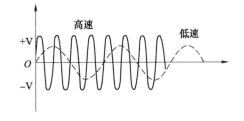

图 1-40　发动机转速传感器输出信号波形

出信号为负值时，三极管 VT 处于截止状态，电容 C_2 被充电。其充电电路为：电源正极→R_3→C_2→VD_2→电源负极，构成回路。

当传感器输出信号为正值时，三极管 VT 由于基极得到正电位而导通，此时充满电的电容器 C_2 便通三极管 VT、转速表中双金属片上的加热线圈和 VD_1 构成放电回路，由于加热线圈中有电流通过，因此转速表中双金属片变形，从而驱动发动机转速表指针偏转。

电容 C_2 平均放电电流与发动机转速成正比，发动机运行时，电容 C_2 不断地进行充放电，车速越高，C_2 平均放电电流越大（双金属片变形越大），指针指示发动机转速越高。

2. 卡罗拉汽车发动机转速表电路原理

卡罗拉汽车发动机转速表电路原理如图 1-41 所示。

曲轴位置传感器系统包括一个曲轴位置信号盘（转子）和一个耦合线圈。信号盘安装在曲轴上。耦合线圈由缠绕的铜线、铁心和磁铁组成。信号盘旋转时，耦合线圈便产生一个脉冲信号。发动机控制单元 ECM 根据这些信号计算出曲轴位置和发动机转速，然后，发动机控制单元 ECM 通过 CAN 总线将转速信号传给组合仪表 ECU，仪表 CPU 控制转速表指示发动机的转速。

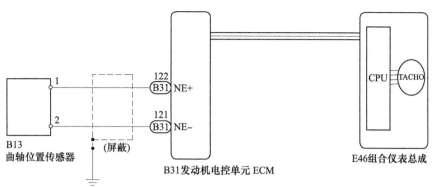

图 1-41　卡罗拉汽车发动机转速表电路原理图

5.2　丰田卡罗拉汽车发动机转速表不工作的故障分析

根据丰田卡罗拉汽车发动机转速表电路原理可知，故障的部位及原因分析如图 1-42 所示。

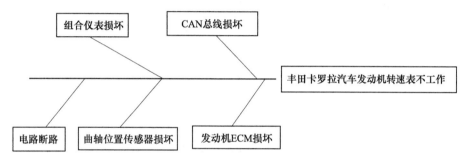

图 1-42　丰田卡罗拉汽车发动机转速表不工作故障的部位及原因分析

5.3　丰田卡罗拉汽车仪表系统维修计划与设备、材料准备

1. 维修计划

1）外部直观检查；

2）采用万用表等一般仪器检测；

3）采用解码器诊断系统进行故障诊断；

4）确定故障原因和零部件；

5）针对存在问题进行拆装维修。

2. 维修设备、材料准备（见表 1-20）

表 1-20　丰田卡罗拉汽车仪表系统维修设备与材料

名称	数量	名称	数量
解码器	1台	维修手册	1套
汽车万用表	1台	手套、抹布等	1批
常规拆装工具	1套	电工胶布等	1卷
扭力扳手	1把	工作台	1台

5.4 丰田卡罗拉汽车发动机转速表不工作故障检查

1. 确认故障现象

通过起动发动机进行故障现象确认。

2. 故障检测

丰田卡罗拉汽车组合仪表 CPU 通过 CAN 总线接收来自发动机电控单元（ECM）的发动机转速信号，计算并显示发动机的转速。因此，故障诊断的步骤如下：

1）检测 CAN 总线系统，确认 CAN 总线通信无故障；

2）用解码器进行主动测试，主动测试的步骤如下：

① 将解码器连接到 DLC3。

② 将点火开关置于 ON（IG）位置。

③ 打开解码器。

④ 进入以下菜单项：Diagnosis/OBD/MOBD/Combination Meter/Active Test。

主动测试标准及结果见表 1-21。若指针异常，更换仪表总成。否则进入下一步。

表 1-21　丰田卡罗拉汽车转速表主动测试标准及结果

检测仪显示	测试部位	控制范围 r/min	实测结果
Tacho Meter Operation	转速表	0，1000，2000，3000，4000，5000，6000，7000	

3）读仪表数据流，步骤如下：

① 将解码器连接到 DLC3。

② 将点火开关置于 ON（IG）位置。

③ 打开解码器。

④ 进入以下菜单项：Diagnosis/OBD/MOBD/Combination Meter/Data List。

数据流检测标准及结果如表 1-22 所示，若检测结果正常，更换仪表总成。否则，进入下一步。

表 1-22　丰田卡罗拉汽车转速表的数据流检测标准及结果

检测仪显示	测量项目/范围	正常状态	实测结果
Engine Rpm	发动机转速/最低：0r/min，最高：12750r/min	与实际发动机转速一致	

4）读故障码，步骤如下：

① 将解码器连接到 DLC3。

② 将点火开关置于 ON（IG）位置。

③ 打开解码器。

④ 进入以下菜单项：Diagnosis/Powertrain/Engine and ECT/DTC Info/Clear Codes。

⑤ 使车辆以高于 5km/h 的速度行驶至少 60 秒。

如果没有故障码，更换仪表总成。否则，说明仪表正常，应按故障码提示进行诊断，一般可疑部位为发动机控制系统，当显示故障码 P0335 或 P0339 时，说明发动机曲轴位置传感器有故障，需要拆下检测。

3. 发动机曲轴位置传感器拆装要点及注意事项

1）曲轴位置传感器的安装位置如图 1-43 所示。

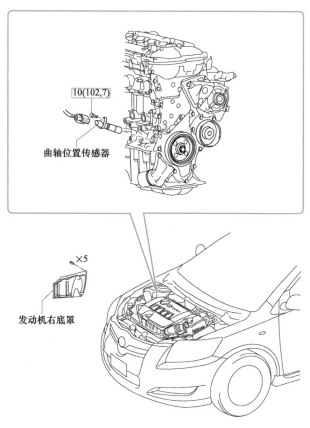

图 1-43　曲轴位置传感器的安装位置

2）检测曲轴位置传感器安装情况是否异常，如图 1-44 所示。

3）拆卸发动机右底罩，断开曲轴位置传感器连接器，拆下曲轴位置传感器，如图 1-45 所示。

4）用万用表检测曲轴位置传感器的电阻值，曲轴位置传感器端子如图 1-46 所示，检测标准见表 1-23，若检测结果不符合规定，则更换曲轴位置传感器。

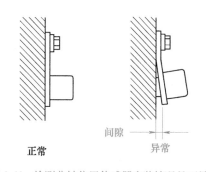

图 1-44　检测曲轴位置传感器安装情况是否异常

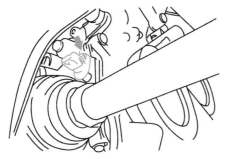

图 1-45 拆下曲轴位置传感器

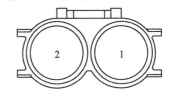

没有线束连接的零部件:
(曲轴位置传感器)

图 1-46 曲轴位置传感器端子

表 1-23 曲轴位置传感器检测标准

检测仪连接	条件	规定状态
1-2	冷态（-10~50℃）	1630 至 2740Ω
	热态（50~100℃）	2065 至 3225Ω

知识拓展1

仪表警告灯

为了保证行车安全、提高车辆的可靠性，在汽车仪表板上安装了许多警告灯，如机油压力警告灯、冷却液警告灯、燃油不足警告灯、制动液液面过低警告灯、充电系统故障警告灯等。这些警告灯用来提示驾驶人车辆相关系统的运行状态，以便采取相应的安全措施。

警告灯由报警开关控制，当被监测的系统或总成工作不正常时，对应的警告开关闭合，使该系统的警告灯亮，以提醒驾驶员注意，采取相应的措施，确保行车安全。

警告灯通常安装在仪表上，灯泡功率一般为1~4W，在灯泡前设有滤光片，使警告灯发出红光或黄光，滤光片上通常有标准图形符号。

现代汽车多数采用发光二极管作为警告灯光源，其优点是结构简单、寿命长、耗电少、易于识别等优点。

1. 机油压力警告灯

机油警告灯监测润滑系统的工作情况，当润滑系统机油压力低于允许值时，警告灯亮，以引起驾驶员注意。

1）弹簧管式机油压力报警开关。如图 1-47 所示，机油压力过低警告灯电路是由安装在发动机主油道的弹簧管式报警开关和安装在仪表板上的红色警告灯组成。其警告灯开关内有一管形弹簧，管形弹簧的一端与主油道相通，另一端有一对触点，固定触点经连接片与接线柱相接，活动触点经外壳搭铁。

当机油压力低于标准值时，管形弹簧向内弯曲，触点闭合，报警灯亮；当机油压力正常时，管形弹簧产生的弹性变形增大，使触点分开，警告灯熄灭。

2）膜片式机油压力报警开关。如图 1-48 所示为膜片式机油压力报警开关控制警告灯的电路图。当机油压力正常时，机油压力推动膜片向上拱曲，推杆将触点打开，警告灯熄灭；当机油压力低于标准值时，膜片在弹簧压力作用下向下移动，从而使触点闭合，警告灯亮，

警告驾驶人机油压力不足。

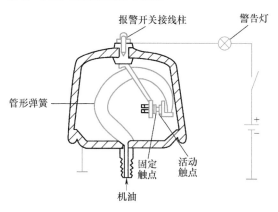

图 1-47　弹簧管式机油压力报警开关控制电路

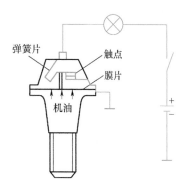

图 1-48　膜片式机油压力报警开关控制警告灯电路

2. 冷却液温度警告灯

在汽车上除了装有水温表外，还装有冷却液温度警告灯，当冷却液温度过高超过标准值时，红色警告灯亮。

如图 1-49 所示为冷却液温度警告灯控制电路，其报警开关为双金属片式温度开关。当冷却液温度在正常范围时，双金属片几乎不变形，触点分开，警告灯不亮；当冷却液温度超过标准值时，双金属片由于温度升高而弯曲变形，使触点闭合，警告灯亮。

3. 燃油不足警告灯

在汽车上除了装有燃油表外，还装有燃油不足警告灯，当燃油少于规定值时，警告灯亮，以提醒驾驶人注意加油。

图 1-50 所示为热敏电阻式燃油警告灯控制电路。其报警开关为热敏电阻式，装在油箱内。当油箱内燃油量多时，负温度系数的热敏电阻浸在汽油中，温度低，电阻值大，因此电路中几乎没有电流，警告灯暗；当燃油减少到规定值以下时，热敏电阻元件从汽油中露出，此时，热敏电阻温度升高，电阻值减小，电路中电流增大，警告灯亮。

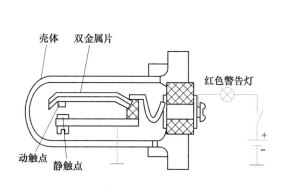

图 1-49　冷却液温度警告灯控制电路

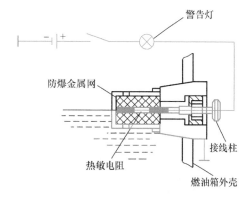

图 1-50　热敏电阻式燃油警告灯控制电路

4. 制动液不足警告灯

如图 1-51 所示为制动液不足警告灯控制电路。当制动液充足时，浮子的位置较高，此时永久磁铁高于舌簧开关的位置，舌簧开关处于断开状态，警告灯不亮；当浮子随着制动液液面下降到规定值时，永久磁铁便接近了舌簧开关，使舌簧开关触点闭合，警告灯电路导通，警告灯亮。

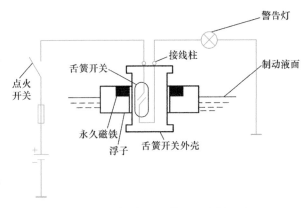

图 1-51　制动液不足警告灯控制电路

5. 制动器摩擦片使用极限警告灯

制动器摩擦片极限警告灯的作用是当制动器摩擦片磨损到使用极限厚度时，发出警告信号，表示制动器摩擦片需要更换。

如图 1-52 所示为制动器摩擦片使用极限警告灯控制电路。将一段导线埋在摩擦片内部，该导线与组合仪表中的电子控制器相连，当摩擦片没有到使用极限时，电子控制器中的三极管基极电位为低电位，三极管截止，警告灯不亮；当摩擦片到使用极限时，埋设在摩擦片中的导线被磨断，电子控制器中的三极管基极电位为高电位，三极管导通，警告灯亮。

6. 制动灯电路故障警告灯

由于制动信号对于行车安全极为重要，车辆在实际使用过程中制动灯泡烧坏是常见的故障，而驾驶人在开车过程中，又很难发现灯泡烧坏，因此，设置了制动灯电路故障警告灯。

如图 1-53 所示为制动灯电路故障警告灯控制电路。在正常情况下，踩下制动踏板，制动灯开关接通，电流经左右两电磁线圈到制动信号灯。此时两线圈所产生的磁场相互抵消，舌簧开关的触点继续处于常开状态，警告灯不亮；当左右两个制动信号灯有一个灯泡坏了，或者电路有断路的情况，则有故障一侧的电磁线圈将不产生磁场，而另一侧的电磁线圈产生磁场，舌簧开关中的触点将闭合，警告灯亮，提醒驾驶人制动灯电路有故障。

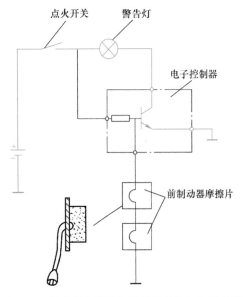

图 1-52　制动器摩擦片使用极限警告灯控制电路

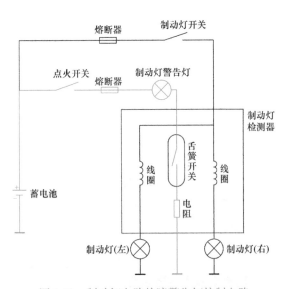

图 1-53　制动灯电路故障警告灯控制电路

7. 制动系统故障警告灯

如图 1-54 所示为制动系统故障警告灯控制电路。其原理是在双管路制动总泵的两个管路之间并联一个差动阀。当两管路制动正常时，差动阀柱塞处于中间位置，报警开关的触发杆处于柱塞凹槽内，警告灯不亮。当制动系统任何一侧管路压力降低时，差动阀移动，报警开关的触发杆被顶起，报警开关触点闭合，警告灯亮。

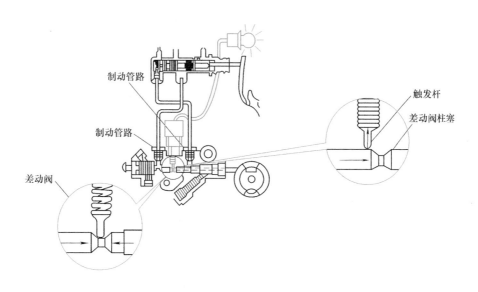

图 1-54　制动系统故障警告灯控制电路

汽车总线技术

随着汽车电子技术的发展，汽车舒适系统、安全系统及辅助驾驶系统等技术在汽车上得到了广泛发展，如仪表系统、中央门锁系统、门窗与天窗系统、电动座椅及空调等系统现都已经采用了电子控制技术，再加上安全气囊、防盗报警、卫星导航与定位、ACC 自适应巡航系统、自动泊车系统及娱乐、通信、显示等系统。这样，车身采用电子控制技术的系统就非常多了。如图 1-55 所示为宝马 E65 轿车车身电控单元（ECU）网络图；表 1-24 为宝马 E65 轿车车身各电控单元（ECU）的控制内容。

由于车身各系统都已采用了电控技术，电控系统越来越复杂，有一些传感器的信号，如车速传感器，在上述各电控系统中多数都需要车速传感器提供的车速信号，即一些数据信息在不同的控制系统中共享，在各电控单元之间需要实时交换。很显然，如果在这种情况下，车身每个系统的电控单元（ECU）之间仍然采用传统的点到点的连接方式显然是不适应的，如图 1-56 所示。为解决车身各电控单元之间的数据传输，在借鉴计算机网络和现场控制技术的基础上，汽车 CAN 总线技术在汽车上得到了广泛的应用，在汽车车身每个系统的电控单元之间通过双线总线互相连接，如图 1-57 所示。

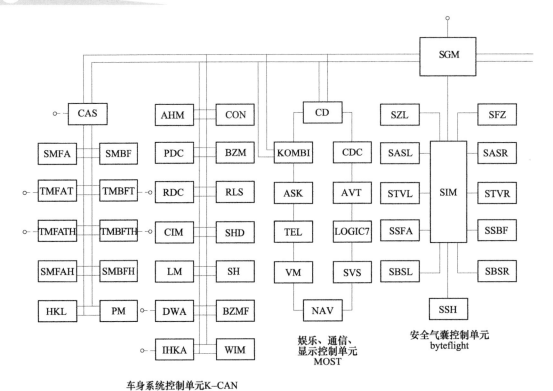

图 1-55 宝马 E65 轿车车身电控单元（ECU）网络图

表 1-24 宝马 E65 轿车车身各电控单元的控制内容

名称	控制内容	名称	控制内容
SGM	安全和网关模块	IHKA	自动恒温空调
CAS	便捷进入及起动系统	WIM	刮水器模块
SMFA	驾驶人侧座椅调整模块	CD	控制显示
SMBF	前排乘客侧座椅调整模块	KOMBI	组合仪表
TMFAT	驾驶人侧车门模块	CDC	CD 光盘转换匣
TMBFT	前排乘客侧车门模块	ASK	音频系统控制器
TMFATH	驾驶人侧后车门模块	AVT	天线放大器/调谐器
TMBFTH	前排乘客侧后车门模块	TEL	电话
SMFAH	驾驶人侧后部座椅调整模块	LOGIC7	功率放大器
SMBFH	前排乘客侧后部座椅调整模块	VM	视频模块
HKL	后行李箱盖提升装置	SVS	语音输入处理系统
PM	供电模块	NAV	导航
AHM	挂车模块	SZL	转向柱开关中心
CON	I-Drive 控制器	SFZ	车辆中心卫星式电控单元
PDC	驻车距离报警系统	SASL	左侧 A 柱卫星式电控单元
BZM	中央操控中心	SASR	右侧 A 柱卫星式电控单元

（续）

名称	控制内容	名称	控制内容
RDC	轮胎压力监控	STVL	左前车门卫星式电控单元
RLS	雨天/行车灯传感器	STVR	右前车门卫星式电控单元
CIM	底盘集成模块	SSFA	驾驶人侧座椅卫星式电控单元
SHD	活动天窗	SSBF	前排乘客侧座椅卫星式电控单元
LM	灯光模块	SBSL	左侧 B 柱卫星式电控单元
SH	停车预热装置	SBSR	右侧 B 柱卫星式电控单元
DWA	防盗报警系统	SSH	后部座椅卫星式电控单元
BZMF	后中央操控中心	SIM	安全信息模块

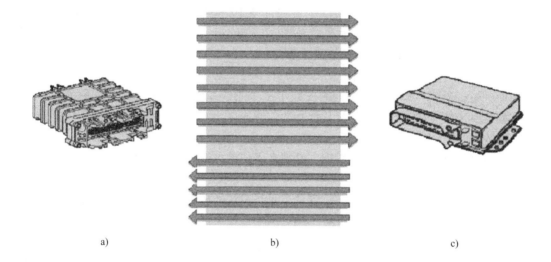

a)　　　　　　　　　　b)　　　　　　　　　　c)

图 1-56　电控单元（ECU）之间传统的连接

a）电控单元 1　b）导线　c）电控单元 2

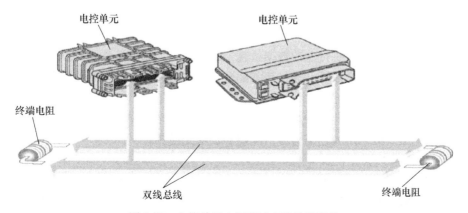

图 1-57　电控单元之间通过双线总线联接

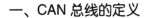

一、CAN 总线的定义

CAN 的全称为 "Controller Area Network"，即 "控制器局域网"。

简单地说，CAN 总线是一种在联网的各控制系统 ECU 之间传输数据的技术。在联网的各控制系统 ECU 之间用两根线连接起来，用来交换信息，这两根线就是 CAN 总线，又称为数据总线。CAN 总线网络结构可以是线形、星形或环形的，CAN 总线应用较多是由二根线构成的，也可以由一根线或三根线构成。CAN 总线的材料可以采用铜线或光缆。

1. 采用 CAN 总线技术的优点

1) 节约线束，减轻车重；

2) 信息共享，一个电控单元的数据可同时发送到多个电控单元；

3) 提高信息传输的效率与可靠性；

宝马车的 CAN 总线传输速度分别为：车身总线 100kbit/s，动力总线 500kbit/s，安全气囊总线 10Mbit/s，娱乐、通信及显示系统总线 22.5Mbit/s。

4) 为更多的电控单元进入车辆创造了条件。

2. 网关

如前所述，在宝马 E65 车辆中同时安装了多个总线系统。在不同的总线系统之间需要进行数据交换，然而不同的总线系统其信号的传输速度不同，且在光学总线系统中是借助光脉冲传输数据的。

为了能够在总线系统之间交换数据，必须在不同的总线系统之间实现连接。该连接借助专用电控单元，即所谓的网关实现。

网关用作总线系统之间的接口。尽管各个总线系统的传输速度和传输方法不同，网关可以使数据交换成为可能。网关用于连接不同类型的总线系统。通过网关可连接具有不同逻辑和物理性能的总线系统。

不同总线系统的输出数据到达网关，在网关中过滤各个信息的速度、数据量和紧急程度，并在必要时进行缓冲存储。在宝马 E65 车身总线系统中，下列电控单元具有网关功能：

1) 安全和网关模块（SGM）；

2) 便捷进入及起动系统（CAS）；

3) 控制显示（CD）；

4) 组合仪表（KOMBI）。

3. 光学总线系统

在语音或图像传输中，要传输的数据量越来越大。为了满足这些要求，在网络技术中越来越多地使用光缆信号传送系统。这种技术能够传输大量数据，并同时具有其他优点，例如抗电磁和静电干扰。

此外，光缆与铜导线相比也更轻。与数据传输时传输数字或模拟电压信号的铜导线不同，光缆传输光束。最常用的光缆有塑料光缆和玻璃光缆两种。

在 BMW 车辆中安装了两种光学总线系统：

1) 安全气囊总线是一种使用光缆的星形总线系统。它以 10Mbit/s 的速度传输数据。

2) 娱乐、通信及显示系统总线（MOST）是一种使用光缆的环形总线系统。它以 22.5 Mbit/s 的速度传输数据。

光缆与铜导线信号传输原理对比图如图 1-58 所示。

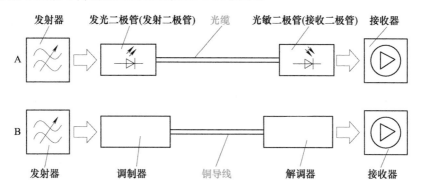

图 1-58　光缆与铜导线信号传输原理对比图

二、CAN 总线的结构

CAN 总线的结构如图 1-59 所示，根据需要可在 CAN 总线上连接多个电控单元，每个电控单元控制着一个系统。CAN 总线系统的结构包括：电控单元、CAN 总线及附加电阻三部分组成。总线终端是一个电阻器，也称为终端电阻，其作用是避免数据在终端产生反射波而干扰数据的传输。

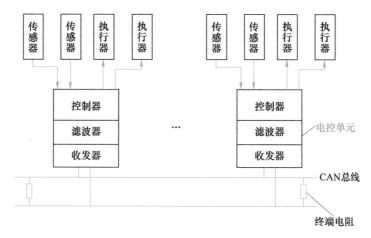

图 1-59　CAN 总线的结构

在 CAN 总线系统中电控单元的结构由三部分构成：收发器、滤波器及控制器。

1. 收发器

电控单元通过收发器（发射器、接收器）连接在 CAN 总线上。收发器使电控单元能够通过 CAN 总线发射和接收信息。

2. 滤波器

滤波器主要用来检查接收到的信息，并检查接收的信息是否规定用于该电控单元，并只把规定用于该电控单元的信息转发至控制器。

3. 控制器

控制器接收来至滤波器及传感器的信息，根据这些信息推导出要执行的活动，然后控制执行器工作。

控制器接收从传感器来的信息，并把这些信息通过收发器和 CAN 总线发送到其他电控单元。

三、CAN 总线的信号传输

在双线总线系统中通过一条双绞线传输数据，如图 1-60 所示。信号在导线上以所谓的推挽方式传输。

数据的传输方式为：在每一时刻，两根总线上相应的电位是反向的。例如，在一根数据总线导线上的电压约为 0V（低电位），则在另一根导线上的电压约为 5V（高电位），反之亦然。从而两根总线所产生的电磁场效应由于极性相反而相互抵消，导线的绞合和信号传输方式保证总线系统的抗干扰能力非常高。

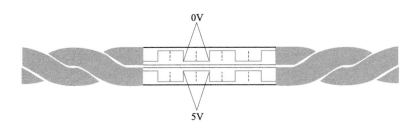

图 1-60　双线总线系统中信号传输方式

由于信息是以推挽方式（差分方式）输入到总线上的，每根总线的零位线将因外界干扰移动相同的量，而两根总线的电压差值保持不变。因此，外界杂波对信号没有影响。CAN 总线抗外界杂波干扰原理如图 1-61 所示。

四、CAN 总线系统的检测

由于信息通过导线的传输速度受物理性能和外界干扰信号干扰性影响，因此 CAN 总线技术标准中规定导线最大长度为 40m 时所对应的最大传输速度为

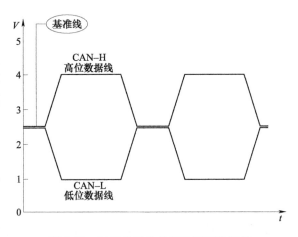

图 1-61　CAN 总线抗外界杂波干扰原理

1MBit/s。在规定范围内，传输速度越低，导线长度就可以越长。

在连接测量导线并调整示波器后，可以结合故障实际对示波图进行分析。在分析波形时要注意，在用示波器进行测量时必须考虑一个最大 10% 的测量误差。无故障电压信号波形参见图 1-62 所示；图 1-63 所示为一根总线对工作电压短路；图 1-64 所示一根总线对搭铁短路；图 1-65 所示为总线之间短路。

总线导线之间短路，总线进入单线运行模式。如果一根总线导线上的信号电压值与标准不符，说明总线电路中有短路或因水蒸汽引起的接触电阻，一般不是直接短路。

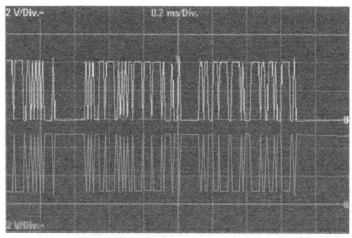

图 1-62　无故障电压信号波形

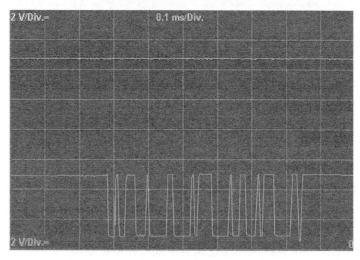

图 1-63　一根总线对工作电压短路

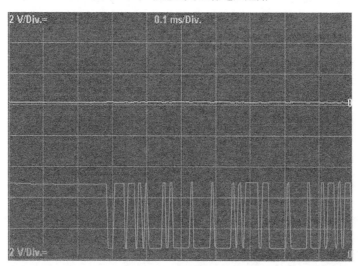

图 1-64　一根总线对搭铁短路

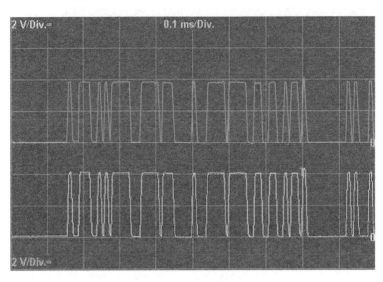

图 1-65　总线之间短路

进行 CAN 诊断和系统故障查询时，主要是检查总线上的信号电压对应于额定值以及总线上的信号关系是否正常。如果总线上的电压信号不存在问题，则可认为总线处于正常工作状态，车辆中出现的故障另有其他原因。

五、CAN 总线的维修

1. 材料为铜导线的双绞线 CAN 总线维修

对于双绞线 CAN 总线，网络中每个电控单元是通过插头连接到 CAN 总线上的，插头与 CAN 总线的连接点叫压接点，每个插头与 CAN 总线的压接点有两个（每根 CAN 总线上只有一个压接点），两个压接点有严格的技术要求。在维修 CAN 总线时，为了避免由于维修而产生新的故障隐患，CAN 总线的压接点绝对不能打开和更新。

CAN 总线的绞合情况对于 CAN 总线的防干扰具有决定意义。只有绞合不受损坏，才能保证 CAN 总线正常工作。由于这个原因，在维修 CAN 总线时尽可能减少破坏总线的绞合，维修 CAN 总线的技术规范如图 1-66 所示。

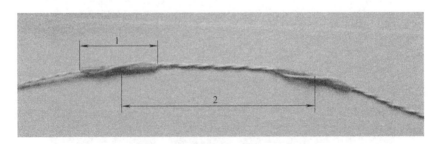

图 1-66　维修 CAN 总线的技术规范

1—绞合只可解开最长 50mm　2—CAN 导线断开处要与下一个压接节点相距至少 100mm

2. 材料为光缆的 CAN 总线的维修

操作带光缆的车辆导线束时需要特别仔细。与铜导线相反，损坏不会立即导致故障，而

是在以后某个时刻客户才能察觉。

阻尼是通过光缆进行数据传输时信号质量和可靠性的一个尺度。阻尼过大可能有不同的原因：

1. 弯曲半径

如图1-67所示，塑料光缆的弯曲半径不允小于50mm，弯曲半径小于50mm时，光束不能再正确反射，将妨碍信号的传输，甚至会损坏塑料光缆。

2. 光缆被弯折

在装配时绝对不能弯折光缆，如图1-68所示。因为这样会损坏光纤芯和包层。光线将在弯折处部分散射，后果是传输损失。即使一度短暂弯折也会损坏光缆。

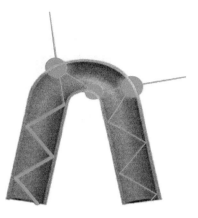

图1-67　弯曲半径

3. 光缆被挤压

任何情况下都必须避免压痕，如图1-69所示。因为光导横断面会由于压力长期变形，在传送时光线丢失。拧得过紧的导线扎带也可能引起压痕。

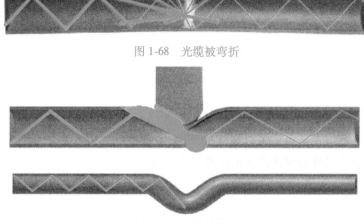

图1-68　光缆被弯折

图1-69　光缆被挤压

4. 光缆的包装层损坏

与铜导线不一样，光缆的磨损不会导致短路。但磨损处会导致光线损失或导致外来光线射入，系统被干扰或完全失灵，如图1-70所示。

图1-70　光缆的包装层损坏

5. 光缆被拉伸

由于拉伸，芯线被拉长且光纤芯的横断面减小。后果是光通量减小，如图 1-71 所示。

图 1-71　光缆被拉伸

6. 光缆过热

光缆过热不会立即导致故障，而在以后才导致损坏。例如在烘干油漆或焊接时温度不允许超过 85℃。

7. 光缆端面污染或刮坏

污染或刮坏的端面也可能引起 CAN 总线故障，如图 1-72 所示。

图 1-72　光缆端面污染或刮坏

另外，娱乐、通信及显示系统总线（MOST）系统中的光缆在两个电控单元之间只允许进行一次维修。安全气囊总线系统中的光缆不允许维修。

项目 2
电动车窗等辅助电气系统故障诊断与维修

任务 6　右后车窗玻璃不能下降故障的诊断与维修

任务接受

客户报修：我的车（丰田卡罗拉汽车 1.6AT）右后车窗玻璃不能下降。

任务准备

6.1　丰田卡罗拉汽车电控车窗系统的信息收集

1. 电动车窗与电动天窗系统的结构原理

（1）电动车窗升降系统的组成及原理　电动车窗升降系统一般由主控开关（驾驶人用）、

分控开关（乘客用）及各个车窗的升降器等组成。玻璃的升降运动可以由驾驶人操纵主控开关控制全车的车窗升降，也可以由各车门上设置的分控开关分别操纵各车窗玻璃的升降。车窗升降器一般由电动机、减速器、传动机构及托架等组成。车窗升降器的传动机构有绳轮式和交叉臂式两种，图2-1所示为绳轮式电动车窗升降器，图2-2所示为交叉臂式电动车窗升降器。

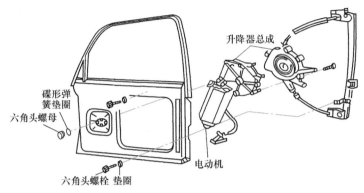

图 2-1　绳轮式电动车窗升降器

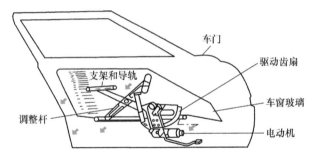

图 2-2　交叉臂式电动车窗升降器

主控开关对全车电动升降门窗系统进行总的操纵，其结构如图2-3所示。电流由主控开关到各个分控开关，为了安全起见，有些车型在主控开关上还设有一个锁止开关，当开动锁止开关时，便切断各分控开关的电路，此时只能用主控开关升降各车门门窗。有些车型还增加了其他安全措施：只有当点火开关在 RUN 或 ACC 档时，分控开关才能起作用，如图2-4所示。

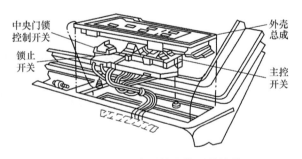

图 2-3　电动门窗系统主控开关结构

在电动车窗升降系统的电路中一般要设有电路保护器（电路断电器），电路保护器的结构如图2-5所示；而对于有些车型的电动车窗升降系统，断路保护器设在电动机的内部。断路保护器的作用是避免电动机因超载而烧坏。如车门玻璃处于全开状态或完全关闭状态时控制开关继续接通，或者玻璃在升降过程中被卡死，这时容易发生电流过大的现象，使电动机烧坏。电动车窗升降系统中断路保护器的触点一般为双金属片式结构，当车窗升降系统电路电流过大时，双金属片因温度上升产生翘曲变形而使触点张开，切断电路。当电路断开后，

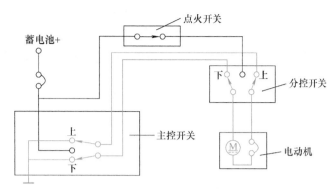

图2-4　电动升降门窗的主控开关、分控开关与点火开关的控制关系

双金属片冷却，变形消失，触点再次闭合。

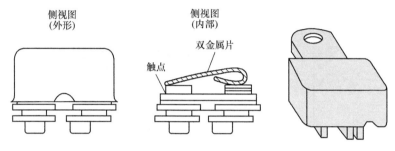

图2-5　电路保护器的结构

（2）电动车窗控制系统的基本原理　图2-6所示为永磁式电动机的电动升降门窗电路图。现以左后门窗上升为例说明其原理：

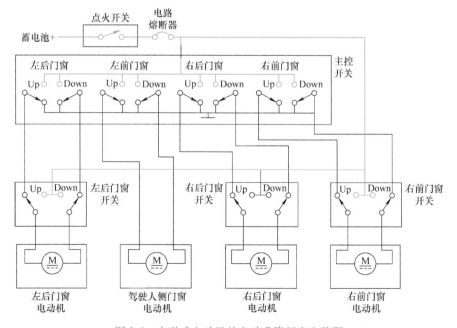

图2-6　永磁式电动机的电动升降门窗电路图

1）主控开关控制。当主控开关中的左后门窗开关拨到 Up 时，电流方向为：蓄电池正极→点火开关→电路保护器→主控开关中左后门窗触点→左后门窗分控开关触点→电动机→左后门窗分控开关另一触点→主控开关中左后门窗另一触点→搭铁，电动机旋转，带动左后门窗玻璃上升。

2）分控开关控制。当左后门窗分控开关拨到 Up 时，电流方向为：蓄电池正极→点火开关→电路断电器→左后门窗分控开关触点→电动机→左后门窗分控开关另一触点→主控开关中左后门窗触点→搭铁，电动机旋转，带动左后门窗玻璃上升。

2. 丰田卡罗拉汽车 1.6AT 电动车窗的电路原理

丰田卡罗拉汽车电动车窗系统的电路原理图如图 2-7 所示，主控开关及分控开关相线由

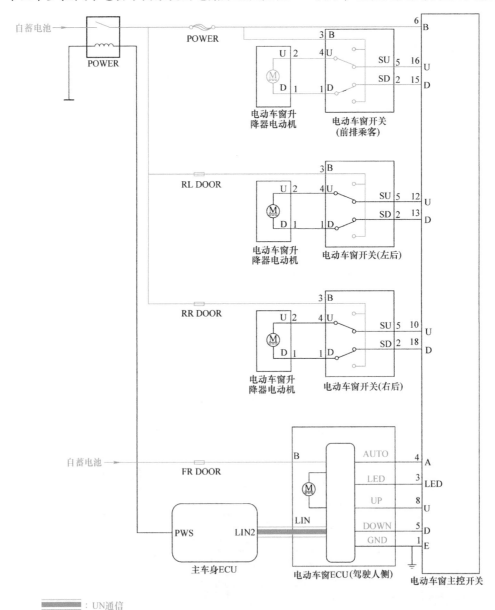

图 2-7　丰田卡罗拉汽车电动车窗系统的电路原理图

POWER 继电器控制，POWER 继电器由主车身 ECU 控制，当点火开关打到 IG 档时，主车身 ECU 中的 PWS 端子输出电压使 POWER 继电器触点闭合，此时通过主控开关或分控开关便可控制车窗玻璃工作。主车身 ECU 通过 LIN 总线与电动车窗 ECU（驾驶人侧）通信。

驾驶人侧主控开关上有锁止开关，如图 2-8 所示，锁止开关控制其他车窗电机搭铁回路，当驾驶人按下锁止开关时，所有乘客侧车窗开关失效，乘客侧无法控制其车窗玻璃上升或下降。

驾驶人侧车窗开关 AUTO 上升或下降分别有两个档位，如图 2-8 所示，玻璃上升时，有档位 1 和档位 2，当 AUTO 开关向上微拉（档位 1），玻璃上升，松开手玻璃就会停止，玻璃可实现点动上升，根据需要选择车窗玻璃的位置；当 AUTO 开关向上拉到底（档位 2）松开手，车窗玻璃会自动上升到关闭为止，玻璃可实现一键完全关闭。同理，驾驶人侧玻璃在下降过程中通过 AUTO 开关也可实现点动下降或一键完全打开，如图 2-8 中所示的档位 3 和档位 4。

3. 德系大众车电动车窗的控制原理

德系大众车驾驶人侧车窗主控开关如图 2-9 所示，电动车窗系统控制原理图如图 2-10 所示。

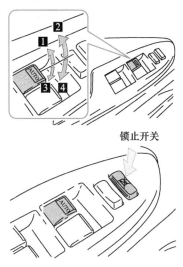

图 2-8　丰田卡罗拉汽车电动车窗系统驾驶人侧主控开关

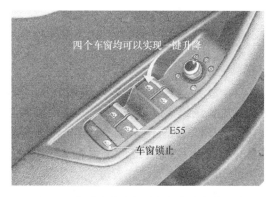

图 2-9　德系大众车驾驶人侧车窗主控开关

（1）基本组成　J386 驾驶人侧车门控制单元，控制该车门的玻璃升降电机、门锁电机、左后视镜电机及左后视镜加热器，参与 CAN 线通信，并与 J388LIN 通信。

J387 副驾驶人侧车门控制单元，控制该车门的玻璃升降电机、门锁电机、右后视镜电机及右后视镜加热器，参与 CAN 线通信，并与 J389LIN 通信。

J388 左后车门控制单元，控制该车门的玻璃升降电机及门锁电机。

J389 右后车门控制单元，控制该车门的玻璃升降电机及门锁电机。

J393 舒适系统控制单元，主要参与车身舒适、安全及防盗等系统的工作。

J533 数据总线诊断接口，即网关，同时用来存储故障信息。

J519 车载电网控制单元，即车身电控单元（ECU），管理全车电源系统，参与多数车身

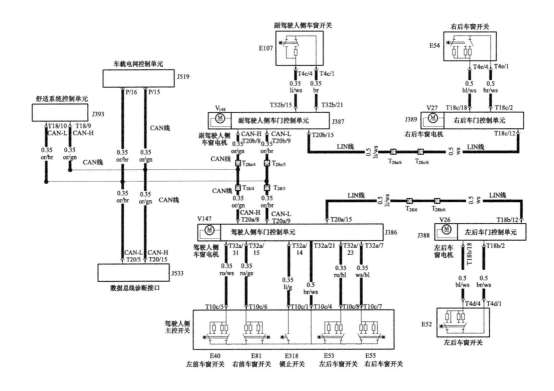

图 2-10　德系大众车电动车窗系统控制原理图

电控系统的工作。

（2）工作过程　当驾驶人操控全车门玻璃时，主控开关传送给 J386 数字信号，每个按键对应一个信号，J386 根据不同的请求信号做出相应的动作指令，通过 CAN 线或 LIN 线将动作指令传送到相应的车门控制单元，完成玻璃的升降。

以驾驶人控制"右后侧车窗"为例，驾驶人操作 E55 按键的等效电路如图 2-11 所示。玻璃上升或下降各有两个档位，1 档为点动档，2 档为一键升降。由于电阻 R_1、R_2、R_3 阻值不同，因此，开关打到不同档位时传送给 J386 的信号电压不同（A 点电压），J386 根据 A 点电压信号便可确认驾驶人的请求内容，然后 J386 将动作指令通过 CAN 线及 LIN 线发送到 J389，J389 便控制玻璃升降器完成任务。

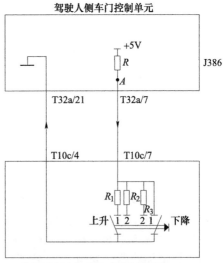

图 2-11　德系大众车电动车窗控制等效电路

若右后座位乘客想控制门玻璃升降，操作 E52 即可，上升与下降各两个档位，J388 根据请求的数字信号，驱动右后车窗电机 V27 正转或反转完成玻璃升降任务。

6.2　丰田卡罗拉汽车右后车窗玻璃不能下降的故障分析

根据丰田卡罗拉汽车电动车窗系统的工作原理可知，故障的部位及原因分析如图2-12所示。

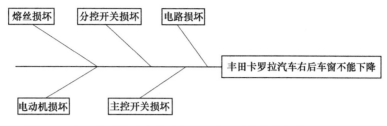

图 2-12　丰田卡罗拉汽车右后车窗不能下降的故障部位及原因分析

6.3　丰田卡罗拉汽车电动车窗系统维修计划与维修设备、材料准备

1. 维修计划

1）外部直观检查。

2）采用万用表等一般仪器检测。

3）采用解码器诊断系统进行故障诊断。

4）确定故障原因和零部件。

5）针对存在的问题进行拆装维修。

2. 维修设备、材料准备

丰田卡罗拉汽车电动车窗系统维修设备与材料准备见表2-1。

表 2-1　丰田卡罗拉汽车电动车窗系统维修设备与材料准备

名称	数量	名称	数量
解码器	1 台	维修手册	1 套
汽车万用表	1 台	手套、抹布等	1 批
常规拆装工具	1 套	电工胶布等	1 卷
扭力扳手	1 把	工作台	1 台

　任务实施

> ⚠ 警告
>
> 1. 检查玻璃升降时，注意不要损伤玻璃防爆膜
>
> 2. 不要用手检查防夹功能
>
> 3. 拆门衬板时，注意不要损伤衬板表面

6.4 丰田卡罗拉汽车右后车窗不能下降的故障检查

1. 确认故障现象

接到故障车辆后，要进行故障现象确认。

1）打开点火开关到 IG 档，用主控开关操控每个车窗玻璃下降，观看是否正常，然后，分别用乘客侧车窗开关控制其玻璃升降。

2）只发现右后车窗玻璃升降不正常，其他车窗玻璃升降正常。

3）对于右后车窗，当只有主控开关不能操控右后车窗玻璃（右后车窗开关可正常操控）时，可能是车窗主控开关损坏，反之，可能是右后车窗开关损坏；当车窗主控开关和右后车窗开关都无法操控右后车窗玻璃升降时，可能是右后车窗玻璃升降器电动机损坏。在检测电动车窗系统过程中，若发现其他故障现象，可参照丰田卡罗拉汽车电动车窗系统常见故障症状及可疑部位分析，见表 2-2。

表 2-2 丰田卡罗拉汽车电动车窗系统常见故障症状及可疑部位分析

症　状	可　疑　部　位
用电动车窗主控开关无法操作电动车窗	POWER、PWR、RR DOOR LH 和 RR DOOR RH 熔断器
	数据表/主动测试
	电动车窗主控开关电路（电源）
	电动车窗升降器电动机电路
	电动车窗主控开关
用电动车窗开关无法操作前排乘客侧电动车窗	电动车窗开关电路（电源）
	电动车窗升降器电动机电路（前排乘客侧）
	电动车窗开关（前排乘客侧）
	线束或插接器
用电动车窗开关无法操作左后侧电动车窗	电动车窗开关电路（电源）
	电动车窗升降器电动机电路（左后侧）
	电动车窗开关（左后侧）
	线束或插接器
用电动车窗开关无法操作右后侧电动车窗	电动车窗开关电路（电源）
	电动车窗升降器电动机电站（右后侧）
	电动车窗开关（右后侧）
	线束或插接器
驾驶人侧自动上升/下降功能不起作用（仅防夹辅助功能）	诊断检查
	电动车窗升降器电动机重量
	电动车窗主控开关
	线束或插接器
遥控上升/下降功能不起作用	电动车窗主控开关
	线束或插接器

（续）

症　状	可疑部位
将点火开关置于 OFF 位置后，即使不满足工作条件，电动车窗仍然可以工作	前门门控灯开关
	线束或插接器（LIN 通信电路）
自动操作不能完全关闭驾驶人侧电动车窗（防夹功能被触发）	电动车窗升降器电动机重量
	检查和清洁车窗玻璃升降槽
	电动车窗主控开关
驾驶人侧自动下降功能不起作用（仅自动下降）	电动车窗主控开关
	电动车窗升降器电动机电路（驾驶人侧）
	线束或插接器
乘客侧 PTC 功能不起作用	电动车窗升降器电动机（前排乘客侧）
左后侧 PTC 功能不起作用	电动车窗升降器电动机（左后侧）
右后侧 PTC 功能不起作用	电动车窗升降器电动机（右后侧）

2. 故障检测

电动车窗系统出现故障后，就要根据电路的控制关系，由简单到复杂，针对电路中的熔断器（位于发动机舱继电器盒内）、车窗开关及车窗电动机等进行测试，依据测试结果便可确定故障部位，更换有故障的零件即可排除故障。

1）首先检查熔断器、继电器及蓄电池电压，确保完好。

2）可以先读取故障码（该车只有驾驶人侧车窗玻璃可以用解码器进行主动测试），故障码见表 2-3。

表 2-3　电动车窗系统故障码

DTC 代码	检测项目	故障部位
B2311	驾驶人侧车门电动机故障	1）当点火开关置于 ON（IG）位置时蓄电池断开 2）电动车窗升降器电动机（驾驶人侧） 3）电动车窗零部件安装错误 4）电动车窗升降器电动机（驾驶人侧）过热
B2312	驾驶人侧车门主控开关故障	1）电动车窗升降器电动机（驾驶人侧） 2）电动车窗主控开关 3）线束或插接器 4）在同一位置按住电动车窗主控开关超过 20s
B2313	玻璃位置初始化未完成	1）电动车窗升降器电动机（驾驶人侧） 2）电动车窗升降器电动机（驾驶人侧）未初始化
B2321	驾驶人侧车门 ECU 通信终止	1）电动车窗升降器电动机（驾驶人侧） 2）主车身 ECU（仪表板接线盒） 3）线束或插接器

3）车窗主控开关的电路检测如图 2-13 所示，右后车窗开关的电路检测如图 2-14 所示。

线束插接器主视图: (至电动车窗主控开关)

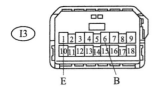

标准电压

解码器连接	条件	规定状态
I3-6(B)-车身搭铁	点火开关置于 ON (IG) 位置	11~14V

标准电阻

解码器连接	条件	规定状态
I3-1(E)-车身搭铁	始终	小于 1Ω

图 2-13　车窗主控开关的电路检测

线束插接器主视图: (至电动车窗开关)

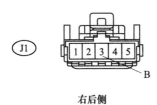

右后侧

解码器连接	条件	规定状态
J1-3(B)-车身搭铁	点火开关置于 ON (IG) 位置	11~14V

右后侧

图 2-14　右后车窗开关的电路检测

4) 车窗主控开关的检测。车窗主控开关的端子如图 2-15 所示,车窗主控开关端子的检测见表 2-4,若结果不符,则更换车窗主控开关。

5) 后车窗开关的检测。右后车窗开关的端子如图 2-16 所示,右后车窗开关端子的检测见表 2-5,若结果不符,则更换后车窗开关。

图 2-15　车窗主控开关的端子

6) 车窗电动机的检测。右后车窗电动机的端子如图 2-17 所示,右后车窗电动机端子的检测见表 2-6,若结果不符,则更换车窗电动机。

没有线束连接的零部件: (电动车窗开关)

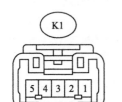

图 2-16　右后车窗开关的端子

没有线束连接的零部件:
(电动车窗升降器电动机(右后侧))

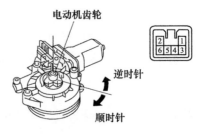

图 2-17　右后车窗电动机的端子

表 2-4　车窗主控开关端子的检测

解码器连接	条件	规定状态	实测结果
8(U)-1(E)-4(A)	自动 UP（驾驶人侧）	小于 1Ω	
8(U)-1(E)	手动 UP（驾驶人侧）	小于 1Ω	
5(D)-1(E)	手动 DOWN（驾驶人侧）	小于 1Ω	
4(A)-5(D)-1(E)	自动 DOWN（驾驶人侧）	小于 1Ω	
6(B)-16(U) 15(D)-1(E)	UP（乘客侧）	小于 1Ω	
6(B)-15(D) 16(U)-1(E)	DOWN（乘客侧）	小于 1Ω	
6(B)-12(U) 13(D)-1(E)	UP（左后）	小于 1Ω	
6(B)-13(D) 12(U)-1(E)	DOWN（左后）	小于 1Ω	
6(B)-10(U) 18(D)-1(E)	UP（右后）	小于 1Ω	
6(B)-18(D) 10(U)-1(E)	DOWN（右后）	小于 1Ω	

表 2-5　右后车窗开关端子的检测

解码器连接	开关状态	规定状态	实测结果
1(D)-2(SD)	UP	小于 1Ω	
3(B)-4(U)		小于 1Ω	
1(D)-2(SD)	OFF	小于 1Ω	
4(U)-5(SU)		小于 1Ω	
4(U)-5(SU)	DOWN	小于 1Ω	
1(D)-3(B)		小于 1Ω	

表 2-6　右后车窗电动机端子的检测

测量条件	规定状态	实测结果
蓄电池负极（-）→端子 2 蓄电池正极（+）→端子 1	电动机齿轮顺时针旋转	
蓄电池负极（-）→端子 1 蓄电池正极（+）→端子 2	电动机齿轮逆时针旋转	

3. 零件拆装要点及注意事项

1）右后车窗开关拆装要点及注意事项。右后车窗开关拆装要点如图 2-18 所示，使用头部缠有保护胶带的螺钉旋具脱开三个卡爪并拆下后门内把手框；脱开两个卡子和七个卡爪，拆下后门扶手座上板，拆下右后车窗开关。

2）右后门装饰板总成拆装要点及注意事项。右后门装饰板总成拆卸要点如图 2-19 所示，使用头部缠有保护胶带的螺钉旋具脱开卡爪并断开车门扶手盖线束插接器，拆下两个螺

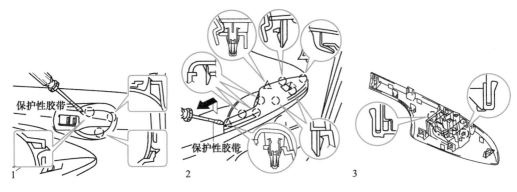

图 2-18 右后车窗开关拆装要点

钉，使用卡子拆卸工具，脱开八个卡子；脱开四个卡爪并从后门玻璃内密封条上分开后门装饰板总成。

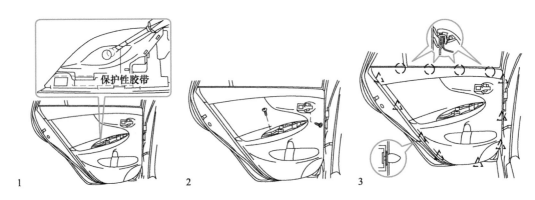

图 2-19 右后门装饰板总成拆卸要点

3）右后门车窗电机总成拆装要点及注意事项。右后门车窗电机总成拆装要点如图 2-20 所示。

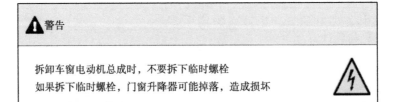

> **⚠警告**
>
> 拆卸车窗电动机总成时，不要拆下临时螺栓
> 如果拆下临时螺栓，门窗升降器可能掉落，造成损坏

① 断开插接器。
② 松开临时螺栓（只松开不拆卸）。
③ 拆下三个螺栓。
④ 将后门窗升降器分总成和后电动车窗升降器电动机总成作为一个单元拆下。
⑤ 从后门窗升降器分总成上拆下临时螺栓。
⑥ 将蓄电池正极（+）引线连接到后电动车窗升降器电动机总成端子 1，并将蓄电池负

极（－）引线连接到后电动车窗升降器电动机总成端子 2，以便将升降器臂移至图示位置。

⑦ 用"TORX"梅花螺钉旋具（T25）拆下三个螺钉，拆卸电机总成。

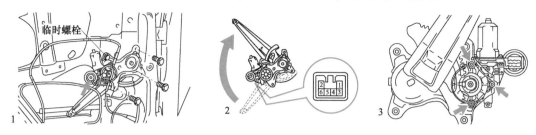

图 2-20 右后门车窗电机总成拆装要点

4）驾驶人侧车窗主控开关总成拆装要点及注意事项。驾驶人侧车窗主控开关总成拆装要点如图 2-21 所示。

① 使用头部缠有保护胶带的螺钉旋具脱开两个卡子和 6 个卡爪，拆下前扶手座上板。

② 断开插接器。

③ 拆下三个螺钉和电动车窗升降器主控开关总成。

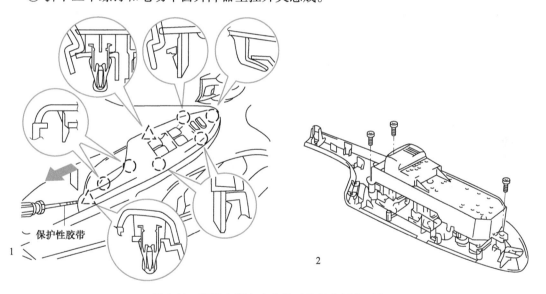

图 2-21 驾驶人侧车窗主控开关总成拆装要点

任务 7   左侧后视镜不能调整故障
的诊断与维修

任务接受

客户报修：我的车（丰田卡罗拉汽车 1.6AT）左侧后视镜不能调整。

任务准备

7.1 丰田卡罗拉汽车电控后视镜系统的信息收集

1. 后视镜的种类

（1）按照安装位置的不同分类　后视镜按照安装位置的不同可以分为内后视镜、外后视镜和下视镜三种。

（2）按照镜面形状的不同分类　后视镜按照镜面形状的不同可以分为平面镜、球面镜和双曲率镜。

（3）按防眩目的功能分类　按防眩目功能可分为普通型后视镜和防眩目型后视镜。普通型内后视镜为平面镜，其反射膜为铝或银。防眩目型内后视镜又可分为棱形防眩镜、平面防眩镜和液晶式防眩镜。棱形防眩镜的镜表面与镜里面反射膜的反射率不同。

（4）按照操纵方式的不同分类　按照操纵方式的不同外后视镜可分为普通后视镜和电控后视镜。

2. 后视镜的功能

后视镜作为汽车重要的安全附件，人们对其提出了越来越高的要求。目前在一些高档汽车上所配置的电动后视镜已具有防眩目、防雨雾模糊和防灰尘污染等功能，且通过减小体积来减小汽车高速行驶的阻力，从而达到提高汽车的动力性和经济性。

（1）防雨雾模糊后视镜

（2）防眩目后视镜

（3）低轮廓后视镜

（4）防撞后视镜

3. 电动后视镜的工作原理

电动后视镜镜片背面安装有两个永磁电动机，其中一个电动机能使后视镜上下偏转，另一个电动机能使后视镜左右偏转。左侧与右侧外后视镜由一个开关控制，如图 2-22 所示。一般采用顺时针或逆时针旋转选择"左"或"右"后视镜，然后上、下、左、右操作开关可调整外后视镜镜片到相应的位置。轿车电动后视镜控制系统电路图如图 2-23 所示。

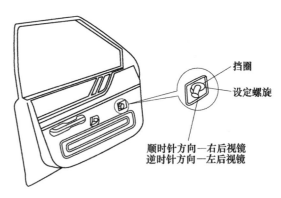

图 2-22　电动后视镜的开关

后视镜开关闸刀联动的关系是：选择"左"镜或"右"镜时闸刀 D 与 E 联动；选择"上""下"调整时闸刀"A"与"B"联动，选择"左""右"调整时闸刀"A"与"C"联动。现以调整左后视镜为例，说明其工作过程：

首先，逆时针旋转开关，选择左后视镜，使后视镜开关中的触点 D1、E1 闭合。

若要使镜片向上旋转，则向上搬动开关，使后视镜开关中的触点 A1、B1 闭合。其电路为：蓄电池正极→点火开关→触点 B1→触点 D1→左侧后视镜电动机 2-1→触点 A1→搭铁。

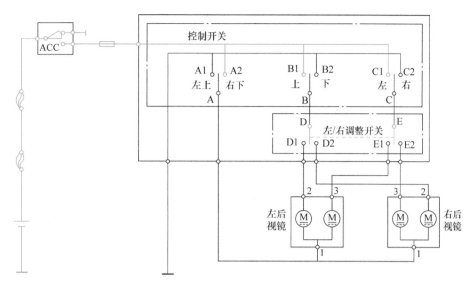

图 2-23　轿车电动后视镜控制系统电路图

这样左后视镜镜片将向上旋转，直到松开后视镜开关为止。

若要使镜片向右旋转，则向右搬动开关，使后视镜开关中的触点 A2、C2 闭合。其电路为：蓄电池正极→点火开关→触点 A2→左侧后视镜电动机 1-3→触点 E1→触点 C2→搭铁。这样左后视镜镜片将向右旋转，直到松开后视镜开关为止。

4. 自动调节的内后视镜

当照到内后视镜上的光线太强，引起驾驶人的视觉不舒服时，自动调节内后视镜便自动翘起。

自动调节内后视镜在后视镜片内装有两块电池，其中一块电池用来测定车内光线的强度，另一块电池用来测定后视镜受光照的强度。若照到内后视镜的光线强度大于车内光线的强度，并且超过预设值，则驱动内后视镜的电磁线圈被激磁，将内后视镜翘起。

5. 电控变色外后视镜

图 2-24 所示为电控变色外后视镜。电控变色外后视镜根据眩目光的强度自动调节反射率。镜片的处理工艺与变色太阳镜镜片所采用的工艺相同。如果眩目光强烈，后视镜将变暗，后视镜提供 20%～30% 的额定反射率；当不存在眩目光时，后视镜改变到白天的反射率，即额定反射率的 85% 以上。

后视镜总成由采用两块导电玻璃中间夹一薄层电变色物质构成的镜片、装在后视镜前后的两只测定光强度的光电管传感器和固体模块等构成。夜间驾驶汽车时，后面汽车前照灯光束照到后视镜上，后视镜便会随着光强度逐渐变暗。变暗的后视镜，吸收眩目光。驾驶人可以通过一只三位置开关来选取后视镜感光的灵敏度。

图 2-25 所示为自动电控变色的白天/黑夜（两档）后视镜电路图。当点火开关置于 RUN 档时，蓄电池电压加至三位置开关的电刷。如果开关是在 MIN 位置（MIN 位置用于市内行车），蓄电池电压加至固体电路模块，固体电路模块便设定低灵敏度。在 MAX 位置时，引起后视镜变暗的程度比在 MIN 位置时变暗的程度大。当变速器挂倒档时，后视镜恢复到能清晰后视的白天设置。

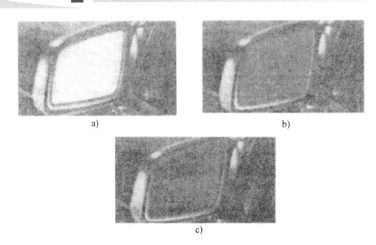

图 2-24　电控变色外后视镜

a）白天　b）中等眩目光　c）强眩目光

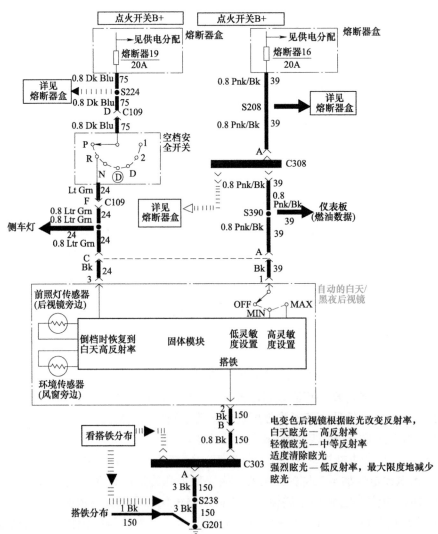

图 2-25　自动电控变色的白天/黑夜（两档）后视镜电路图

6. 丰田卡罗拉车外后视镜的使用方法及工作原理

1）丰田卡罗拉车外后视镜的操作方法如图 2-26 所示，第一步先选择需要调整左或右后视镜，第二步选择调整的方向。

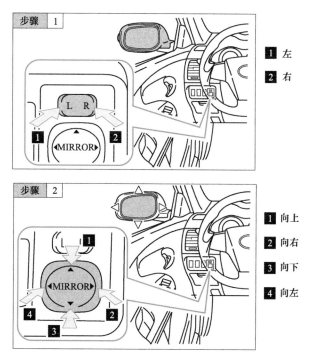

图 2-26　丰田卡罗拉车外后视镜的操作方法

2）丰田卡罗拉车外后视镜的折叠方法如图 2-27 所示，用手向后推即可将其折叠。

3）丰田卡罗拉车外后视镜的除雾方法如图 2-28 所示，当打开后车窗除雾器时外后视镜除雾器也将打开，除雾器运行 15min 后将自动关闭。

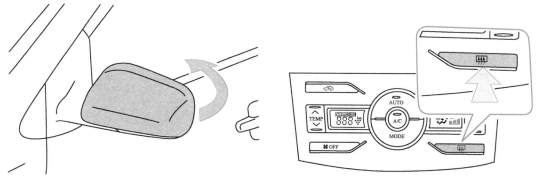

图 2-27　丰田卡罗拉车外后视镜的折叠方法　　　图 2-28　丰田卡罗拉车外后视镜的除雾方法

4）丰田卡罗拉车外后视镜电路图如图 2-29 所示，此电路的关键点分两步操作：

第一步是选择左镜或右镜，此时选择开关的两个闸刀联动。

第二步是选择方向，此时方向开关也是两个闸刀联动，例如选择左侧后视镜向上调整，所有带"上"方向的闸刀闭合，图中的"上"与"左、上"两个闸刀闭合，如图 2-30 所示，

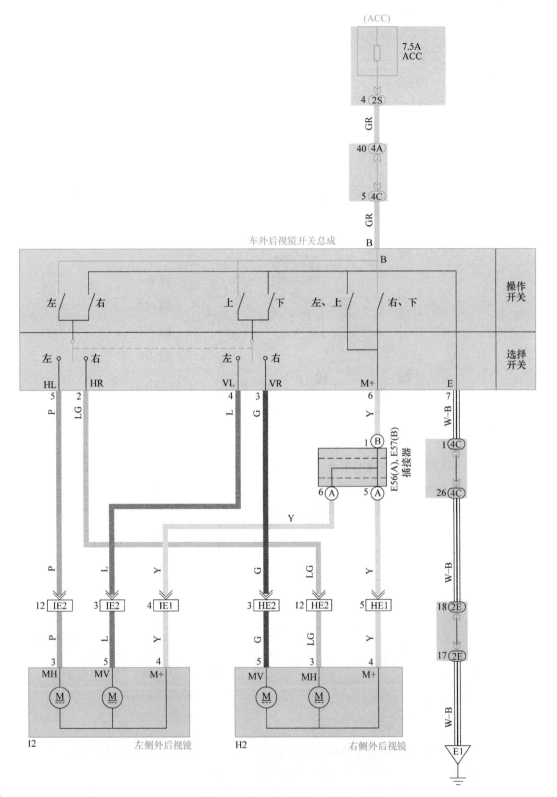

图 2-29 丰田卡罗拉车外后视镜电路图

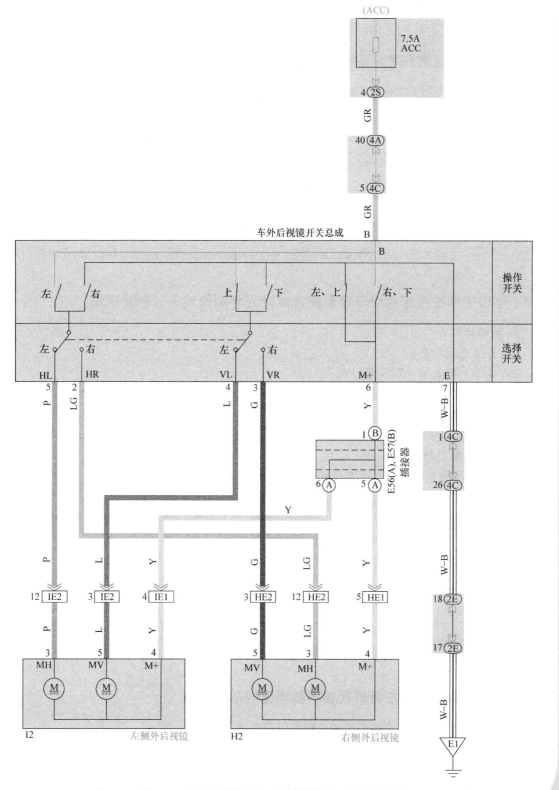

图 2-30　丰田卡罗拉汽车左侧后视镜向上调整电路图

实现向上调整；如果想将左侧后视镜向下调整，所有带"下"方向的闸刀闭合，图中的"下"与"左、下"两个闸刀闭合，电机向相反的方向转动，实现左侧后视镜向下调整。

7.2　丰田卡罗拉汽车左侧后视镜不能调整的故障分析

根据丰田卡罗拉汽车电动后视镜系统工作原理可知，故障的部位及原因分析如图 2-31 所示。

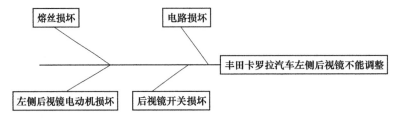

图 2-31　丰田卡罗拉汽车左侧后视镜不能调整故障部位及原因分析

7.3　丰田卡罗拉汽车电动车窗系统维修计划与维修设备、材料准备

1. 维修计划

1）外部直观检查。

2）采用万用表等一般仪器检测。

3）采用解码器诊断系统进行故障诊断。

4）确定故障原因和零部件。

5）针对存在的问题进行拆装维修。

2. 维修设备、材料准备

丰田卡罗拉汽车电动后视镜系统维修设备与材料准备见表 2-7。

表 2-7　丰田卡罗拉汽车电动后视镜系统维修设备与材料准备

名称	数量	名称	数量
解码器	1 台	维修手册	1 套
汽车万用表	1 台	手套、抹布等	1 批
常规拆装工具	1 套	电工胶布等	1 卷
扭力扳手	1 把	工作台	1 台

任务实施

7.4　丰田卡罗拉汽车左侧后视镜不能调整的故障检查

电动后视镜系统常见故障症状及可疑部位见表 2-8。

1. 确认故障现象

接到车辆后，要进行故障现象确认。

1）打开点火开关到 IG 档，操作后视镜开关，确认左侧后视镜不能调整。

表 2-8　电动后视镜系统常见故障症状及可疑部位

症　状	可　疑　部　位
后视镜不工作	ACC 熔丝
	车外后视镜开关
	车外后视镜
	线束或插接器
后视镜工作异常	车外后视镜开关
	车外后视镜
	线束或插接器
后视镜加热器不工作	ACC 熔丝
	MIR HTR 熔丝
	车外后视镜
	线束或插接器
	车窗除雾器系统（手动空调系统）
	车窗除雾器系统（自动空调系统）

2）检查蓄电池电压及熔断器，确保正常。

2. 检测左侧后视镜电机

左侧后视镜的端子如图 2-32 所示，后视镜电机检测标准见表 2-9，若检测结果不符合规定，则更换左侧后视镜总成。

3. 检测左侧后视镜加热器

左侧后视镜加热器检测方法如图 2-33 所示，检测标准见表 2-10，此时将端子 1 与端子 2 分别接蓄电池正负极，镜片应立刻变热，若检测结果不符合规定，则更换左侧后视镜总成。

表 2-9　后视镜电机检测标准

测量条件	规定状态
蓄电池正极（+）→端子 5（MV） 蓄电池负极（−）→端子 4（M+）	上翻
蓄电池正极（+）→端子 4（M+） 蓄电池负极（−）→端子 5（MV）	下翻
蓄电池正极（+）→端子 3（MH） 蓄电池负极（−）→端子 4（M+）	左转
蓄电池正极（+）→端子 4（M+） 蓄电池负极（−）→端子 3（MH）	右转

表 2-10　后视镜加热器检测标准

解码器连接	条件	规定状态
1（H+）−2（H−）	25℃（77℉）	7.6~11.4Ω

4. 后视镜开关总成的检测

车外后视镜开关总成的端子如图 2-34 所示，检测标准见表 2-11，若检测结果不符合规定，则更换后视镜开关总成。

没有线束连接的零部件:(车外后视镜)　　没有线束连接的零部件:(车外后视镜)

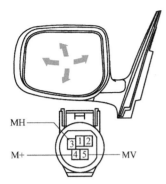

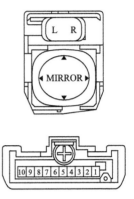

图 2-32　左侧后视镜的端子　　图 2-33　左侧后视镜加热器检测方法　　图 2-34　车外后视镜
开关总成的端子

表 2-11　车外后视镜开关总成检测标准

左侧后视镜（后视镜开关总成打到左侧位置）			
解码器连接	开关条件	规定状态	实测结果
4（VL）-8（B）	UP	小于 1Ω	
6（M+）-7（E）	OFF	10kΩ 或更大	
4（VL）-7（E）	DOWN	小于 1Ω	
6（M+）-8（B）	OFF	10kΩ 或更大	
5（HL）-8（B）	LEFT	小于 1Ω	
6（M+）-7（E）	OFF	10kΩ 或更大	
5（HL）-7（E）	RIGHT	小于 1Ω	
6（M+）-8（B）	OFF	10kΩ 或更大	
右侧后视镜（后视镜开关总成打到右侧位置）			
解码器连接	开关条件	规定状态	实测结果
3（VR）-8（B）	UP	小于 1Ω	
6（M+）-7（E）	OFF	10kΩ 或更大	
3（VR）-7（E）	DOWN	小于 1Ω	
6（M+）-8（B）	OFF	10kΩ 或更大	
2（HR）-8（B）	LEFT	小于 1Ω	
6（M+）-7（E）	OFF	10kΩ 或更大	
2（HR）-7（E）	RIGHT	小于 1Ω	
6（M+）-8（B）	OFF	10kΩ 或更大	

5. 后视镜总成拆卸要点及注意事项

丰田卡罗拉后视镜总成的安装位置如图 2-35 所示。

1）拆卸前门内把手框。
2）拆卸前扶手座上面板。
3）拆卸前门装饰板分总成。
4）拆卸车外后视镜总成。

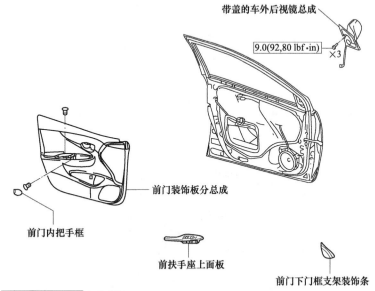

图 2-35　丰田卡罗拉后视镜总成的安装位置

拆卸车外后视镜总成的方法如图 2-36 所示。

① 断开插接器。

② 拆下三个螺栓。

6. 外后视镜镜片拆卸要点及注意事项

1）如图 2-37 所示，将保护性胶带贴到车门后视镜的遮阳板底部，推动后视镜镜面的上部，使其倾斜，用防护条拆卸工具脱开两个卡爪。

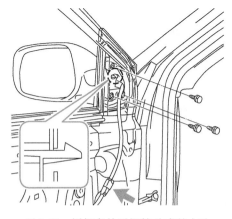

图 2-36　拆卸车外后视镜总成的方法

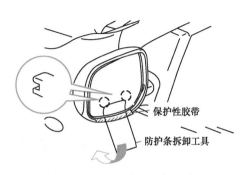

图 2-37　将保护性胶带贴到车门
后视镜的遮阳板底部

2）脱开车外后视镜上部的两个导向销，如图 2-38 所示。

3）断开插接器，并拆下车外后视镜玻璃，如图 2-39 所示。

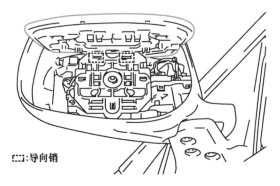

[□□]:导向销

图 2-38　脱开车外后视镜上部的两个导向销

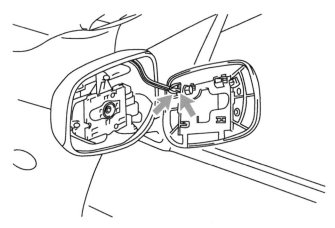

图 2-39　断开插接器并拆下车外后视镜玻璃

任务8　驾驶人侧电动座椅不能调整故障的诊断与维修

任务接受

客户报修：我的车（丰田卡罗拉汽车 1.6AT）驾驶人侧座椅不能调整。

任务准备

8.1　丰田卡罗拉汽车电控座椅系统的信息收集

1. 电动座椅系统的组成及控制原理

图 2-40 所示为汽车电动座椅，其调整方向有向前、向后、向上、向下、前俯和后仰六个，且靠背倾斜角度可调。有些轿车电动座椅除了以上功能外，座椅的头枕、扶手等也可调整。

电动座椅的调整系统由电动机、开关和传动装置组成。电动机为双向永磁式，座椅的调整功能越多，电动机的数量越多。调整开关可控制电动机的电流方向，从而使电动机具有两个转动方向。图 2-41 所示为汽车电动座椅电路图，该电动座椅有 4 个电动机。

2. 丰田卡罗拉电动座椅系统的组成及原理

图 2-42 所示为丰田卡罗拉驾驶人侧电动座椅操作说明，图 2-43 所示为丰田卡罗拉驾驶人侧电动座椅结构，图 2-44 所示为丰田卡罗拉驾驶人侧电动座椅系统电路图。

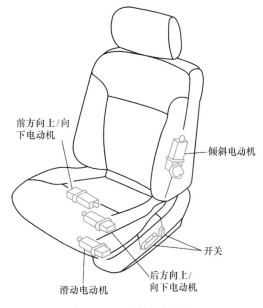

图 2-40　汽车电动座椅

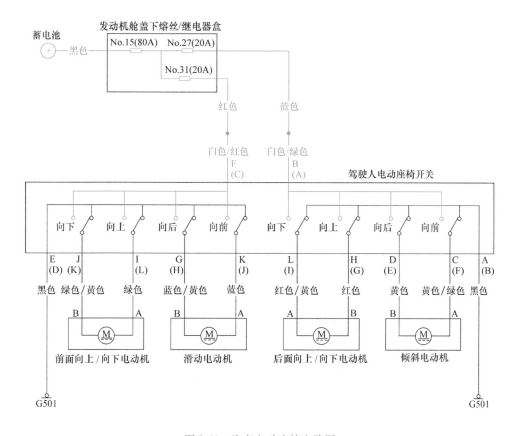

图 2-41　汽车电动座椅电路图

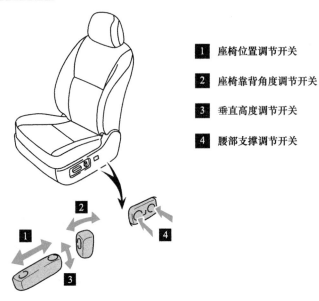

1 座椅位置调节开关

2 座椅靠背角度调节开关

3 垂直高度调节开关

4 腰部支撑调节开关

图 2-42 丰田卡罗拉驾驶人侧电动座椅操作说明

> **⚠ 警告**
>
> 请勿过度倾斜座椅，否则行驶过程中腰部安全带可能会滑动腹部或触及颈部，一旦发生事故就会增加严重伤害甚至死亡的风险

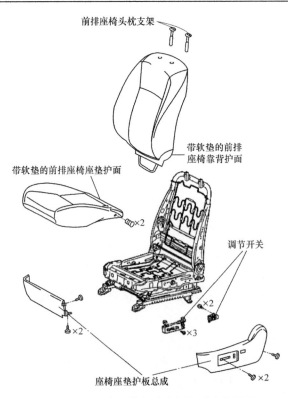

图 2-43 丰田卡罗拉驾驶人侧电动座椅结构

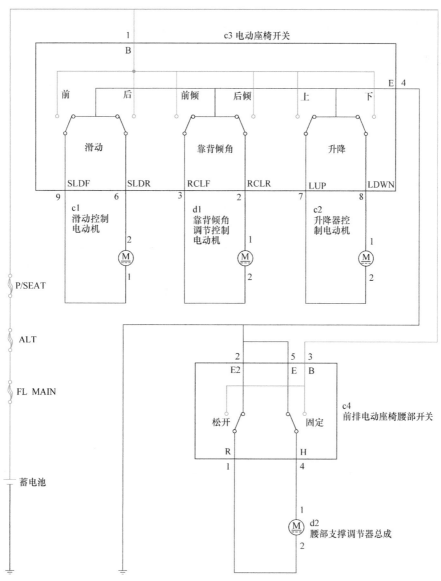

图 2-44　丰田卡罗拉驾驶人侧电动座椅系统电路图

8.2　丰田卡罗拉汽车驾驶人侧电动座椅不能调整的故障分析

根据丰田卡罗拉汽车驾驶人侧电动座椅系统的电路原理可知，故障的部位及原因分析如图 2-45 所示。

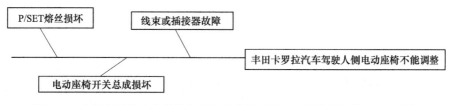

图 2-45　丰田卡罗拉汽车驾驶人侧电动座椅不能调整的故障部位及原因分析

8.3 丰田卡罗拉汽车电动座椅系统维修计划与维修设备、材料准备

1. 维修计划

1）外部直观检查。

2）采用万用表等一般仪器检测。

3）采用解码器诊断系统进行故障诊断。

4）确定故障原因和零部件。

5）针对存在的问题进行拆装维修。

2. 维修设备、材料准备

丰田卡罗拉汽车电动座椅系统维修设备与材料准备见表2-12。

表2-12　丰田卡罗拉汽车电动座椅系统维修设备与材料准备

名称	数量	名称	数量
解码器	1台	维修手册	1套
汽车万用表	1台	手套、抹布等	1批
常规拆装工具	1套	电工胶布等	1卷
扭力扳手	1把	工作台	1台

任务实施

8.4 丰田卡罗拉汽车驾驶人侧电动座椅不能调整的故障检查

丰田卡罗拉汽车电动座椅系统常见的故障症状及可疑部位见表2-13。

表2-13　丰田卡罗拉汽车电动座椅系统常见的故障症状及可疑部位

故　障　症　状	可　疑　部　位
电动座椅不工作（滑动、升降、靠背倾角调节）	P/SET 熔丝
	电动座椅开关
	线束或插接器
仅滑动操作功能不工作	电动座椅开关
	前排座椅总成（滑动调节电动机）
	线束或插接器
仅升降操作功能不工作	电动座椅开关
	前排座椅总成（升降器电动机）
	线束或插接器
仅靠背倾角调节操作功能不工作	电动座椅开关
	前排座椅总成（靠背倾角调节电动机）
	线束或插接器

（续）

故 障 症 状	可 疑 部 位
仅腰部支撑操作功能不工作	前排电动座椅腰部开关
	腰部支撑调节器总成
	线束或插接器

1. 确认故障现象

接到车辆后，要进行故障现象确认。

1）操作驾驶人侧电动座椅开关，确认驾驶人侧座椅不能调整。

2）检查蓄电池电压及熔断器，确保正常。

2. 电动座椅系统线束检测

电动座椅系统线束的检测方法及检测标准如图 2-46 所示，若检测结果不符，则说明故障部位在电动座椅系统的线束部分，应进一步检测线束。

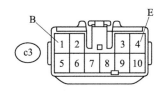

标准电压

解码器连接	条件	规定状态
c3-1（B）-车身搭铁	始终	11~14V

标准电阻

解码器连接	条件	规定状态
c3-4（E）-车身搭铁	始终	小于 1Ω

图 2-46　电动座椅系统线束的检测方法及检测标准

3. 电动座椅开关的检测

若电动座椅系统线束部分正常，则应拆下电动座椅开关总成进行检测，开关总成的端子如图 2-47 所示，电动座椅开关检测标准见表 2-14，若检测结果不符，则更换电动座椅开关总成。

4. 电动座椅电动机的检测

若电动座椅的某一个方向不能调节，应对电动机进行检测。

将蓄电池（+）与蓄电池（-）分别接至电动机的两个端子，检查座椅骨架是否平顺移动，电动机检测标准及方法如图 2-48 所示。若检测结果不符，则更换电动座椅总成。

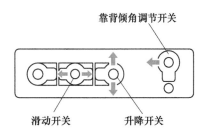

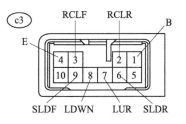

图 2-47　电动座椅开关总成的端子

表 2-14　电动座椅开关检测标准

滑动开关		
解码器连接	开关状态	规定状态
c3-1(B)-c3-9(SLDF)	前	小于1Ω
c3-4(E)-c3-6(SLDR)	前	小于1Ω
c3-1(B)-c3-6(SLDR)	前	10kΩ 或更大
c3-4(E)-c3-9(SLDF)	前	10kΩ 或更大
c3-4(E)-c3-6(SLDR)	OFF	小于1Ω
c3-4(E)-c3-9(SLDF)	OFF	小于1Ω
c3-1(B)-c3-6(SLDR)	OFF	10kΩ 或更大
c3-1(B)-c3-9(SLDF)	OFF	10kΩ 或更大
c3-1(B)-c3-6(SLDR)	后	小于1Ω
c3-4(E)-c3-9(SLDF)	后	小于1Ω
c3-1(B)-c3-9(SLDF)	后	10kΩ 或更大
c3-4(E)-c3-6(SLDR)	后	10kΩ 或更大
升降开关		
解码器连接	开关状态	规定状态
c3-1(B)-c3-7(UUP)	开	小于1Ω
c3-4(E)-c3-8(LDWN)	开	小于1Ω
c3-1(B)-c3-8(LDWN)	开	10kΩ 或更大
c3-4(B)-c3-7(UUP)	开	10kΩ 或更大
c3-4(E)-c3-7(UUP)	OFF	小于1Ω
c3-4(E)-c3-8(LDWN)	OFF	小于1Ω
c3-1(B)-c3-7(UUP)	OFF	10kΩ 或更大
c3-1(B)-c3-8(LDWN)	OFF	10kΩ 或更大
c3-1(B)-c3-8(LDWN)	降	小于1Ω
c3-4(E)-c3-7(UUP)	降	小于1Ω
c3-1(B)-c3-7(UUP)	降	10kΩ 或更大
c3-4(B)-c3-8(LDWN)	降	10kΩ 或更大
靠背倾角调节开关		
解码器连接	开关状态	规定状态
c3-1(B)-c3-3(RCLF)	前	小于1Ω
c3-4(E)-c3-2(RCLR)	前	小于1Ω
c3-1(B)-c3-2(RCLR)	前	10kΩ 或更大
c3-4(E)-c3-3(RCLF)	前	10kΩ 或更大
c3-4(E)-c3-2(RCLR)	OFF	小于1Ω
c3-4(E)-c3-3(RCLF)	OFF	小于1Ω
c3-1(B)-c3-3(RCLF)	OFF	10kΩ 或更大

（续）

靠背倾角调节开关		
解码器连接	开关状态	规定状态
c3-1（B）-c3-2（RCLF）	OFF	10kΩ 或更大
c3-1（B）-c3-2（RCLR）	后	小于 1Ω
c3-4（E）-c3-3（RCLF）	后	小于 1Ω
c3-1（B）-c3-3（RCLF）	后	10kΩ 或更大
c3-4（E）-c3-2（RCLR）	后	10kΩ 或更大

滑动调节电动机端子

a. 检查座椅骨架的工作情况（滑动调节电动机）

正常

测量条件	运转方向
蓄电池正极（+）→c1-1 蓄电池负极（-）→c1-2	前
蓄电池正极（+）→c1-2 蓄电池负极（-）→c1-1	后

升降器电动机端子

b. 检查座椅骨架的工作情况（升降器电动机）

正常

测量条件	运转方向
蓄电池正极（+）→c2-2 蓄电池负极（-）→c2-1	向上
蓄电池正极（+）→c2-1 蓄电池负极（-）→c2-2	向下

靠背倾角调节电动机端子

c. 检查座椅骨架的工作情况（靠背倾角调节电动机）

正常

测量条件	运转方向
蓄电池正极（+）→d1-2 蓄电池负极（-）→d1-1	前
蓄电池正极（+）→d1-1 蓄电池负极（-）→d1-2	后

图 2-48 座椅电动机检测标准及方法

5. 电动座椅拆卸要点及注意事项

（1）拆卸电动座椅靠背倾角调节开关旋钮 如图 2-49 所示，使用缠有保护性胶带的螺钉旋具脱开两个卡爪并拆下电动座椅靠背倾角调节开关旋钮。

（2）拆卸电动座椅滑动和高度调节开关旋钮 如图 2-50 所示，使用缠有保护性胶带的螺钉旋具脱开四个卡爪并拆下电动座椅滑动和高度调节开关旋钮。

（3）拆卸前排座椅座垫护板总成 如图 2-51 所示，首先拆卸下面的两个挂钩，然后拆卸护板的五个螺钉，脱开卡爪和导向销后即可拆下座椅座垫护板总成。

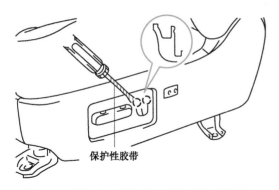

图 2-49　拆卸电动座椅靠背倾角调节开关旋钮

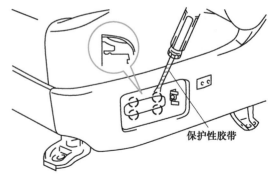

图 2-50　拆卸电动座椅滑动和高度调节开关旋钮

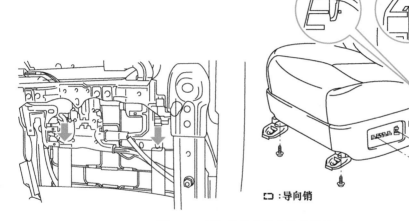

□：导向销

图 2-51　拆卸前排座椅座垫护板总成

（4）拆卸座椅座垫 1 号内护板　如图 2-52 所示，拆下螺钉，脱开两个卡爪即可拆下座椅座垫 1 号内护板。

（5）拆卸电动座椅腰部开关　如图 2-53 所示，拆下两个螺钉即可拆卸电动座椅腰部开关。

（6）拆卸电动座椅开关　如图 2-54 所示，拆下三个螺钉，断开开关线束插接器，即可拆卸电动座椅开关。

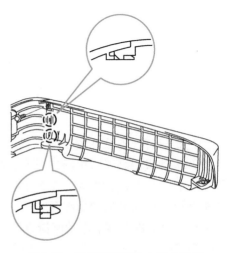

图 2-52　拆卸座椅座垫 1 号内护板

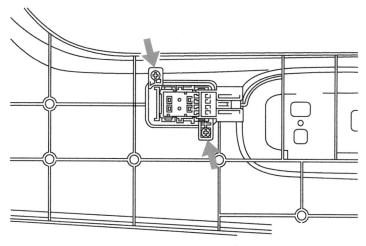

图 2-53　拆卸电动座椅腰部开关

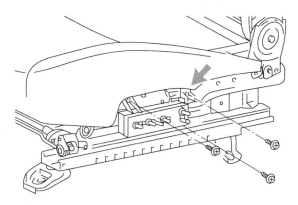

图 2-54　拆卸电动座椅开关

任务 9　电动天窗不能打开故障的
诊断与维修

任务接受

客户报修：我的车（丰田卡罗拉汽车 1.6AT）天窗无法打开。

任务准备

9.1　丰田卡罗拉汽车电控天窗系统的信息收集

1. 电动天窗控制系统的构造原理

图 2-55 所示为电动天窗控制系统元件的位置，图 2-56 所示为汽车电动天窗电路图，电动机为永磁直流电动机，利用开启和关闭两个继电器改变电动机电流的方向，从而使电动机有两个旋转方向，向前或向后。

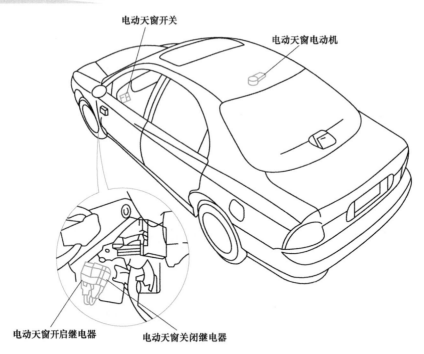

图 2-55 电动天窗控制系统元件的位置

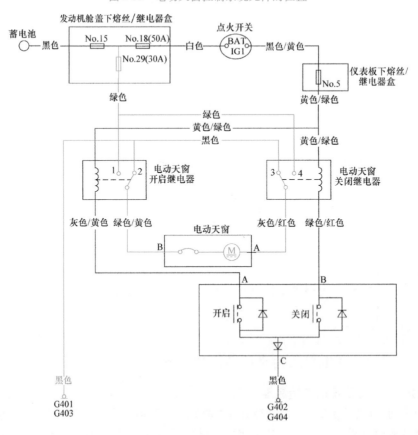

图 2-56 汽车电动天窗电路图

2. 丰田汽车天窗控制系统

丰田汽车天窗控制系统的元件位置图如图 2-57 所示，电路图如图 2-58 所示，插接器图如图 2-59 所示。

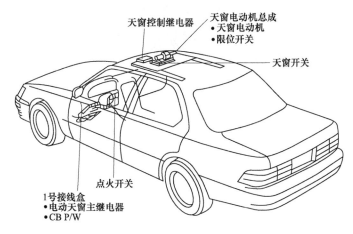

图 2-57　丰田汽车天窗控制系统的元件位置

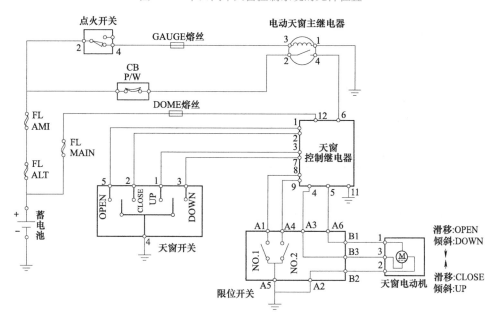

图 2-58　丰田汽车天窗控制系统的电路图

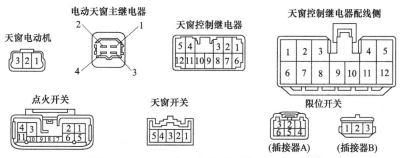

图 2-59　丰田汽车天窗控制系统的插接器图

（1）限位开关　限位开关的结构如图 2-60 所示，控制过程见表 2-15。

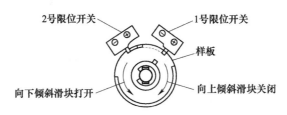

图 2-60　限位开关的结构

表 2-15　限位开关的控制过程

车顶位置		全开	暂时停止	全关	向下	向上
作用		←—— 滑动阶段		←———→	←——→ 空程	倾斜阶段
1号限位开关	ON		——→			
	OFF					
2号限位开关	ON					
	OFF					
天窗控制开关	开（OPEN）	○	○	○	○	×
	关（CLOSE）	○	○	○	×	×
	向上（UP）	×	×	×	○	○
	向下（DOWN）	×	×	×	×	○

注：○—工作，×—不工作。

（2）系统故障诊断　天窗控制系统的诊断与电动车窗控制系统的诊断基本相同，在检测天窗控制继电器的电路时，先脱开继电器的插接器，检查线束端的端子导通情况，检测标准见表 2-16。

表 2-16　天窗控制继电器的线束端子检测标准

检查项目	万用表连接	条件		规定值
导通	1—搭铁	天窗控制开关位置（滑动）	OFF 或 CLOSE	不导通
			OPEN	导通
	2—搭铁	天窗控制开关位置（滑动）	OFF 或 OPEN	不导通
			CLOSE	导通
	3—搭铁	天窗控制开关位置（倾斜）	OFF 或 DOWN	不导通
			UP	导通
	4—搭铁	常态		不导通
	4—5	常态		导通
	5—搭铁	常态		不导通

（续）

检查项目	万用表连接	条 件		规定值
导通	7—搭铁	天窗控制开关位置（倾斜）	OFF 或 UP	不导通
			DOWN	导通
	8—搭铁	1 号限位开关位置	OFF（天窗向上倾斜或约打开200mm）	不导通
			ON（除上述情形外）	导通
	9—搭铁	2 号限位开关位置	OFF（天窗关闭或倾斜向上）	不导通
			ON（天窗打开）	导通
	11—搭铁	常态		导通
电压	6—搭铁	点火开关位置	LOCK 或 ACC	无电压
			ON	蓄电池电压
	12—搭铁	常态		蓄电池电压

3. 丰田卡罗拉汽车天窗系统的组成及原理

（1）丰田卡罗拉汽车天窗系统元件位置及操作说明　图 2-61 所示为丰田卡罗拉汽车天窗系统元件位置，图 2-62 所示为丰田卡罗拉汽车天窗系统结构，图 2-63 所示为丰田卡罗拉汽车天窗系统操作说明，天窗系统可实现手动滑动打开和关闭、自动滑动打开和关闭、手动上倾和下倾、自动上倾和下倾、防夹以及钥匙关闭操作。天窗系统的功能见表 2-17。

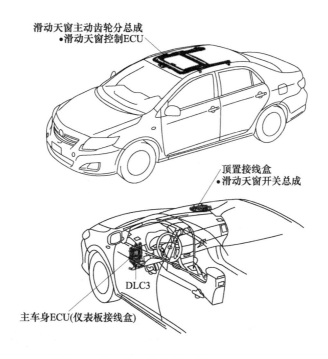

图 2-61　丰田卡罗拉汽车天窗系统元件位置

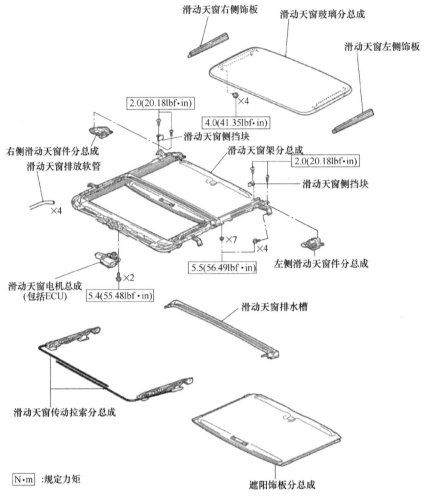

滑动天窗右侧饰板　　滑动天窗玻璃分总成

滑动天窗左侧饰板

2.0(20.18lbf·in)　　×4

4.0(41.35lbf·in)

滑动天窗侧挡块

右侧滑动天窗件分总成

滑动天窗排放软管　　滑动天窗架分总成

2.0(20.18lbf·in)

×4　　滑动天窗侧挡块

×7

左侧滑动天窗件分总成

5.5(56.49lbf·in)

滑动天窗电机总成
(包括ECU)

×2

5.4(55.48lbf·in)

滑动天窗排水槽

滑动天窗传动拉索分总成

N·m ：规定力矩

遮阳饰板分总成

图 2-62　丰田卡罗拉汽车天窗系统结构

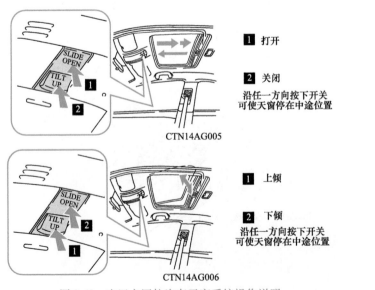

SLIDE OPEN
TILT UP

1 打开

2 关闭

沿任一方向按下开关
可使天窗停在中途位置

CTN14AG005

SLIDE OPEN
TILT UP

1 上倾

2 下倾

沿任一方向按下开关
可使天窗停在中途位置

CTN14AG006

图 2-63　丰田卡罗拉汽车天窗系统操作说明

表 2-17 丰田卡罗拉汽车天窗系统的功能

功　　能	概　　　要
手动滑动打开和关闭	当按下 SLIDE OPEN 开关（或 TILT UP 开关）不超过 0.3s 时，该功能使滑动天窗打开（或关闭）。松开开关后滑动天窗立刻停止滑动
自动滑动打开和关闭	当按下 SLIDE OPEN 开关（或 TILT UP 开关）不少于 0.3s 时，该功能使滑动天窗完全打开（或关闭）
手动上倾和下倾	当按下 TILT UP 开关（或 SLIDE OPEN 开关）不超过 0.3s 时，该功能使滑动天窗上倾（或下倾）
自动上倾和下倾	当按下 TILT UP 开关（或 SLIDE OPEN 开关）不小于 0.3s 时，该功能使滑动天窗上倾（或下倾）
防夹功能	如果在自动关闭操作（或自动下倾操作）过程中有异物卡在滑动天窗中，防夹功能会自动停止滑动天窗，或停止滑动天窗并使它部分地打开（或使它完全上倾）
钥匙关闭操作	如果前门没有打开，钥匙关闭操作功能可以在点火开关置于 OFF 位置后操作滑动天窗约 43s
滑动天窗开启警告	如果在滑动天窗打开时将点火开关从 ON（IG）转至 OFF 位置且驾驶人车门打开，则组合仪表中的多功能蜂鸣器会鸣响一次

（2）丰田卡罗拉汽车天窗系统的电路图　丰田卡罗拉汽车天窗系统电路图如图 2-64 所

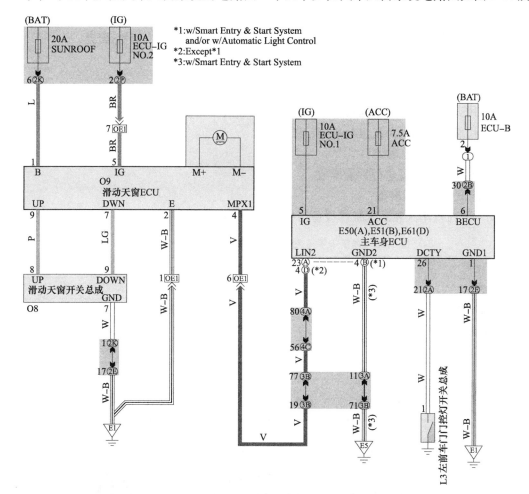

图 2-64 丰田卡罗拉汽车天窗系统电路图

示，根据驾驶人的意愿，由天窗开关总成将信号（滑动、上倾或下倾）传送给滑动天窗 ECU，然后由滑动天窗 ECU 控制天窗电机转动带动天窗工作。

9.2　丰田卡罗拉汽车电动天窗不能打开的故障分析

根据丰田卡罗拉汽车电动天窗系统的工作原理可知，天窗不能打开即说明滑动功能和倾斜功能都失效，故障的部位及原因分析如图 2-65 所示。

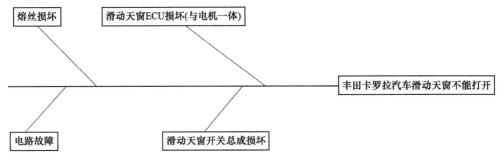

图 2-65　丰田卡罗拉汽车电动天窗不能打开的故障部位及原因分析

9.3　丰田卡罗拉汽车电动天窗系统维修计划与维修设备、材料准备

1. 维修计划

1）外部直观检查。

2）采用万用表等一般仪器检测。

3）采用解码器诊断系统进行故障诊断。

4）确定故障原因和零部件。

5）针对存在的问题进行拆装维修。

2. 维修设备、材料准备

丰田卡罗拉汽车天窗系统维修设备与材料准备见表 2-18。

表 2-18　丰田卡罗拉汽车天窗系统维修设备与材料准备

名称	数量	名称	数量
解码器	1 台	维修手册	1 套
汽车万用表	1 台	手套、抹布等	1 批
常规拆装工具	1 套	电工胶布等	1 卷
扭力扳手	1 把	工作台	1 台

任务实施

> ⚠警告
>
> 1. 检查天窗时，确保不会夹住人的身体
> 2. 切勿故意用夹住身体的方式来激活防夹功能
> 3. 当维修人员头部在天窗外进行检查作业时，切勿移动车辆

9.4　丰田卡罗拉汽车天窗不能打开的故障检查

丰田卡罗拉汽车电动天窗系统常见故障症状及可疑部位见表 2-19。

1. 确认故障现象

接到车辆后，要进行故障现象确认。

1）操作天窗开关，确认天窗不能打开（不能滑动也不能倾斜）。

2）检查蓄电池电压及熔断器，确保正常。

表 2-19　丰田卡罗拉汽车电动天窗系统常见故障症状及可疑部位

故障症状	可疑部位
滑动功能和倾斜功能不能操作	滑动天窗 ECU 或电路损坏
	滑动天窗开关总成或电路损坏
滑动功能或倾斜功能不能操作	滑动天窗开关总成或电路损坏

2. 读取故障码

若有故障码，应按故障码的提示进行下一步操作。电动天窗系统故障码见表 2-20。

3. 用解码器进行主动测试

1）将解码器连接到 DLC3。

2）将点火开关打开到 IG 档。

3）根据解码器的进行操作，主动测试的标准见表 2-21。

天窗能正常工作，说明滑动天窗 ECU（包括天窗电机）正常，应进一步检查滑动天窗开关总成或其电路。否则，进一步检查滑动天窗 ECU。

表 2-20　电动天窗系统的故障码

DTC 代码	检测项目	故障部位
B1273	滑动天窗 ECU 通信终止	1）滑动天窗 ECU（包括天窗电动机） 2）主车身 ECU 3）线束
B2341	传感器（天窗电机）故障	1）滑动天窗 ECU（包括天窗电动机） 2）滑动天窗开关总成 3）线束
B2342	开关故障	1）滑动天窗 ECU（包括天窗电动机） 2）滑动天窗开关总成 3）线束
B2343	位置初始化未完成	1）滑动天窗 ECU（包括天窗电动机） 2）滑动天窗开关总成 3）线束
B2344	位置故障	1）滑动天窗 ECU（包括天窗电动机） 2）滑动天窗开关总成 3）线束

表 2-21　丰田卡罗拉汽车电动天窗系统主动测试的标准

解码器显示	测试部位	控制范围
Slide Roof	操作滑动天窗 CLS/UP	CLS/UP：滑动天窗发生 CLOSE 或 UP 操作 OFF：滑动天窗不工作
Slide Roof	操作滑动天窗 OPEN/DOWN	OPEN/DOWN：滑动天窗发生 OPEN 或 DOWN 操作 OFF：滑动天窗不工作

4. 滑动天窗开关总成的检测

滑动天窗开关总成端子如图 2-66 所示，检测方法及标准见表 2-22，若检测结果与标准不符，则更换滑动天窗开关总成。

滑动天窗开关总成(顶置接线盒)

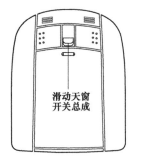

没有线束连接的零部件:滑动天窗开关总成

表 2-22　滑动天窗开关总成端子检测方法及标准

解码器连接	开关状态	规定状态
O8-8(UP)-O8-7(GND)	按下 TILT UP 开关	小于 1Ω
O8-8(UP)-O8-7(GND)	未按下 TILT UP 开关	10kΩ 或更大
O8-9(DOWN)-O8-7(GND)	按下 SLIDE OPEN 开关	小于 1Ω
O8-9(DOWN)-O8-7(GND)	未按下 SLIDE OPEN 开关	10kΩ 或更大

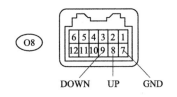

图 2-66　滑动天窗开关总成端子

5. 滑动天窗 ECU

滑动天窗 ECU 端子如图 2-67 所示，断开滑动天窗 ECU 线束插接器，对线束端进行检测，检测方法及标准见表 2-23；若线束端正常，重新连接滑动天窗 ECU 线束插接器，按照表 2-24 的方法再次检测滑动天窗 ECU 端子，若检测结果与标准不符，则更换滑动天窗 ECU。

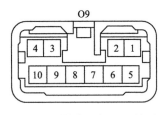

图 2-67　滑动天窗 ECU 端子

表 2-23　滑动天窗 ECU 线束端检测方法及标准

符号（端子号）	配线颜色	端子描述	条件	规定状态
O9-1(B)-O9-2(E)	L-W-B	+B 电源	始终	11~14V
O9-5(IG)-O9-2(E)	BR-W-B	电源	点火开关置于 OFF 位置	低于 1V
O9-5(IG)-O9-2(E)	BR-W-B	电源	点火开关置于 ON（IG）位置	11~14V
O9-7(DOWN)-O9-2(E)	LG-W-B	滑动天窗电动机打开	SLIDE OPEN 开关置于 OFF 位置	10kΩ 或更大
O9-7(DOWN)-O9-2(E)	LG-W-B	滑动天窗电动机打开	SLIDE OPEN 开关置于 ON 位置	小于 1Ω

（续）

符号（端子号）	配线颜色	端子描述	条件	规定状态
09-9（UP）-09-2（E）	P-W-B	滑动天窗电动机关闭	TILT UP 开关置于 OFF 位置	10kΩ 或更大
09-9（UP）-09-2（E）	P-W-B	滑动天窗电动机关闭	TILT UP 开关置于 ON 位置	小于 1Ω
09-2（E）-车身搭铁	W-B-车身搭铁	搭铁	始终	小于 1Ω

表 2-24　滑动天窗 ECU 端子检测方法及标准

符号（端子号）	配线颜色	端子描述	条件	规定状态
09-7（DOWN）-09-2（E）	LG-W-B	滑动天窗电动机打开	点火开关置于 ON（IG）位置，滑动天窗关闭，SLIDE OPEN 开关置于 OFF 位置	11~14V
09-7（DOWN）-09-2（E）	LG-W-B	滑动天窗电动机打开	点火开关置于 ON（IG）位置，滑动天窗关闭，SLIDE OPEN 开关置于 ON 位置	低于 1V
09-9（UP）-09-2（E）	P-W-B	滑动天窗电动机关闭	点火开关置于 ON（IG）位置，滑动天窗打开，TILT UP 开关置于 OFF 位置	11~14V
09-9（UP）-09-2（E）	P-W-B	滑动天窗电动机关闭	点火开关置于 ON（IG）位置，滑动天窗打开，TILT UP 开关置于 ON 位置	低于 1V

6. 滑动天窗开关总成与滑动天窗 ECU 线束检测

滑动天窗开关总成与滑动天窗 ECU 线束连接关系如图 2-68 所示，线束检测方法及标准如图 2-69 所示。

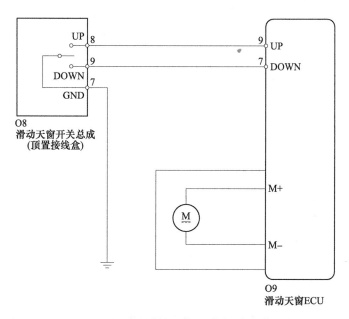

图 2-68　滑动天窗开关总成与滑动天窗 ECU 线束连接关系

线束插接器主视图:
(至滑动天窗ECU)

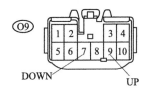

DOWN   UP

线束插接器主视图:(滑动天窗开关总成)

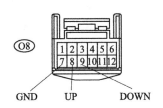

GND   UP   DOWN

解码器连接	条件	规定状态
O9-7(DOWN)-O8-9(DOWN)	始终	小于1Ω
O9-9(UP)-O8-8(UP)	始终	小于1Ω
O8-7(GND)-车身搭铁	始终	小于1Ω
O8-9(DOWN)-车身搭铁	始终	10kΩ 或更大
O8-8(UP)-车身搭铁	始终	10kΩ 或更大

图 2-69　滑动天窗开关总成与滑动天窗 ECU 线束检测方法及标准

7. 天窗系统拆卸要点及注意事项

（1）拆卸滑动天窗开关总成　如图 2-70 所示，使用防护条拆卸工具，脱开四个卡爪和四个卡子，断开插接器并拆下滑动天窗开关总成（阅读灯总成）。

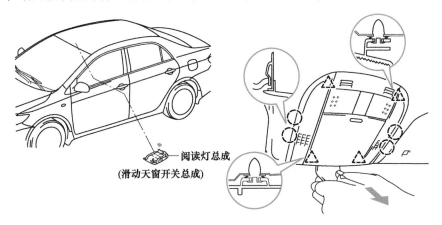

阅读灯总成
（滑动天窗开关总成）

图 2-70　拆卸滑动天窗开关总成

（2）拆卸滑动天窗 ECU

1）拆卸阅读灯总成（滑动天窗开关总成）。

2）拆卸左右遮阳板。

3）拆卸四个车顶辅助拉手。

4）拆卸后排阅读灯。

5）拆卸四个车门装饰密封条。

6）拆卸车顶内衬总成。

7）如图 2-71 所示，拆下两个螺栓即可拆卸滑动天窗 ECU（包括电动机总成）。

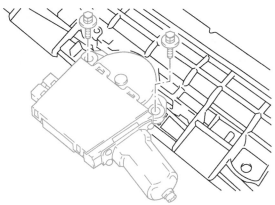

图 2-71　拆卸滑动天窗 ECU（包括电动机总成）

任务 10　刮水器不工作故障的诊断与维修

任务接受

客户报修：我的车（丰田卡罗拉汽车 1.6AT）刮水器不工作。

任务准备

10.1　丰田卡罗拉汽车刮水器系统的信息收集

1. 电动刮水器的组成

电动刮水器与清洗器的元件位置如图 2-72 所示，电动刮水器由电动机、传动机构和刮

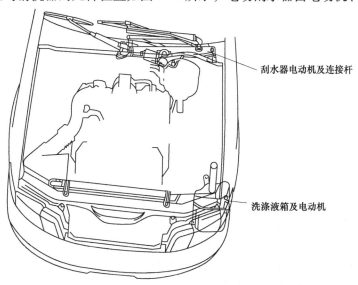

刮水器电动机及连接杆

洗涤液箱及电动机

图 2-72　电动刮水器与清洗器的元件位置

水片三部分组成，如图 2-73 所示。电动机电枢轴端的蜗杆驱动蜗轮，蜗轮带动摇臂旋转，摇臂使拉杆往复运动，从而带动刮水片左右摆动。

电动刮水器的电动机一般有永磁式和激磁式两种，而永磁式电动机结构简单、体积小、可靠性好，被广泛采用。图 2-74 所示为刮水器电机总成的结构。

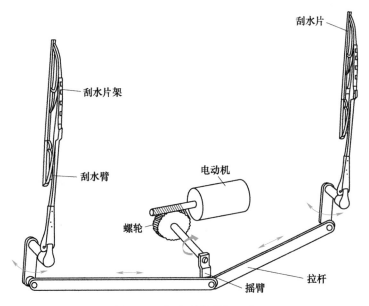

图 2-73　电动刮水器的组成

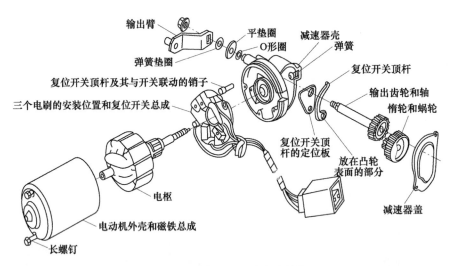

图 2-74　刮水器电机总成的结构

2. 电动刮水器的变速原理

为了实现刮水器电动机的高、低速档位工作，刮水器电动机一般采用三刷式永磁式电动机，其工作原理如图 2-75 所示。直流电动机工作时，在电枢内的所有线圈中同时产生反电动势，每个小线圈都产生相等的反电动势为 $E_{反}=cn\phi$，电动势的方向如图 2-75 所示。

当开关 S 拨到低速档 L 时，在两个电刷 B_1、B_3 之间有两条并联支路，各有三个线圈，

反电动势方向如图 2-75 所示，根据电动机的电压平衡式：

$$U = I_S R_总 + E_反 = I_S R_总 + 3cn\phi$$

$$n = \frac{U - I_S R_总}{3c\phi}$$

当开关 S 拨到高速档 H 时，在两个电刷 B_2、B_3 之间也有两条并联支路，一个支路有两个线圈串联，另一个支路有四个线圈串联，但其中一个线圈的反电动势方向与另三个线圈的反电动势方向相反，故在电动机电枢绕组上得到总的反电动势为 $2cn\phi$，根据电动机的电压平衡式：

$$U = I_S R_总 + E_反 = I_S R_总 + 2cn\phi$$

$$n = \frac{U - I_S R_总}{2c\phi}$$

由上式可见，由于反电动势的减小，使电枢的转速上升，重新达到电压平衡，这样永磁式电动刮水器就得到了高、低速不同的工作档位。

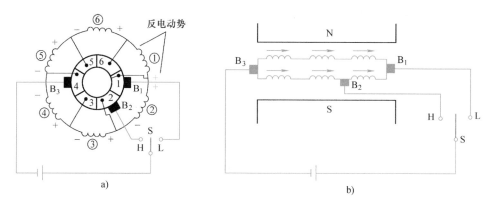

图 2-75　永磁式电动机的变速原理

3. 电动刮水器的电路控制及自动复位原理

电动刮水器的刮水速度可根据雨水的大小由驾驶人进行控制。为了不影响驾驶人的视线，要求刮水器能自动复位，即不论在什么时候关闭刮水器开关，刮水片都能自动停在风窗玻璃的下部。刮水器自动复位原理就是利用自动复位开关与刮水器开关并联，刮水器开关由驾驶人控制，而自动复位开关由蜗轮控制，只有当刮水片停在风窗玻璃下部规定位置时，自动复位开关才断开。

1）凸轮式自动复位装置刮水器电路。凸轮式自动复位装置刮水器电路图如图 2-76 所示，凸轮式自动复位开关由刮水器电机的减速机构蜗轮控制，当刮水片到风窗下部规定位置时，自动复位开关断开，电机每转一周凸轮式自动复位开关断开一次，只有当驾驶人控制开关与自动复位开关同时断开时，刮水器电机才能停止工作，这时刮水片也回到了风窗下部规定位置。

2）铜环式自动复位装置刮水器电路。铜环式自动复位装置刮水器电路图如图 2-77 所示，自动复位开关在减速蜗轮上。其工作原理如下：

当电源开关接通时，把刮水器开关拉到"Ⅰ"档时，电流从蓄电池的正极→电源开关

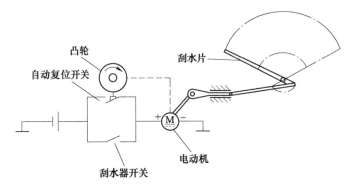

图 2-76　凸轮式自动复位装置刮水器电路图

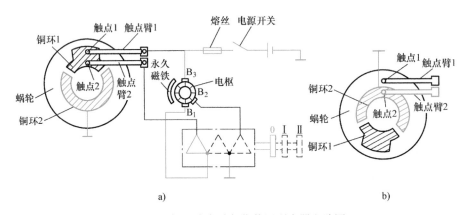

图 2-77　铜环式自动复位装置刮水器电路图

a）刮水片停在规定位置　b）刮水片没有停在规定位置

→熔断丝→电刷 B_3 →电枢绕组→电刷 B_1 →刮水器"Ⅰ"档→搭铁，刮水器电动机低速运转。

当刮水器开关拉到"Ⅱ"档时，电流从蓄电池的正极→电源开关→熔断丝→电刷 B_3 →电枢绕组→电刷 B_2 →刮水器"Ⅱ"档→搭铁，刮水器电动机高速运转。

当刮水器开关推到"0"档时，如果刮水片没有停在规定的位置，则电流经蓄电池正极→电源开关→熔断丝→电枢绕组→电刷 B_1 →刮水器"0"档→触点臂2→铜环2→搭铁，这时电动机将继续运转，当刮水片停到规定位置时，触点臂1、2都和铜环1接触，使电动机短路。与此同时，电动机电枢由于惯性而不能立刻停下来，电枢绕组通过触点臂1、2与铜环1接触而构成回路，电枢绕组产生感应电流，因而产生制动转矩，电动机迅速停止转动，使刮水片停止在规定的位置。

4. 丰田卡罗拉汽车刮水器的使用方法及电路原理

丰田卡罗拉汽车刮水器操作方法如图2-78所示，丰田卡罗拉汽车刮水器的工作原理如图2-79所示。

由电路图可知，刮水器电动机与清洗器电动机分别有不同的熔断器，前刮水器继电器集成于刮水器开关内，控制刮水器的间歇档与自动回位功能，其工作原理如下：

（1）点动档（MIST）　当刮水器开关打到点动档时，开关内端子"+B"与"+1"导

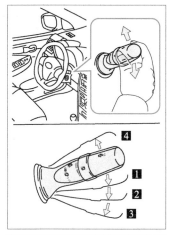

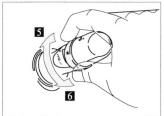

1　刮水器间歇档(INT)

2　刮水器低速档(LO)

3　刮水器高速档(HI)

4　点动档(MIST)
(档位不能锁止，松开手即回到关闭位置)

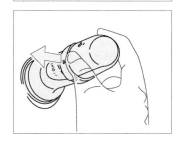

5　增大间歇档刮水频率

6　减小间歇档刮水频率

清洗档
(洗涤器喷出清洗液，同时刮水器开始低速刮水)

图 2-78　丰田卡罗拉汽车刮水器操作方法

通，这时电流的路径为：熔丝→开关端子"+B"→开关端子"+1"→电动机端子"5"→搭铁。松开手后，刮水器便停止工作。

（2）间歇档（INT）　当刮水器开关打到间歇档时，刮水器开关内端子"INT1"与"INT2"导通并将这一信号传给刮水器继电器，继电器触点闭合而将端子"M"与"A"间歇导通，这时电流的路径为：熔丝→开关端子"+B"→继电器端子"M"→"A"→开关端子"+S"→"+1"→电动机端子"5"→电动机→电动机端子"4"→搭铁。

（3）低速档（LO）　当刮水器开关打到低速档时，开关内端子"+B"与"+1"导通，这时电流的路径为：熔丝→开关端子"+B"→开关端子"+1"→电动机端子"5"搭铁。

（4）高速档（HI）　当开关打到高速档时，开关内端子"+B"与"+2"导通，这时电流的路径为：熔丝→开关端子"+B"→开关端子"+2"→电动机端子"3"搭铁。

（5）自动回位　当刮水器开关打到 OFF 档（刮水片没有回到指定位置，电动机回位开关端子"1"与"2"导通），这时刮水器开关中端子"INT1"与"B1"导通并将这一信号

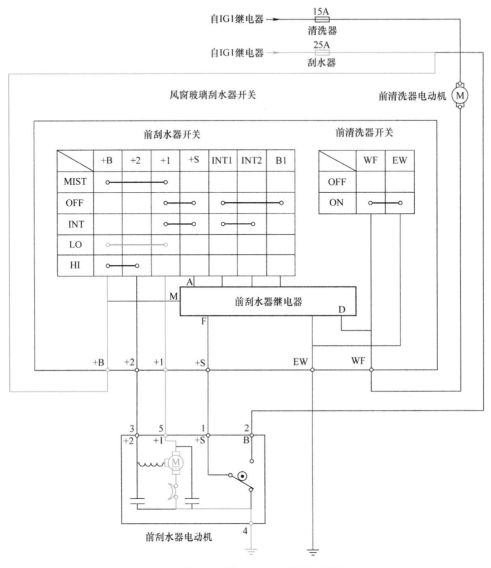

图 2-79　丰田卡罗拉汽车刮水器的工作原理

传给刮水器继电器，继电器触点闭合而将"F"与"A"导通，这时电流路径为：熔丝→电机端子"2"→"1"→刮水器开关端子"+S"→继电器端子"F"→"A"→开关端子"+S"→"+1"→电动机端子"5"→电动机→电动机端子"4"→搭铁。

（6）清洗档　当刮水器开关打到清洗档时，刮水器开关端子"WF""EW"导通，清洗电机开始带着水泵开始喷水；同时将刮水器继电器端子"D"由高电位变成了低电位，以此信号，继电器触点闭合将端子"M"与"A"导通，这时电流的路径为：熔丝→开关端子"+B"→继电器端子"M"→"A"→开关端子"+S"→"+1"→电动机端子"5"→电动机→电动机端子"4"→搭铁。

5. 德系大众汽车电动刮水器与清洗器电路

图 2-80 所示为德系大众汽车电动刮水器与清洗器电路图，图 2-81 所示为德系大众汽车电动刮水器与清洗器控制原理。

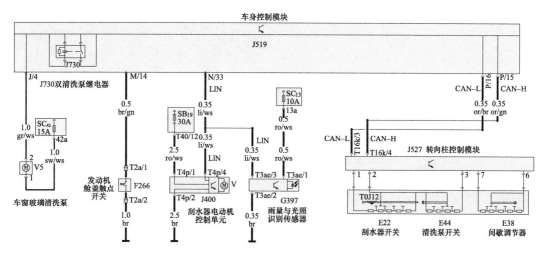

图 2-80　德系大众汽车电动刮水器与清洗器电路图

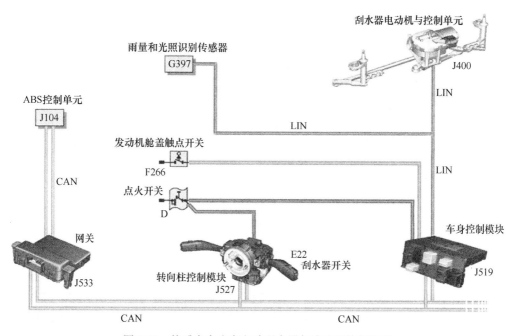

图 2-81　德系大众汽车电动刮水器与清洗器控制原理

刮水器电动机是永磁式直流电动机，刮水器电动机（V）与控制单元（J400）集成为一体，刮水器电动机及控制模块总成由车身控制模块（J519）控制，车身控制模块（J519）也称为车载电网控制单元。

清洗器由微型永磁直流电动机、离心式水泵、喷嘴、储液罐、洗涤液位传感器和水管六部分组成，其中电动机与水泵一体，如图 2-82 所示，这个总成安装在储液罐内。

刮水器开关的档位图如图 2-83 所示。

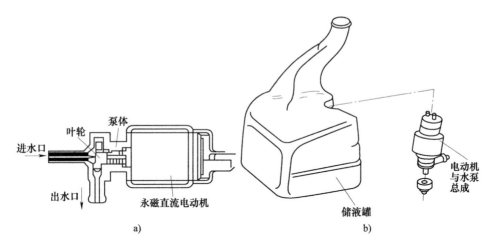

图 2-82 清洗器电动机与水泵

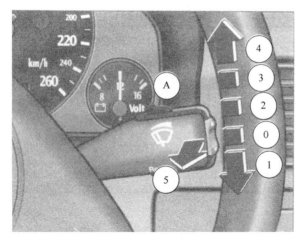

1位—点动档（T）
0位—关闭档（0）
2位—间歇档（J）
（A：调节间隔时间）
3位—低速档（1）
4位—高速档（2）
5位—清洗/刮水档

图 2-83 刮水器开关的档位图

德系大众汽车电动刮水器与清洗器的工作原理如下：

（1）刮水器开关（E22）发出请求信号　刮水器开关（E22）相当于传感器，由于串联电阻的分压作用，当刮水器开关打到不同的档位［如点动档（T）、关闭档（0）、低速档（1）、高速档（2）］时，转向柱控制模块（J527）端子 1 将得到不同的电压信号，转向柱控制模块（J527）根据端子 1 输入的电压信号来确认刮水器开关（E22）具体请求的档位信号并将此信号经过 CAN 总线传送至车身控制模块（J519）。

（2）车身控制模块（J519）发出指令信号　当车身控制模块（J519）接收到刮水器开关（E22）具体的档位请求信号后，通过 LIN 线向刮水器电动机及控制模块（J400）发出相应的指令，刮水器电动机及控制模块（J400）根据车身控制模块（J519）的档位指令控制电动机（V）做出相应的动作。

同理，当车身控制模块（J519）接收到洗涤档位请求信号后，便控制洗涤器电动机继

电器（J729）动作，使洗涤器电动机（V5）工作。

（3）自动回位　当刮水器开关（E22）打到关闭档时，车身控制模块（J519）通过转向柱控制模块（J527）得到关闭刮水器请求信号，这时若刮水片没有回到指定位置，车身控制模块（J519）继续发出工作指令，刮水器电动机及控制模块（J400）控制刮水器电动机（V）还要继续工作。

当刮水片回到指定位置时，刮水器电动机及控制模块（J400）将得到自动回位开关的搭铁信号，并将此搭铁信号通过 LIN 线传送给车身控制模块（J519），此时，车身控制模块（J519）才停止刮水器电动机（V）的工作。

（4）相关控制　该车还装备了雨量和光照识别传感器（G397）及发动机舱盖触点开关（F266），由刮水器控制原理图可知，参与刮水器控制的还有 ABS 控制模块，这些配置的作用如下：

当雨量或车速变化时，车身控制模块（J519）将调整刮水器电动机运转速度，以适应行车要求，同时这些配置也用于自动刮水和前照灯自动清洗的控制。

当车身控制模块（J519）检测到当发动机舱盖打开时，禁止刮水器工作。

10.2　丰田卡罗拉汽车刮水器不工作的故障分析

根据丰田卡罗拉汽车刮水器系统的工作原理可知，故障的部位及原因分析如图 2-84 所示。

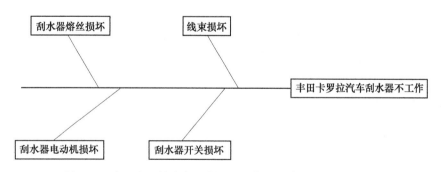

图 2-84　丰田卡罗拉汽车刮水器不工作的故障部位及原因分析

10.3　丰田卡罗拉汽车刮水器系统维修计划与维修设备、材料准备

1. 维修计划

1）外部直观检查。

2）采用万用表等一般仪器检测。

3）采用解码器诊断系统进行故障诊断。

4）确定故障原因和零部件。

5）针对存在的问题进行拆装维修。

2. 维修设备、材料准备

丰田卡罗拉汽车刮水器系统维修设备与材料准备见表 2-25。

表 2-25　丰田卡罗拉汽车刮水器系统维修设备与材料准备

名称	数量	名称	数量
解码器	1 台	维修手册	1 套
汽车万用表	1 台	手套、抹布等	1 批
常规拆装工具	1 套	电工胶布等	1 卷
扭力扳手	1 把	工作台	1 台

 任务实施

> **⚠警告**
>
> 　1. 风窗玻璃处于干燥状态时，请勿使用刮水器，否则可能损坏刮水片或风窗玻璃
> 　2. 喷嘴无喷洗液喷出时，请不要长时间处于清洗档，否则可能损坏喷洗液电机或水泵

10.4　丰田卡罗拉汽车刮水器不工作的故障检查

刮水器系统常见的故障症状及可疑部位见表 2-26。

表 2-26　刮水器系统常见的故障症状及可疑部位

症　状	可　疑　部　位
前刮水器和清洗器系统不工作	风窗玻璃刮水器开关
	线束
前刮水器系统不工作	刮水器熔丝
	风窗玻璃刮水器开关
	前刮水器电动机
	线束
前清洗器系统不工作	清洗器熔丝
	风窗玻璃刮水器开关
	前清洗器电动机
	线束
刮水器开关置于 OFF 位置时，前刮水器臂不能返回至其初始位置	前刮水器电动机
	线束

1. 确认故障现象

接到车辆后，要进行故障现象确认。

1）打开点火开关到 IG 档，操作刮水器开关，确认刮水器不工作。

2）检查蓄电池电压及熔断器，确保正常。

2. 刮水器电动机的检测

丰田卡罗拉汽车刮水器电动机端子如图 2-85 所示。

1）将蓄电池正极（＋）引线连接至刮水器电动机端子 5，并将蓄电池负极（－）引线连接至刮水器电动机端子 4，电动机低速（LO）运行。断开端子 5 后，刮水器电动机停止在任意位置。

2）将蓄电池正极（＋）引线连接至刮水器电动机端子 3，并将蓄电池负极（－）引线连接至刮水器电动机端子 4，电动机高速（HI）运行。

符合上述情况说明刮水器电动机完好，应检查刮水器开关总成，否则更换刮水器电动机。

3. 刮水器开关总成的检测

丰田卡罗拉汽车刮水器开关总成的端子如图 2-86 所示，检测标准见表 2-27，若有不符，则更换刮水器开关总成。

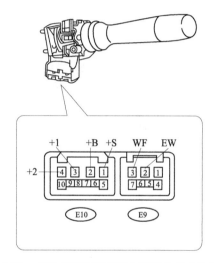

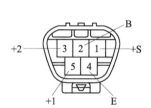

图 2-85　丰田卡罗拉汽车刮水器电动机端子　　　图 2-86　丰田卡罗拉汽车刮水器开关总成的端子

表 2-27　丰田卡罗拉汽车刮水器开关总成的检测标准

前刮水器开关			
解码器连接	开关状态	规定状态	实测结果
E10-1（+S）-E10-3（+1）	INT	小于 1Ω	
	OFF		
E10-2（+B）-E10-3（+1）	MIST		
	LO		
E10-2（+B）-E10-4（+2）	HI		
清洗器开关			
解码器连接	开关状态	规定状态	实测结果
E9-2（EW）-E9-3（WF）	ON	小于 1Ω	
	OFF	10kΩ 或更大	

4. 刮水器系统拆卸要点及注意事项

丰田卡罗拉汽车刮水器零件位置如图 2-87 所示。

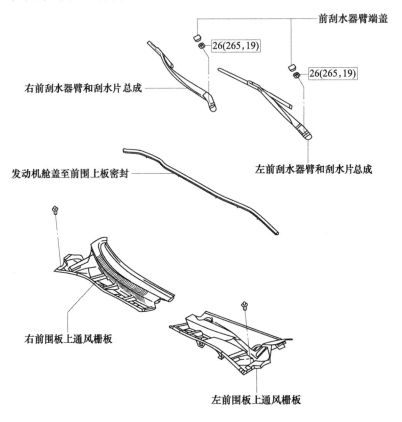

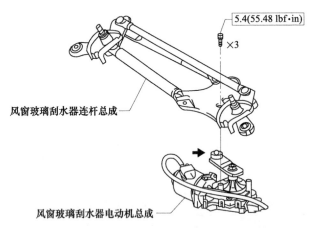

N·m ：规定力矩

图 2-87　丰田卡罗拉汽车刮水器零件位置

1）拆卸前刮水器臂端盖，如图 2-88 所示。

2）拆卸左右前刮水器臂和刮水片总成，如图 2-89 所示。

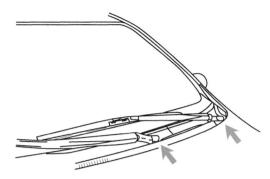

图 2-88　拆卸前刮水器臂端盖

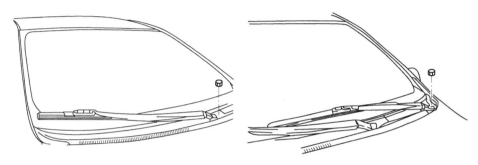

图 2-89　拆卸左右前刮水器臂和刮水片总成

3）拆卸发动机舱盖至前围上板密封，共 7 个卡子，如图 2-90 所示。

4）拆卸右前围板上通风栅板，共 14 个卡爪，如图 2-91 所示。

5）拆卸左前围板上通风栅板，共 8 个卡爪，如图 2-92 所示。

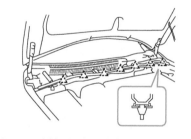

图 2-90　拆卸发动机舱盖至前围上板密封

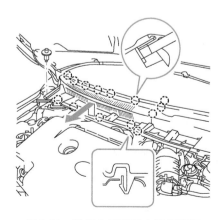

图 2-91　拆卸右前围板上通风栅板

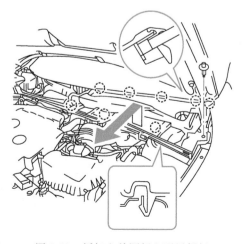

图 2-92　拆卸左前围板上通风栅板

6）拆卸风窗玻璃刮水器电动机及连杆总成，断开线束插接器，拆下两个螺栓，如图 2-93 所示。

7）拆卸风窗玻璃刮水器电动机总成，用头部缠有胶带的螺钉旋具断开连杆，断开插接器，拆下三个螺栓，如图 2-94 所示。

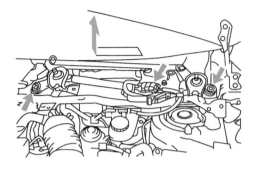

图 2-93　拆卸风窗玻璃刮水器电动机及连杆总成

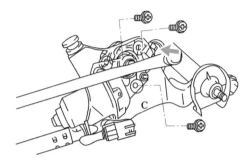

图 2-94　拆卸风窗玻璃刮水器电动机总成

任务 11　后风窗玻璃除雾器不工作故障的诊断与维修

任务接受

客户报修：我的车（丰田卡罗拉汽车 1.6AT）后风窗玻璃除雾器不工作。

任务准备

11.1　丰田卡罗拉汽车风窗玻璃除雾器系统的信息收集

丰田卡罗拉汽车后窗除雾器系统的加热丝安装在后窗内部，如图 2-95 所示，丰田卡罗拉汽车后窗除雾器系统操作开关如图 2-96 所示，后窗除雾器电路图如图 2-97 所示，工作原理如下：

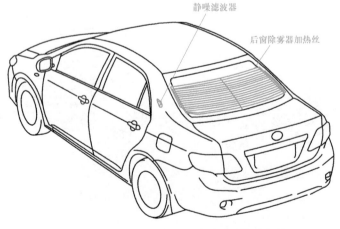

静噪滤波器

后窗除雾器加热丝

图 2-95　丰田卡罗拉汽车后窗除雾器系统的加热丝

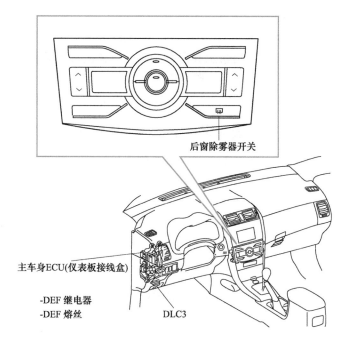

后窗除雾器开关

主车身ECU(仪表板接线盒)

-DEF 继电器
-DEF 熔丝

DLC3

图 2-96　丰田卡罗拉汽车后窗除雾器系统操作开关

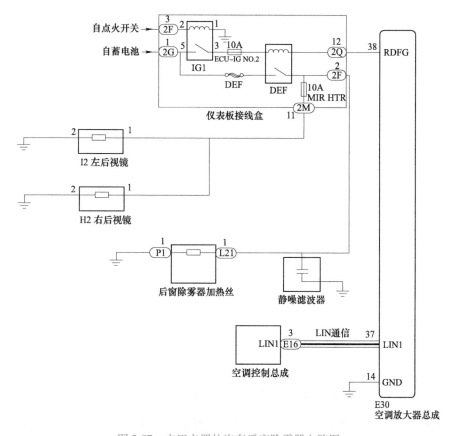

图 2-97　丰田卡罗拉汽车后窗除雾器电路图

打开点火开关起动发动机后，按下后窗除雾器开关（在空调控制总成上面）时，操作信号通过 LIN 传送到空调放大器总成（空调 ECU）。空调放大器总成接收到信号后，将后窗除雾器（DEF）继电器触点闭合，后窗除雾器开始工作，再次按下后窗除雾开关后，后窗除雾器停止工作；若驾驶人不主动关闭后窗除雾开关，大约 15min 后，空调放大器总成便切断后窗除雾器继电器的控制电路，后窗除雾器继电器触点断开，后窗除雾器自动停止工作。

11.2　丰田卡罗拉汽车风窗玻璃除雾系统不能除雾的故障分析

根据丰田卡罗拉汽车风窗玻璃除雾系统的电路图可知，故障的部位及原因分析如图 2-98 所示。

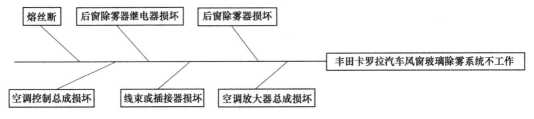

图 2-98　丰田卡罗拉汽车风窗玻璃除雾系统不工作的故障部位及原因分析

11.3　丰田卡罗拉汽车风窗玻璃除雾系统维修计划与维修设备、材料准备

1. 维修计划

1）外部直观检查。

2）采用万用表等一般仪器检测。

3）采用解码器诊断系统进行故障诊断。

4）确定故障原因和零部件。

5）针对存在的问题进行拆装维修。

2. 维修设备、材料准备

丰田卡罗拉汽车风窗玻璃除雾系统维修设备与材料准备见表 2-28。

表 2-28　丰田卡罗拉汽车风窗玻璃除雾系统维修设备与材料准备

名称	数量	名称	数量
解码器	1 台	维修手册	1 套
汽车万用表	1 台	手套、抹布等	1 批
常规拆装工具	1 套	电工胶布等	1 卷
扭力扳手	1 把	工作台	1 台

任务实施

11.4　丰田卡罗拉汽车风窗玻璃除雾系统不能除雾的故障检查

丰田卡罗拉汽车风窗玻璃除雾系统不工作的可疑部位见表 2-29。

表 2-29　丰田卡罗拉汽车风窗玻璃除雾系统不工作的可疑部位

症状	可疑部位
后窗除雾器不工作	熔丝
	后窗除雾器继电器
	后窗除雾器
	空调控制总成
	线束或插接器
	空调放大器总成

1）确认故障现象。接到车辆后，要进行故障现象确认。打开点火开关起动发动机，按下后窗除雾器开关，确认后窗除雾器不工作（手摸玻璃时温度没有变化）。

2）检查熔丝是否损坏，重点检查后窗除雾器熔丝和 ECU-IG No. 2 熔丝（在仪表板继电器熔丝盒上）。

3）检查后窗除雾器继电器蓄电池相线是否正常。

4）当熔丝及后窗除雾器继电器蓄电池相线正常后，用解码器进行主动测试：

① 若后窗除雾器正常工作，则检测空调控制总成与空调放大器之间 LIN1 通信电路，测量方法如图 2-99 所示，检测标准见表 2-30，若检测结果与标准不符，则更换线束或插接器；若检测结果正常，则更换空调控制总成。此时，检查故障是否排除，若后窗除雾器还不能工作，则继续更换空调放大器，故障便可排除。

线束插接器主视图:(至空调放大器)

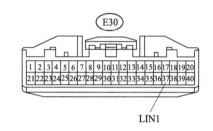

线束插接器主视图:(至空调控制)

图 2-99　空调控制总成与空调放大器之间 LIN1 通信电路的测量方法

表 2-30　空调控制总成与空调放大器之间 LIN1 通信电路检测标准

解码器连接	条件	规定状态
E30-37（LIN1）-E16-3（LIN1）	始终	小于 1Ω
E30-37（LIN1）-车身搭铁	始终	10kΩ 或更大

② 若后窗除雾器仍不能工作，但可听到继电器触点工作的声音，这时说明继电器控制电路都正常，只需要检查除雾器相线及搭铁线是否正常，若正常则更换除雾器，否则更换除雾器线束。

③ 若后窗除雾器仍不能工作且听不到继电器触点工作的声音，说明继电器控制电路有故障，这时检测空调放大器，测量方法如图 2-100

线束插接器主视图:(至空调放大器)

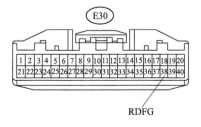

图 2-100　检测空调放大器插接器线束端

所示，检测标准见表2-31，若与标准符合，则更换空调放大器，否则更换此线束及插接器。

表2-31 空调放大器检测标准

解码器连接	条件	规定状态
E30-38（RDFG）-车身搭铁	点火开关置于ON（IG）位置	11~14V

5）零件拆装要点及注意事项。空调控制总成的安装位置如图2-101所示，拆卸顺序如下：

①拆卸仪表板左、右装饰板。

②拆卸中央仪表板调风器总成。

③拆卸带支架的导航接收器（或收音机）。

④拆卸变速杆分总成。

⑤拆卸中央仪表组装饰板总成。

⑥拆卸仪表盒总成。

⑦拆卸仪表板孔盖。

⑧拆卸空调控制总成。

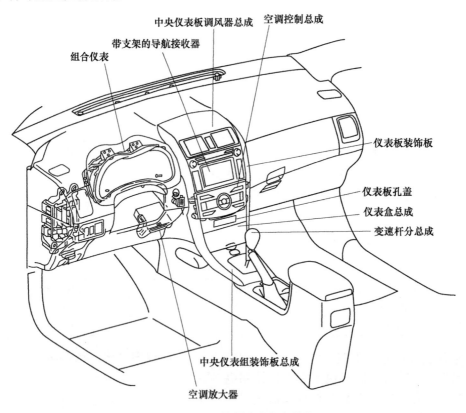

图2-101 空调控制总成的安装位置

项目 3
安全与防盗系统故障
诊断与维修

03

任务 12　驾驶人侧车门不能锁止故障
的诊断与维修

任务接受

客户报修：我的车（丰田卡罗拉汽车 1.6AT）驾驶人侧门锁不能锁止。

任务准备

12.1　丰田卡罗拉汽车中央门锁控制系统的信息收集

1. 中央门锁控制系统的组成

（1）中央控制门锁开关　中央控制门锁开关安装在驾驶人侧扶手上，如图 3-1 所示，是在车内用来控制全车车门的开启与锁止。

（2）钥匙控制开关　钥匙控制开关装在左前门和右前门的外侧门锁上，如图 3-2 所示，当从车外面用车门钥匙开车门或锁车门时，便使全车车门同时锁止或打开，车门钥匙的功能是实现在车门外面锁车或打开车门锁，同时车门钥匙也是点火开关、燃料箱、行李舱等全车设置锁的地方共用的钥匙。

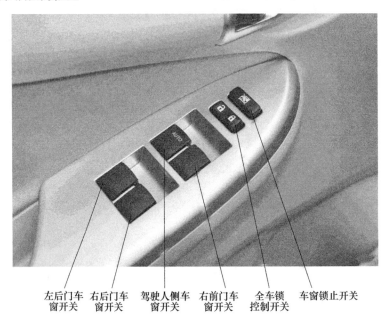

左后门车　右后门车　驾驶人侧车　右前门车　全车锁　车窗锁止开关
窗开关　　窗开关　　窗开关　　　窗开关　　控制开关

图 3-1　中央控制门锁开关

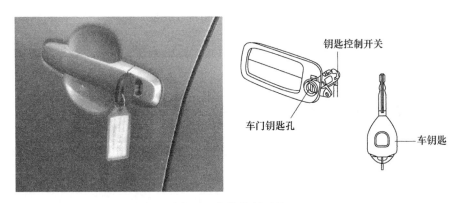

图 3-2　钥匙控制开关

（3）门锁总成　中央门锁控制系统常用的门锁总成是电动门锁。常用的电动门锁有电动机式、电磁式、真空式和电子式等几种类型。图 3-3 所示为电动机式门锁总成，图 3-4 所示为电磁式门锁总成。

门锁总成主要由门锁传动机构、门锁开关和门锁壳体等组成，如图 3-5 所示。门锁开关是用来检测车门的开闭情况。当车门关闭后，门锁开关断开；当车门开启时，门锁开关接通。

门锁传动机构由电动机、齿轮和位置开关等组成。当门锁电动机转动时，蜗杆带动齿轮

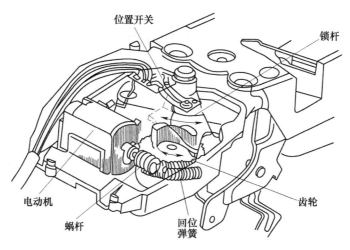

图 3-3　电动机式门锁总成

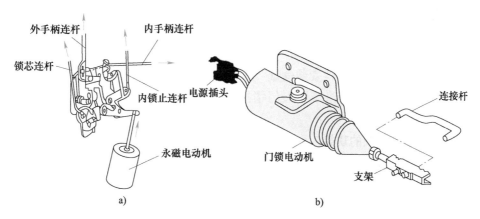

图 3-4　电磁式门锁总成

a）门锁总成　b）永磁电动机

转动。齿轮推动锁杆，车门被锁上或打开，然后齿轮在回位弹簧的作用下返回原位置，防止操纵门锁钮时电动机工作。位置开关在锁杆推向锁门位置时断开，推向开门位置时接通。

（4）行李舱门开启器开关　行李舱门开启器开关位于仪表板下面，拉动此开关便能打开行李舱门，如图 3-6 所示。不同车的行李舱门开启器开关有所不同，图中所示的行李舱门开启器开关操作时，先用钥匙顺时针旋转打开行李舱门开启器主开关，然后再使用行李舱门开启器开关打开行李舱。

（5）行李舱门开启器　行李舱门开启器装在

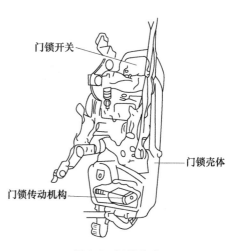

图 3-5　门锁总成

行李舱门上，由轭铁、插棒式铁心、电磁线圈和支架组成，如图 3-7 所示。轴连接行李舱门锁，当电磁线圈通电时，插棒式铁心将轴拉入并打开行李舱门。电路断路器用以防止电磁线圈因电流过大而过热。

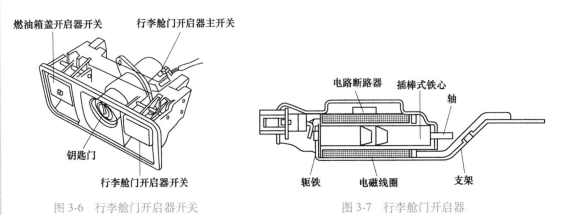

图 3-6　行李舱门开启器开关　　　　　　　　　　　图 3-7　行李舱门开启器

（6）门控开关　门控开关是用来检测车门的开闭情况。车门打开时，门控开关接通；车门关闭时，门控开关断开。

2. 中央门锁控制系统的零件安装位置

图 3-8 所示为丰田卡罗拉汽车中央门锁控制系统的零件安装位置，系统控制如图 3-9 所示。

3. 中央门锁控制系统的功能

（1）内外开启与内外锁止的功能　在车内开启和锁止车门时，由门锁控制开关控制全车门锁；在车外开启和锁止车门时，由钥匙转动控制开关控制全车门锁。

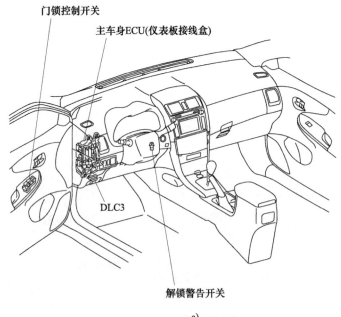

a)

图 3-8　丰田卡罗拉汽车中央门锁控制系统的零件安装位置

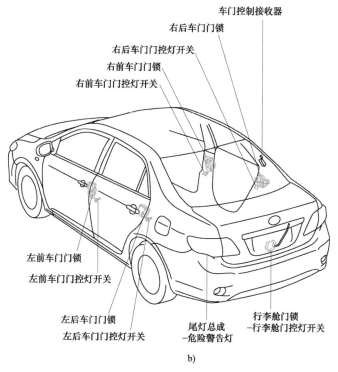

b)

图 3-8　丰田卡罗拉汽车中央门锁控制系统的零件安装位置（续）

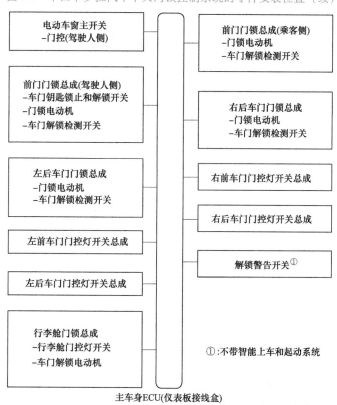

图 3-9　丰田卡罗拉汽车中央门锁控制系统图

（2）遥控器控制全车门锁的功能　驾驶人可以通过遥控器在几十米外控制全车门锁。

（3）后车门儿童安全锁止功能　如图 3-10 所示，中央门锁控制系统设有后车门儿童安全锁止功能，防止车内儿童擅自打开车门。只有当中央门锁控制系统在"开锁"状态时，儿童安全锁闩才能退出（有的车锁是当儿童安全锁闩拨到锁止位置时，在车内用内扣手不能开门，而在车外用外扣手可以开门）。

（4）驾驶人侧车门防误锁功能　当驾驶人侧的内部锁止开关在锁止位置时，关上车门后，该车门也不能锁止，以防止钥匙忘在车内而车门被锁止。

4. 中央门锁控制电路

图 3-11 所示为汽车中央门锁控制电路图，其中央门锁控制系统由左前门门锁主开关、右前门门锁主开关、门锁继电器和门锁电动机等组成，其门锁电动机为永磁式门锁电动机，其门锁控制系统的工作过程如下：

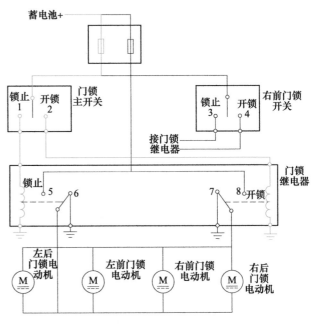

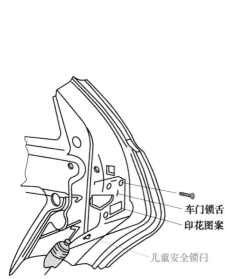

图 3-10　后车门儿童安全锁止装置　　　　图 3-11　汽车中央门锁控制电路图

当将门锁主开关转到锁止位置时，触点 1 闭合，门锁继电器中的锁止线圈有电流通过，触点 5 闭合。这时，全车门锁电动机的电流方向为：蓄电池正极→门锁继电器触点 5→全车门锁电动机→门锁继电器触点 7→搭铁，电动机旋转拉动连接杆，将车锁锁止。

当将门锁主开关转到开锁位置时，触点 2 闭合，门锁继电器中的开锁线圈有电流通过，触点 8 闭合。这时，全车门锁电动机的电流方向为：蓄电池正极→门锁继电器触点 8→全车门锁电动机→门锁继电器触点 6→搭铁，电动机旋转拉动连接杆，将车锁打开，此时通过门锁电动机的电流方向与锁止时通过电动机的电流方向相反。

5. 遥控门锁控制系统

遥控门锁控制系统的作用是从远处锁止和解锁所有车门。该系统由手持式发射器控制，（车门控制发射器或遥控器，如图 3-12 所示）手持式发射器向车门控制接收器发送无线电波。主车身 ECU 执行识别码识别处理并接合门锁控制。

（1）遥控门锁控制系统的组成及主要零件的功能 丰田卡罗拉汽车遥控门锁控制系统的组成如图3-13所示，主要零件的功能见表3-1。

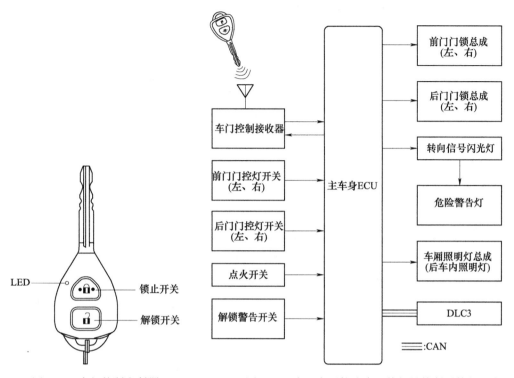

图3-12 车门控制发射器　　　　　图3-13 丰田卡罗拉汽车遥控门锁控制系统的组成

表3-1 丰田卡罗拉汽车遥控门锁控制系统主要零件的功能

零部件	功　　能
车门控制发射器	1）有锁止和解锁开关 2）向车门控制接收器发送弱无线电波（识别码和功能代码） 3）在发送过程中指示灯（LED）亮
车门控制接收器	接收弱无线电波（识别码和功能代码），并将其作为代码数据输出到主车身ECU
1）前门门控灯开关 2）后门门控灯开关 3）行李舱门控灯开关	当车门打开时接通，当车门关闭时断开，将车门状态代码（打开或关闭）输出至主车身ECU
解锁警告开关	检测钥匙是否插入点火锁芯中
门锁位置开关	将各车门的门锁位置发送至主车身ECU
主车身ECU	响应来自车门控制接收器的代码数据和来自各个开关的信号，发送遥控门锁控制信号

（2）遥控门锁控制系统的功能 车门控制发射器带有锁止和解锁开关。操作这些开关，以激活各项功能。遥控门锁控制系统的功能见表3-2。

表 3-2 遥控门锁控制系统的功能

功 能	操 作
所有车门锁止	按下锁止开关锁止所有车门
所有车门解锁	按下解锁开关解锁所有车门
自动锁止	如果车门通过遥控门锁控制解锁后，在 30s 内没有车门打开，所有车门将自动再次锁止
应答	1）当通过遥控操作锁止车门时，危险警告灯闪烁一次 2）当通过遥控操作解锁车门时，危险警告灯闪烁两次
上车照明	当所有车门锁止时，按下解锁开关导致车内照明灯随解锁操作同步亮起
自诊断模式	以下是进入自诊断模式的方式： 1）系统在诊断模式下时，如果车门控制接收器从车门控制发射器处接收到正常的无线电波，它使车内照明灯以对应各个开关功能的正常方式闪烁 2）使用智能解码器读取 DTC
发射器识别码注册	能将六类发射的识别码注册到车门控制器包含的 EEPROM 中（写入和存储）

6. 丰田卡罗拉汽车中央门锁控制系统的工作原理

丰田卡罗拉汽车中央门锁控制系统的工作电路如图 3-14 所示，控制方法有两种，一是驾驶人用车钥匙在车外控制全车门锁的打开或锁止，二是驾驶人在车内用驾驶人侧门锁及车窗主控开关上的中控锁按钮控制全车门锁的打开或锁止。

（1）用车钥匙控制 锁车时，驾驶人在车外将钥匙插入钥匙孔左转，左前门锁总成的端子 9 搭铁，此时车身 ECU 端子 14 得到搭铁信号（锁车请求信号），然后车身 ECU 通过端子 2（正极）与端子 3（负极）输出驱动电压，四个车门电机同时锁上车门。

左前门锁总成内设有电机位置开关（端子 7 与 8），用于检测门锁电机是否将门锁正确锁止，当电机转动到锁止位置时，电机轴同时将位置开关关闭，反馈端子 8 搭铁，然后车身 ECU 端子 25 也得到搭铁信号（确认锁车信号），此时车身 ECU 便将车辆锁止信号通过 CAN 线传送给防盗 ECU，等待车辆进入防盗报警状态。

同理，在车外用钥匙解锁时，ECU 端子 16 得到搭铁信号（解锁请求信号），然后车身 ECU 通过端子 2（负极）与端子 3（正极）输出驱动电压，四个车门电机同时解锁车门。

（2）车内中控锁按钮控制 驾驶人在车内按下锁车按钮时，车身 ECU 端子 12 得到搭铁信号（锁车请求信号），然后车身 ECU 通过端子 2（正极）与端子 3（负极）输出驱动电压，四个车门电机同时锁上车门。

同理，驾驶人在车内按下解锁按钮时，ECU 端子 10 得到搭铁信号（解锁请求信号），然后车身 ECU 通过端子 2（负极）与端子 3（正极）输出驱动电压，四个车门电机同时解锁车门。

7. 德系大众汽车中控门锁控制系统的工作原理

德系大众汽车中控门锁车内操作开关 E308 如图 3-15 所示，中控门锁的工作电路图如图 3-16 所示。

（1）中控门锁控制方式

① 用遥控器钥匙操纵中央门锁控制系统。

② 用钥匙通过驾驶人侧车门钥匙锁孔机械锁止和解锁汽车。

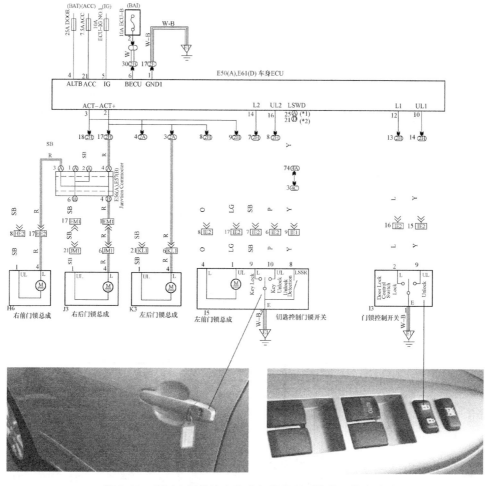

图 3-14 丰田卡罗拉汽车中央门锁控制系统的工作电路

③ 用位于驾驶人车门内侧的中央门锁按钮开关
操纵中央门锁系统。

④ 在车辆发生碰撞安全气囊引爆时所有车门自
动解锁。

⑤ 自动锁止，当车速超过 15km/h 时，所有车
门自动锁止。

⑥ 解锁后，如果 60s 内没有打开车门、行李舱
盖或发动机舱盖，那么汽车会自动重新上锁。

（2）安全锁止功能（SAFE 电动机）四个门锁
总成 F220、F221、F222、F223 中均有两个门锁电动
机，增加了一个 SAFE 电动机，用以实现安全锁止功
能。所谓安全锁止功能就是在车外将车上锁后，车
内人员无法打开车门，目的是增大破窗而入偷盗汽
车的难度。德系大众汽车左前门锁总成 F220 的结构如图 3-17 所示。

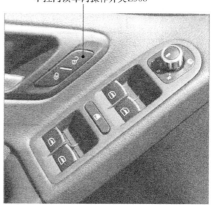

中控门锁车内操作开关 E308

图 3-15 德系大众汽车中控
门锁车内操作开关 E308

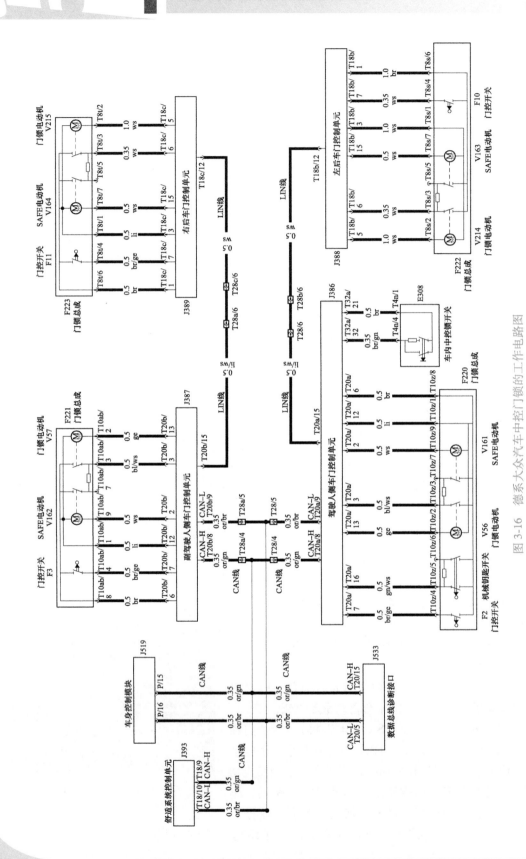

图 3-16　德系大众汽车中控门锁的工作电路图

若想临时取消安全锁止功能，则在用遥控器锁车时连按两次锁止键（2s 内）。

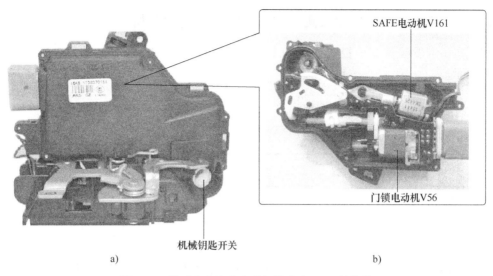

SAFE电动机V161

门锁电动机V56

机械钥匙开关

a)　　　　　　　　　　　　　　　　b)

图 3-17　德系大众汽车左前门锁总成 F220 的结构

a）左前门锁总成 F220　b）内部电机结构

（3）工作过程　用遥控器锁车时，由舒适系统控制单元 J393 接收并确认请求信息，通过 CAN 线和 LIN 线将动作命令传送到 J386、J387、J388、J389 等车门控制单元，由车门控制单元驱动各门锁电动机及 SAFE 电动机，完成锁车任务，当电动机转动到锁止位置时电动机的位置开关闭合，将电动机锁止信息反馈到车门控制单元，车门控制单元将本车门锁止信号通过 CAN 线或 LIN 线传送给防盗 ECU，等待车辆进入防盗报警状态。此时 J393 控制行李舱门锁电动机 V139 完成行李舱的锁止任务，行李舱门锁控制电路图如图 3-18 所示。遥控器解锁原理相同，不再论述。

用车内中控锁按钮 E308 或在车外用机械钥匙控制全车门锁时，锁车或解锁两个档位传送给驾驶人

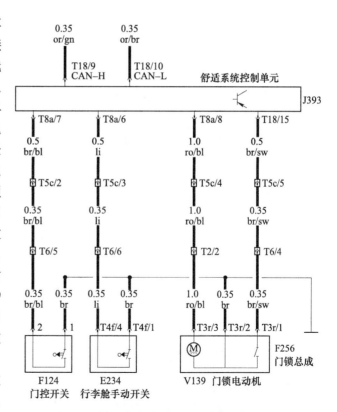

图 3-18　德系大众汽车行李舱门锁控制电路图

侧车门控制单元 J386 信号电压不同，J386 根据信号电压确定请求的具体任务，并将动作命令通过 CAN 线或 LIN 线传送到 J387、J388、J389 等车门控制单元，实现全车门锁的控制。

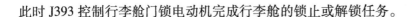

此时 J393 控制行李舱门锁电动机完成行李舱的锁止或解锁任务。

12. 2 丰田卡罗拉汽车驾驶人侧车门不能锁止的故障分析

根据丰田卡罗拉汽车中控门锁控制系统的工作原理可知，故障的部位及原因分析如图 3-19 所示。

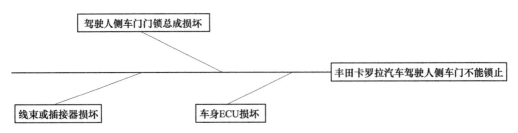

图 3-19 丰田卡罗拉汽车中控门锁控制系统不能锁止故障的部位及原因分析

12. 3 丰田卡罗拉汽车中控门锁系统维修计划与维修设备、材料准备

1. 维修计划

1）外部直观检查。

2）采用万用表等一般仪器检测。

3）采用解码器诊断系统进行故障诊断。

4）确定故障原因和零部件。

5）针对存在的问题进行拆装维修。

2. 维修设备、材料准备

丰田卡罗拉汽车电动车窗系统维修设备与材料准备见表 3-3。

表 3-3 丰田卡罗拉汽车电动车窗系统维修设备与材料准备

名称	数量	名称	数量
解码器	1 台	维修手册	1 套
汽车万用表	1 台	手套、抹布等	1 批
常规拆装工具	1 套	电工胶布等	1 卷
扭力扳手	1 把	工作台	1 台

任务实施

12. 4 丰田卡罗拉汽车驾驶人侧车门锁不能锁止的故障检查

1. 确认故障现象

接到车辆后，要进行故障现象确认。

关好全车车门，使用遥控器控制车门锁系统，当按下遥控器"锁止"键时，检查驾驶人侧车门，发现没有锁止，检查其他车门时确认已经锁止；反复几次，故障现象相同，说明驾驶人所陈述的故障真实存在。

　　丰田卡罗拉汽车中控门锁系统常见的故障现象及可疑部位见表 3-4，若发现其他故障现象可根据故障现象的可疑部位分别进行检测。

2. 故障检测

　　在开始检测前，要先做基础检测，然后按照故障分析的原因进行依次检测。

　　（1）基础检测　首先检查熔丝及蓄电池电压，蓄电池的电压应为 11~14V。

表 3-4　丰田卡罗拉汽车中控门锁系统常见的故障现象及可疑部位

现　象	可疑部位
通过主开关、驾驶人侧车门锁心不能操作所有车门的锁止/解锁功能	前门门锁总成（驾驶人侧）
	线束和插接器
	主开关总成
	主车身 ECU（仪表板接线盒）
仅驾驶人侧车门锁止/解锁功能不工作	前门门锁总成（驾驶人侧）
	线束和插接器
	主车身 ECU（仪表板接线盒）
仅前排乘员侧车门锁止/解锁功能不工作	前门门锁总成（前排乘员侧）
	线束和插接器
	主车身 ECU（仪表板接线盒）
仅左后车门锁止/解锁功能不工作	左后车门门锁总成
	线束和插接器
	主车身 ECU（仪表板接线盒）
仅右后车门锁止/解锁功能不工作	右后车门门锁总成
	线束和插接器
	主车身 ECU（仪表板接线盒）
防止钥匙锁在车内的功能工作不正常	前门门控灯开关（驾驶人侧）
	解锁警告开关
	线束和插接器
	主车身 ECU（仪表板接线盒）

　　（2）中控门锁系统主开关的检测　中控门锁系统主开关集成在车窗主开关上，其端子如图 3-20 所示，中控门锁系统主开关端子检测的标准见表 3-5。若实际检测结果与标准不符，则更换车窗主开关。

　　（3）驾驶人侧门锁总成的检测　前门门锁总成的端子如图 3-21所示，端子检测的标准见表 3-6。若实际检测结果与标准不符，则更换前门门锁总成。

图 3-20　丰田卡罗拉
汽车车窗开关端子

表 3-5　中控门锁系统主开关端子检测的标准

解码器连接	条件	规定状态	实测结果
1-2	锁止	小于 1Ω	
1-2 1-9	OFF（松开）	10kΩ 或更大	
1-9	解锁	小于 1Ω	

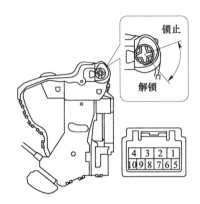

图 3-21 前门门锁总成的端子（驾驶人侧）

表 3-6 前门门锁端子的检测（驾驶人侧）

解码器连接	条件	规定状态	实测结果
7-9	ON（门锁设置为锁止）	小于 1Ω	
7-9 7-10	OFF（松开）	10kΩ 或更大	
7-10	ON（门锁设置为解锁）	小于 1Ω	
7-8	蓄电池正极（+）→端子 4 蓄电池负极（-）→端子 1	锁止 10kΩ 或更大	
7-8	蓄电池正极（+）→端子 1 蓄电池负极（-）→端子 4	解锁 小于 1Ω	

3. 零件拆装要点及注意事项

丰田卡罗拉汽车前门的结构如图 3-22 所示，驾驶人侧门锁总成拆装要点及注意事项如下：

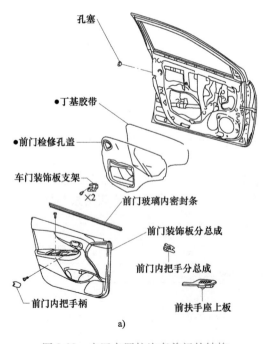

a)

图 3-22 丰田卡罗拉汽车前门的结构

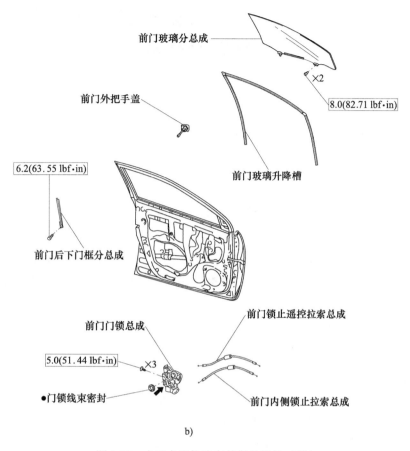

前门玻璃分总成

前门外把手盖

6.2(63.55 lbf·in)

8.0(82.71 lbf·in)

×2

前门玻璃升降槽

前门后下门框分总成

前门门锁总成

前门锁止遥控拉索总成

5.0(51.44 lbf·in)

×3

●门锁线束密封

前门内侧锁止拉索总成

b)

图 3-22　丰田卡罗拉汽车前门的结构（续）

　　1）拆卸前门内把手框及前扶手座上板。

　　2）拆卸前门装饰板分总成。

　　3）拆卸前门内把手分总成。

　　4）拆卸前门外把手盖。

　　5）拆卸前门门锁总成，如图 3-23 所示。

　　用"TORX"梅花套筒扳手（T30）拆下三个螺钉，向下滑动前门门锁总成，并将前门锁开启杆从外把手框中拉出，然后将前门门锁总成和拉索作为一个单元拆下。

　　6）拆卸前门锁止遥控拉索总成与前门内侧锁止拉索总成。

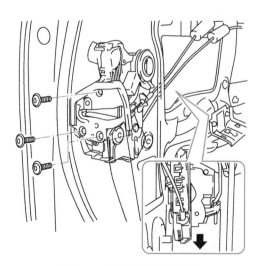

图 3-23　拆卸前门门锁总成

任务 13　不能进入防盗报警模式故障
的诊断与维修

任务接受

客户报修：我的车（丰田卡罗拉汽车 1.6AT）在锁车时车辆不能进入防盗报警模式。

任务准备

13.1　丰田卡罗拉汽车防盗报警系统的信息收集

1. 防盗技术

（1）超声波监测器　有些汽车防盗系统采用超声波监测器对汽车门窗和车身的破损以及车内的状态改变进行监测。图 3-24 所示为超声波检测原理图，超声波监测器由超声波发生器和超声波接收器组成，超声波发生器一般采用压电式声波发生器，为了使压电晶片产生共振，加在电极上的交变电压频率必须与压电晶片的固有频率相等，压电晶片的厚度与电极产生的电场强度有关，其厚度可以从几毫米到 0.5mm。当门窗玻璃和车门封闭后，超声波发生器将产生固定频率和幅值的超声波，由超声波接收器接收从车内反射的超声波，在正常情况下，反射回来的超声波与发出时具有固定的相位差，当门窗玻璃或车身受损时，固定的相位关系将被破坏，通过检测超声波发出时和接收的相位差就可以对门窗玻璃和车身状况以及是否有人进入车内进行判断。当确定有人非法进入车内时，防盗报警系统启动，使汽车的前照灯和尾灯闪烁，报警喇叭鸣响，同时切断点火电路、起动电路和供油电路，使汽车不能起动，直到解除戒备状态为止。

（2）身份识别系统　车主身份识别系统就是利用电子钥匙解码器解读点火开关钥匙上的密码电阻，具有防盗功能。图 3-25 所示为电子钥匙防盗系统。其原理是：点火钥匙上装有一个晶片。每把钥匙所用的晶片有一特定的阻值，其范围在 380~12300Ω 范围内。点火钥匙除了像普通钥匙那样必须与锁体匹配之外，其晶片电阻值还要与起动机电路的匹配。

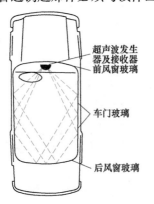

图 3-24　超声波检测原理图

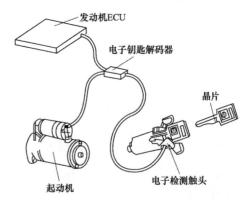

图 3-25　电子钥匙防盗系统

当点火钥匙插入锁体时，晶片与电子检测触头接触。当锁体转到 ST 档时，钥匙晶片的电阻值输送到电子钥匙解码器。若钥匙晶片的电阻值与电子钥匙解码器中存储的电阻值一

致，则起动机工作，同时，起动信号送给发动机 ECU，发动机 ECU 起动燃油喷射系统，完成发动机的起动。

若钥匙晶片的电阻值与电子钥匙解码器存储的电阻值不一致，解码器便禁止起动发动机。尽管锁体已经转到了起动位置，发动机仍然不能起动。

（3）电流敏感传感器　有的防盗系统利用电流敏感传感器技术，当汽车处于戒备状态时，一旦有人非法进入车内，只要汽车的电气系统有变化，比如门灯亮了、起动发动机等，传感器便起动报警系统。

2. 丰田轿车防盗报警系统

图 3-26 所示为丰田轿车防盗报警系统的元件位置，图 3-27 所示为丰田轿车防盗报警系统的电路图。

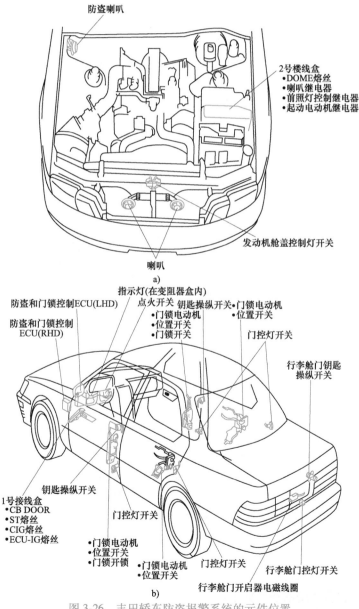

图 3-26　丰田轿车防盗报警系统的元件位置

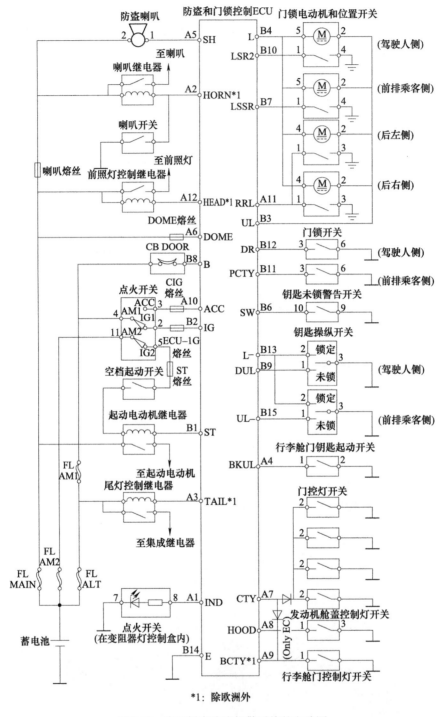

图 3-27　丰田轿车防盗报警系统的电路图

（1）防盗报警系统的设定

1）设定防盗报警系统的条件如下：

① 关闭所有的车门。

② 关闭发动机舱盖。

③ 从点火开关锁芯拔出点火钥匙。

以上条件同时满足时，汽车才可以进行下一步。

2）设定方法如下：

① 用车钥匙锁住左车门或右车门。

② 用遥控钥匙锁住所有车门。

以上两种方法任选其一，汽车便进入戒备状态。在执行设定后，防盗警告灯持续亮约30s，然后开始闪烁，表示防盗报警系统设定完成。

（2）消除已设定的防盗系统

1）用钥匙打开左侧或右侧前门。

2）用遥控钥匙打开所有车门。

以上两种方法任选其一，防盗报警系统便可消除，指示灯熄灭。

3）将点火钥匙插入点火锁芯，并将其转至 ACC 或 ON 位置时（在防盗系统从未工作时，该项可执行）。

4）用遥控钥匙打开行李舱门时，防盗系统仅是临界时解除。在行李舱关闭 2s 后，防盗系统重新设定。

（3）常见故障　在进行防盗报警系统故障诊断之前，应首先确定车门锁控制系统能正常工作。表 3-7 所示为丰田汽车防盗报警系统常见故障征兆一览表。

表 3-7　丰田汽车防盗报警系统常见故障征兆一览表

故障细节			待检查电路
防盗系统不能设定			1）指示灯电路
			2）行李舱门钥匙操纵开关电路
			3）行李舱门控灯开关电路
			4）门控灯开关电路
			5）位置开关电路（后）
			6）发动机舱盖控制灯开关电路
系统设定后指示灯不闪烁			指示灯电路
系统设定后	后门打开时	系统不工作	位置开关电路（后）
	发动机舱盖打开时		发动机舱盖控制灯开关电路
在系统发出报警期间	汽车喇叭不响		汽车喇叭继电器电路
	防盗喇叭不响		防盗喇叭电路
	前照灯不闪		前照灯控制继电器电路
	尾灯不闪		尾灯控制继电器电路
	起动机电路未能切断		起动机电路继电器电路
	后门锁处于打开状态		位置开关电路（后）
系统已设定	点火钥匙转至 ACC 或 ON 时不能解除		点火开关电路
	用钥匙打开行李舱门时仍能工作		行李舱门钥匙操纵开关电器

（续）

故障细节		待检查电路
即使后门打开系统仍维持设定状态		门控灯开关电路
即使系统未设定	汽车喇叭发声	汽车喇叭继电器电路
	防盗喇叭发声	防盗喇叭电路
	前照灯一直亮	前照灯控制继电器电路
	尾灯一直亮	尾灯控制继电器电路

3. 宝马 E60 汽车防盗报警系统（DWA）

宝马 E60 汽车防盗报警系统可以识别非法侵入车内或对车辆进行不法操作。车厢内部由超声波车内防盗监控传感器（USIS）监控，当有人尝试撬开车门和非法进入车内时，防盗报警系统就会报警，此时汽车灯光闪烁，报警系统的报警器间歇鸣响约 30s。一个集成在报警器中的倾斜报警传感器监控车辆倾斜度，倾斜报警传感器可以识别车辆是否被抬起或牵引，图 3-28 所示为宝马 E60 汽车报警示意图。系统的电路图如图 3-29 所示，电路图中各元件说明见表 3-8。

图 3-28　宝马 E60 汽车报警示意图

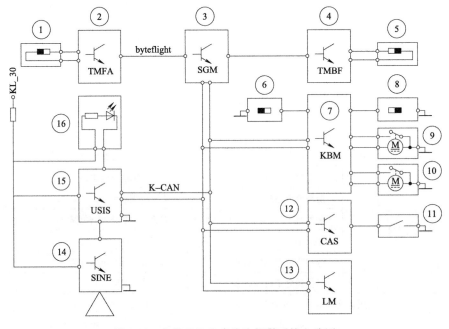

图 3-29　宝马 E60 汽车防盗报警系统电路图

表 3-8　宝马 E60 汽车防盗报警系统电路图中各元件说明

索引	说明	索引	说明
1	驾驶人侧车门触点	10	后窗触点开关（仅限 E61）
2	驾驶人侧车门模块（TMFA）	11	车发动机舱盖触点开关，带集成式倾斜报警传感器的报警器（SINE）
3	安全和网关模块（SGM）		
4	前排乘客侧车门模块（TMBF）	12	便捷进入及起动系统（CAS）
5	驾驶人侧车门触点，车发动机舱盖触点开关	13	灯光模块（LM）
6	驾驶人侧后车门触点（不适用于 E63、E64），灯光模块（LM）	14	带集成式倾斜报警传感器的报警器（SINE）
7	车身标准模块（KBM）	15	DWA 控制单元（超声波车内防盗监控传感器 USIS）
8	前排乘客侧后车门触点		
9	后行李舱盖触点开关	16	DWA 发光二极管

宝马 E60 汽车防盗报警系统的组成及工作原理如下：

（1）传感器部分

1）超声波车内传感器。超声波车内传感器安装在车顶内，与防盗报警系统控制单元安装在一起，共有四个超声波车内传感器，其中两个超声波车内传感器带有声波矫正器，如图 3-30所示。

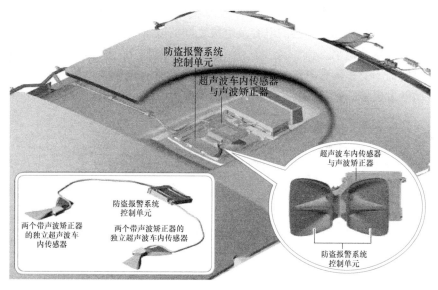

图 3-30　超声波车内传感器

超声波车内传感器借助超声波监控车厢内部，超声波车内传感器可以识别整个车厢内的运动，防盗报警系统控制单元分析来自超声波车内传感器的信号，当超声波的反射波发生改变时，可以确定有一个运动发生，并立即触发报警。

2）倾斜报警传感器。倾斜报警传感器安装在报警器的内部，同时报警器中还有自己专用的微处理器，这样报警器总成通过一条区域数据总线与防盗报警系统控制单元相连，如图 3-31所示。倾斜报警传感器监控车辆的水平位置，并将倾斜度的信号输送给报警器中的微处理器，微处理器对倾斜报警传感器的信号进行分析，若为非法操作，则微处理器触发防盗报警系统报警器报警。

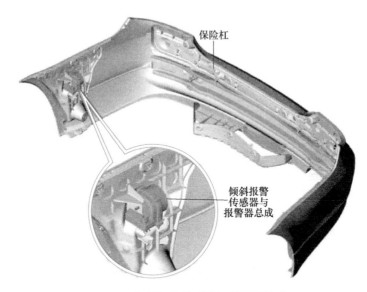

图 3-31 倾斜报警传感器与报警器总成

倾斜传感器的原理如图 3-32 所示，当车量改变原有静止状态时，测量部件在电容器电极之间的位置将改变，因此电容器的电容及电极之间的电压改变，电容器电压信号将由倾斜传感器内的微处理单元识别。

为了使报警器不受车辆蓄电池的影响，报警器自身带有电源，电源的使用寿命约 10 年或 300 次自动触发报警，报警器有一个扬声器，频率为 199~2800Hz。

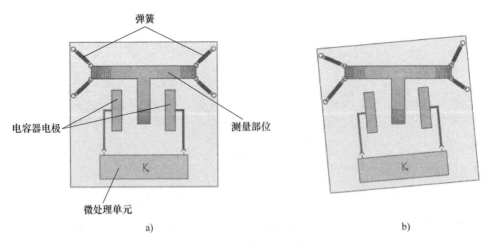

图 3-32 倾斜传感器的原理

a) 正常情况　b) 倾斜

（2）控制单元　在宝马 E60 汽车防盗报警系统中参与工作的控制单元有很多，主要有以有几个：

1）防盗报警系统控制单元。防盗报警系统控制单元与超声波车内传感器组成一个单元，防盗报警系统控制单元通过一条单线总线控制报警器。防盗报警系统控制单元连接在 K-CAN 上。

在最后的车门关闭 3s 后，超声波车内传感器开始基准运行。基准运行期间对车厢内部进行"扫描"，这样可以识别车厢内的变化，基准运行 20s 后超声波车内传感器准备就绪。然后，每隔 65ms 将发射两个超声波信号。发送后把来自车厢内每个超声波信号的反射波分开存储到一个测量值数组中，然后把反射波分成几个区段，在每个区段内将两次测量的反射波相互比较。当识别到一个报警事件时，防盗报警系统控制单元触发报警，在区域数据总线上控制声音报警器。在 K-CAN 上把用于灯光报警的信号传递到灯光模块，由灯光模块控制灯光报警。

2）便捷进入及起动系统（CAS）。便捷进入及起动系统控制单元通过 K-CAN 总线与防盗报警系统控制单元相连，为防盗报警系统控制单元提供以下信号：

① 中控锁的状态。

② 发动机舱盖触点状态。

③ 钥匙是否在点火开关中。

④ 便捷进入状态。

3）驾驶人侧车门模块（TMFA）和前排乘客侧车门模块（TMFB）。驾驶人侧车门模块和前排乘客侧车门模块通过 K-CAN 总线与防盗报警系统控制单元相连，为防盗报警系统提供前部车窗升降机的位置及前车门的车门触点。

4）车身标准模块（KBM）。车身标准模块通过 K-CAN 总线与防盗报警系统控制单元相连，为防盗报警系统提供后部车窗升降机的位置、后车门的车门触点及行李舱盖触点开关。

5）自动恒温空调模块（IHKA）。自动恒温空调模块通过 K-CAN 总线与防盗报警系统控制单元相连，为防盗报警系统提供停车通风信号，停车通风信号被用于调整超声波车内传感器的灵敏度。

6）灯光模块（LM）。灯光模块通过 K-CAN 总线与防盗报警系统相连，防盗报警系统控制单元将请求报警信号由 K-CAN 传递到灯光模块，灯光模块驱动车灯闪烁报警。

（3）执行器部分

1）汽车车灯。汽车车灯由灯光模块控制。

2）报警器。报警器由防盗报警系统控制单元通过一条单线总线控制。

3）发光二极管。发光二极管用来显示防盗报警系统的状态，由防盗报警系统控制单元通过一条导线直接控制。发光二极管安装在车内后视镜的下部，显示信息如下：

二极管熄灭：防盗报警系统退出防盗报警状态。

二极管持续快速闪亮：防盗报警系统进入防盗报警状态。

4. 奥迪车的防盗报警系统

（1）防盗报警系统的简介　防盗报警系统监控范围有：4 个车门、发动机舱盖、行李舱、收音机（原装）、点火装置（15 号线防盗）、轿车内部空间、车窗玻璃等。当这些地方发生发化后，防盗控制单元触发报警器。

1）传感器安装位置。

① 车门锁触点开关。

② 发动机舱盖触点开关。

③ 行李舱盖触点开关。

④ 收音机搭接。

⑤ 点火锁 15 号端子。

⑥ 内部超声波传感器。

⑦ 玻璃破碎传感器。

奥迪车的防
盗报警系统

2）内部监控系统的组成及安装位置。

① 内部监控控制单元。

② 内部监控开关。

③ 驾驶人侧车门触点开关。

④ 新鲜空气鼓风机。

⑤ 左右超声波传感器。

⑥ 左右侧车门警告灯。

⑦ 喇叭。

⑧ 转向信号灯。

3）超声波传感器：如图 3-33 所示，超声波传感器分为左右超声波传感器两个单元，每个单元包括两个超声波传感器和一个电子放大电路，分别安装在左右 B 柱内。每个超声波传感器监控一个车窗。超声波传感器的工作原理如下：

① 发射功能（作为发射器）：传感器单元的发射原理如图 3-34 所示，交流电压作用于振动线圈时，其内部将产生一磁场。该磁场又反作用于永久磁铁的恒定磁场。因此，振动线圈的振动频率与交流电压相同。

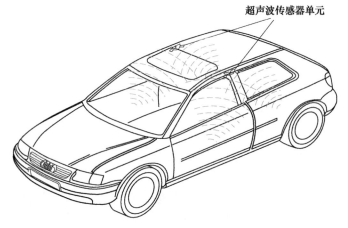

超声波传感器单元

图 3-33　超声波传感器单元的安装位置

振动线圈与膜片相连，从而膜片也以相同的频率振动。膜片振动引起空气运动，产生声波。

② 接收功能（作为接收器）：超声波传感器单元的接收原理如图 3-35 所示，当超声波传感器单元发射出去的声波射到车内壁并被反射回来时，反射的声波引起膜片及振动线圈以一定的频率振动，振动线圈由于振动而产生同样频率的感应电压。超声波单元中的电子放大电路将识别振动线圈中感应电压的变化，并将这一信号传给舒适系统控制单元。当有人非法进入车内时，振动线圈产生的感应电压便发生变化，这时，舒适系统控制单元触发报警器报警，中央供电 ECU 触发外部照明与信号装置报警。

4）车门警告灯：如图 3-36 所示，车门警告灯由发光二极管构成，由超声波内部监控控制单元触发。闪烁频率表示内部监控系统的状态，并可用作自诊断辅助指示灯。

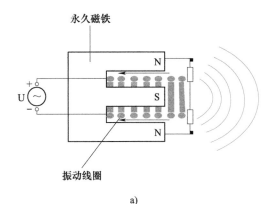

a)

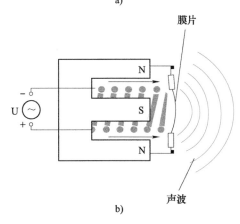

b)

图 3-34 传感器单元的发射原理

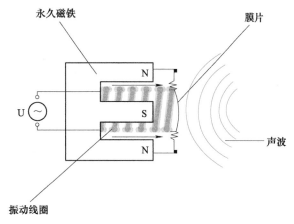

图 3-35 超声波传感器单元的接收原理

5）报警发声器：由防盗控制单元控制，当某个传感器检测到异常时，防盗控制单元使报警器发出报警声音。

（2）防盗系统简介 如图 3-37 所示，防盗系统由带有应答器的点火钥匙、阅读线圈、防盗器控制单元、发动机控制单元和嵌入式仪表板指示灯几部分组成。

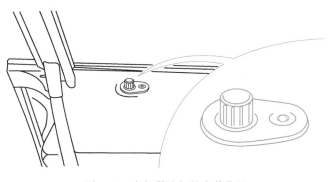

图 3-36 车门警告灯的安装位置

1）应答器。应答器无须电池，它是一个整合在钥匙中的接收器和发射器单元。当点火开关打开时，阅读线圈中产生的交变电磁场向应答器中输送能量。结果，应答器被启动，并向阅读线圈中传送程序代码。每辆车的钥匙不同，应答器的程序代码也不同。

2）阅读线圈。如图 3-38 所示，阅读线圈环绕在机械式点火锁的周围。它向应答器输送能量，接收应答器传回的程序代码，并把它送入防盗止动控制单元。

3）指示灯。当点火开关打开时，指示灯亮，并持续 3s。如果插入点火锁的钥匙程序代码错误，则指示灯闪动。若防盗控制单元的自诊断发现错误，指示灯也会闪动。

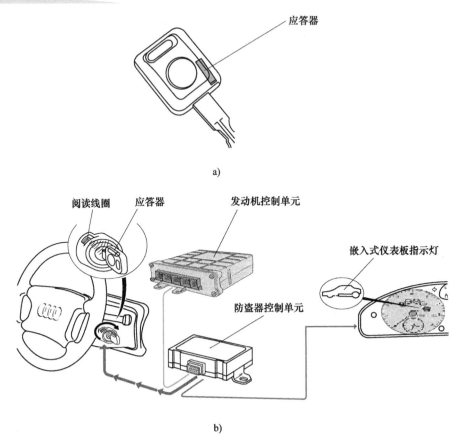

图 3-37　防盗系统的组成

a）点火钥匙　b）防盗系统原理图

4）防盗系统的工作过程。防盗系统的钥匙识别过程表见表 3-9，具体工作过程如下：

① 固定码传输（从钥匙到防盗控制单元）：点火开关打开，阅读线圈发送能量激励钥匙中的应答器。然后，钥匙中的应答器发送固定码到防盗控制单元中（首次匹配中这个固定码存储在防盗控制单元中）。传送的固定码与存储

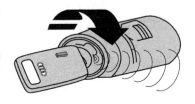

图 3-38　阅读线圈的安装位置

在防盗控制单元中的固定码进行比较；如果相同，开始传送可变码。固定码是用来锁定钥匙的。

② 可变码传输（从防盗控制单元到钥匙）：防盗控制单元随机产生一变码。这个码是钥匙和防盗控制单元用于计算的基础。在钥匙内和防盗控制单元内有一套公式列表（密码术公式）和一个相同且不可改写的 SKC（隐秘的钥匙代码）。在钥匙和防盗控制单元中分别计算结果。钥匙发送结果给防盗控制单元。防盗控制单元把这个结果和自己的计算结果进行比较。如果相同，钥匙确认完成。

③ 可变码传输（从防盗控制单元到发动机控制单元）：发动机控制单元随机产生一变码。在发动机控制单元和防盗控制单元内有另一套密码术公式列表和一个相同的 SKC（公式指示器）。防盗控制单元返回这个计算结果到发动机控制单元内与其计算结果进行比较。这个数据

由 CAN 总线进行传递。如果结果相同，发动机被允许起动（第三代，由 CAN 总线传输）。

表 3-9　防盗系统的钥匙识别过程表

步骤	防盗控制单元	传送	钥匙中的应容器
1	点火开关打开		
2		能量 固定码	
3	产生变换式密码	交换式密码	
4	按固定的公式进行计算		按固定的公式进行计算
5	防盗控制单元的计算结果	钥匙应答器的计算结果	
6	如果防盗 控制单元的计算结果=钥匙 应答器的计算结果		
7	发动机控制单元	变换式密码	防盗控制单元
8	按固定的公式进行计算		
9	如果发动机控制单元的计 算结果=防盗控制单元的 计算结果	防盗控制单元的计算结果	按固定的公式进行计算

发动机控制单元控制起动系统、点火系统、供油系统等开始正常工作

13.2　丰田卡罗拉汽车不能进入防盗报警模式的故障分析

根据丰田卡罗拉汽车防盗报警系统的工作原理可知，故障的部位及原因分析如图 3-39 所示。

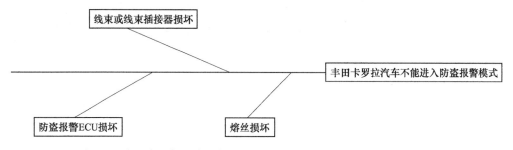

图 3-39　丰田卡罗拉汽车不能进入防盗报警模式的故障部位及原因分析

13.3　丰田卡罗拉汽车防盗报警系统维修计划与维修设备、材料准备

1. 维修计划

1）外部直观检查。

2）采用万用表等一般仪器检测。

3）采用解码器诊断系统进行故障诊断。

4）确定故障原因和零部件。

5）针对存在的问题进行拆装维修。

2. 维修设备、材料准备

丰田卡罗拉汽车防盗报警系统维修设备与材料准备见表3-10。

表3-10 丰田卡罗拉汽车防盗报警系统维修设备与材料准备

名称	数量	名称	数量
解码器	1台	维修手册	1套
汽车万用表	1台	手套、抹布等	1批
常规拆装工具	1套	电工胶布等	1卷
扭力扳手	1把	工作台	1台

任务实施

13.4 丰田卡罗拉汽车不能进入防盗报警模式的故障检查

1. 确认故障现象

接到车辆后，要进行故障现象确认。

关好全车车门，使用遥控器控制车门锁系统，当按下遥控器"锁止"键时，确认全车车门能正常锁止，但没有灯光闪烁（喇叭响）等现象，同时防盗指示灯（安全指示灯）也没有工作；反复几次，故障现象相同，说明驾驶人所陈述的故障真实存在。

2. 故障检测

丰田卡罗拉汽车防盗报警系统如图3-40所示，防盗报警系统的零件位置如图3-41所示，检测步骤如下：

1）确定门锁控制系统和遥控门锁控制系统工作正常。

2）检查熔断器和继电器。

3）用解码器读故障码，删除故障码，然后再重新读故障码，显示故障码为"B1269"（防盗报警ECU通信中止），故障码信息及实测结果见表3-11。

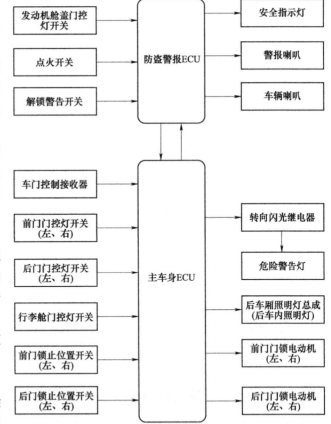

图3-40 丰田卡罗拉汽车防盗报警系统

4）检测防盗警报ECU总成与主车身ECU之间线束及插接器，线束连接电路图如图3-42所示，防盗警报ECU总成与主车身ECU的线束插接器端子如图3-43所示，测试标准及实测结果见表3-12。若实测结果异常，则更换线束。

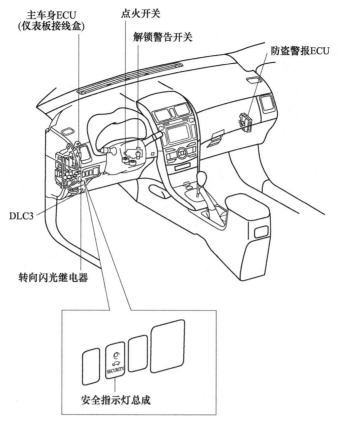

图 3-41 丰田卡罗拉汽车防盗报警系统的零件位置

表 3-11 故障码信息及实测结果

DTC 编号	DTC 检测条件	故障部位	实测故障码
B1269	不能与防盗警报 ECU 进行通信超过 10s	·线束和插接器 ·防盗警报 ECU 总成	

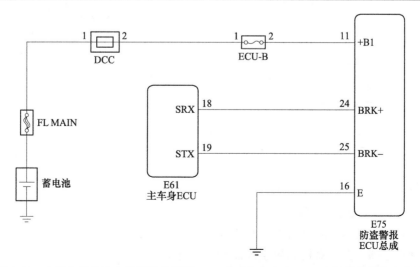

图 3-42 丰田卡罗拉汽车检测防盗警报 ECU 总成与主车身 ECU 之间线束连接电路图

线束插接器主视图：
(至主车身ECU)

线束插接器主视图：
(至防盗警报ECU)

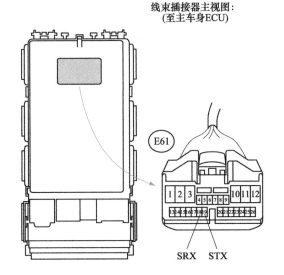

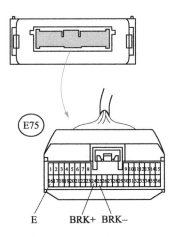

图3-43 丰田卡罗拉汽车检测防盗警报 ECU 总成与主车身 ECU 的线束插接器端子

表3-12 丰田卡罗拉汽车检测防盗警报 ECU
总成与主车身 ECU 的线束插接器端
子测试标准及实测结果

线束插接器主视图：(至防盗警报ECU)

解码器连接	条件	规定状态	实测结果
E75-24(BRK+)-E61-18(SRX)	始终	小于1Ω	
E75-25(BRK−)-E61-19(STX)	始终	小于1Ω	
E75-24(BRK+)-车身搭铁	始终	10kΩ 或更大	
E75-25(BRK−)-车身搭铁	始终	10kΩ 或更大	
E75-16(E)-车身搭铁	始终	小于1Ω	

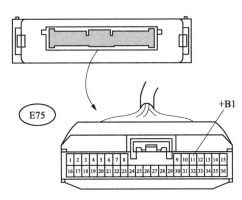

5）检测防盗警报 ECU 总成的工作电压，防盗警报 ECU 总成线束端子如图3-44 所示，检测标准及实测结果见表3-13。若异常则更换线束，否则，更换防盗警报 ECU 总成。

图3-44 丰田卡罗拉汽车
防盗警报 ECU 总成线束端子

表3-13 丰田卡罗拉汽车检查防盗警报 ECU 总成工作电压检测标准及实测结果

解码器连接	条件	规定状态	实测结果
E75-11(+B1)-车身搭铁	始终	11~14V	

3. 零件拆装要点及注意事项

1）拆卸杂物箱盖总成和防盗警报 ECU 总成，如图3-45 所示。

2）断开插接器，拆下螺栓和防盗警报 ECU 总成。

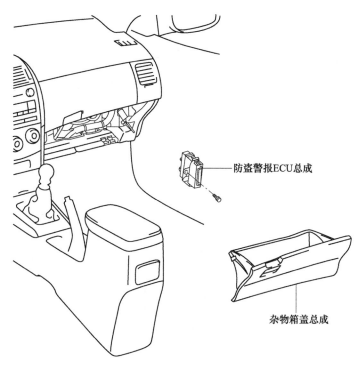

防盗警报ECU总成

杂物箱盖总成

图 3-45　拆卸杂物箱盖总成和防盗警报 ECU 总成

无钥匙便捷上车及起动系统

　　无钥匙便捷上车及起动系统简称为便捷上车功能，装有无钥匙便捷上车及起动系统的车辆，驾驶人需要随身携带一把车辆识别钥匙（例如放在衣服口袋中），这样驾驶人就可以不使用钥匙也能打开车门并起动车辆。放在衣服口袋中的车辆识别钥匙可以执行遥控器的功能。

　　1. 无钥匙便捷上车及起动系统的功能

　　（1）无钥匙便捷上车　驾驶人不需要主动使用车辆钥匙打开车门或行李舱，放在衣服口袋中即可，当驾驶人拉车门时，这时车门锁自动打开。

　　（2）无钥匙便捷起动　驾驶人不需要主动使用车辆钥匙起动发动机，放在衣服口袋中即可，这时只需要按一下起动按钮，发动机就可以起动。

　　（3）无钥匙便捷下车　驾驶人离开车辆时不需要主动使用车辆钥匙关闭车门，放在衣服口袋中即可，这时车门自动上锁。

　　2. 无钥匙便捷上车及起动系统

　　无钥匙便捷上车及起动系统的基本原理是：首先是车辆通过天线发出无线信号，查询车辆识别钥匙，当车辆识别钥匙接收信号，对接收的信号进行解码后，向车辆发送编码信息，车辆接收器确认这些信号合法后，控制单元自动解除防盗系统，车门自动解锁。无钥匙便捷上车及起动系统如图 3-46 所示，系统的元件说明见表 3-14。

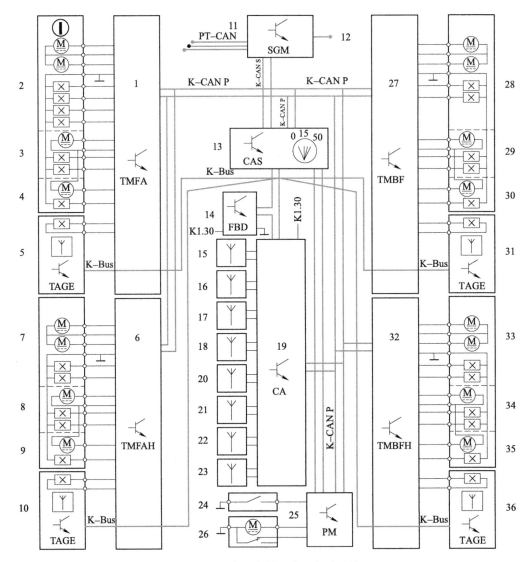

图 3-46　无钥匙便捷上车及起动系统

表 3-14　无钥匙便捷上车及起动系统的元件说明

索引	说明	索引	说明
1	驾驶人侧车门模块（TMFA）	7	带 2 个霍尔传感器的驾驶人侧后部中控锁驱动装置
2	带 4 个霍尔传感器的驾驶人侧中控锁驱动装置	8	带 2 个霍尔传感器的驾驶人侧后部自动软关系统驱动装置
3	带 2 个霍尔传感器的驾驶人侧自动软关系统驱动装置	9	带霍尔传感器的驾驶人侧后部车门锁电动机
4	带霍尔传感器的驾驶人侧车门锁电动机	10	带拉力传感器和外部天线的驾驶人侧后部车门外把手电子装置（TAGE）
5	带拉力传感器和外部天线的驾驶人侧车门外把手电子装置（TAGE）	11	安全和网关模块（SGM）
6	驾驶人侧后车门模块（TMFAH）	12	诊断接口

（续）

索引	说明	索引	说明
13	便捷进入及起动系统（CAS）	29	带2个霍尔传感器的前排乘客侧自动软关系统驱动装置
14	FBD 接收器		
15	内部天线	30	带霍尔传感器的前排乘客侧车门锁电动机
16	内部天线	31	带拉力传感器和外部天线的前排乘客侧车门外把手电子装置（TAGE）
17	内部天线		
18	内部天线	32	前排乘客侧后车门模块（TMBFH）
19	无钥匙便捷上车及起动系统控制单元	33	带2个霍尔传感器的前排乘客侧后部中控锁驱动装置
20	后窗置物架上的内部天线		
21	行李舱中的内部天线	34	带2个霍尔传感器的前排乘客侧后部自动软关系统驱动装置
22	后部保险杠中的外部天线		
23	后部保险杠中的外部天线	35	带霍尔传感器的前排乘客侧车门锁电动机
24	后行李舱盖按钮	36	带拉力传感器和外部天线的前排乘客侧车门外把手电子装置（TAGE）
25	供电模块（PM）		
26	后行李舱盖联锁装置	K-Bus	车身总线（单线总线）
27	前乘客侧车门模块（TMBF）	K-CAN P	K-CAN 外围总线
28	带2个霍尔传感器的前排乘客侧中控锁驱动装置	K-CAN S	K-CAN 系统总线
		K1. 30	总线端 K1.30

（1）内部天线和外部天线　为了确保车辆与识别钥匙之间的通信，共需要 12 个天线，其中内部和外部各有 6 个天线，如图 3-47 所示。示意图中的元件说明见表 3-15。

天线发送频率为 125kHz 的信号，天线的辐射呈球形。通过天线要求车辆识别钥匙进行自我证明。所有信号都已加密，可以防止非法存取。

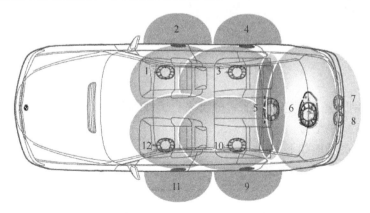

图 3-47　无钥匙便捷上车及起动系统天线示意图

（2）车门外把手电子装置　车门外把手电子装置如图 3-48 所示。在四个车门的外把手中，每一个车门外把手都有一个电子装置及三个传感器，传感器分别为电容传感器、拉力传感器及压力传感器，每个车门外把手内还有一个集成式天线用来发送信号，用来查询位于车门区域内的车辆识别钥匙。车门外把手中的传感器向便捷进入及起动系统控制单元提供下列信号：

表 3-15　无钥匙便捷上车及起动系统天线示意图中的元件说明

索引	说明	索引	说明
1	前排乘客侧脚部空间中的内部天线	7	后部保险杠中的外部天线
2	前排乘客侧车门外把手中的外部天线	8	后部保险杠中的外部天线
3	前排乘客侧后部脚部空间中的内部天线	9	驾驶人侧后部车门外把手中的外部天线
4	前排乘客侧后部车门外把手中的外部天线	10	驾驶人侧后部脚部空间中的内部天线
5	后窗置物架（衣帽架）上的内部天线	11	驾驶人侧车门外把手中的外部天线
6	行李舱中的内部天线	12	驾驶人侧脚部空间中的内部天线

1）触发查询：将手伸入接槽时通过一个电容传感器。

2）解除联锁：拉动车门外把手时通过拉力传感器。

3）联锁和保险锁死：按压车门外把手时压力传感器。

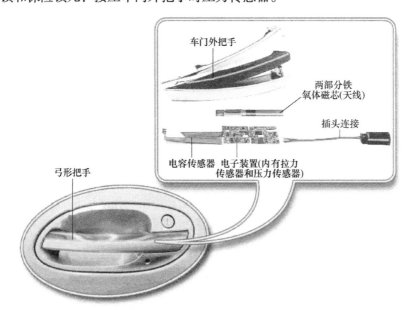

图 3-48　车门外把手电子装置

（3）车辆识别钥匙　车辆识别钥匙分析来自天线的信号，此外，车辆识别钥匙向 FBD 接收器发送高频无线电信号。

车辆识别钥匙的功能如下：

1）读取来自发射天线的数据。

2）对发送的数据进行解码。

3）发送编码的信息（高频）。

4）遥控操作。

（4）遥控接收器　遥控接收器（FBD 接收器）在右侧 C 柱中，FBD 接收器接收来自车辆识别钥匙的无线电信号，FBD 接收器将这些信号传送至便捷进入及起动系统控制单元。

（5）起动/停止按钮　在踩下制动器（自动变速器）时，按下起动/停止按钮就可以起动发动机。

（6）便捷进入及起动系统控制单元　便捷进入及起动系统控制单元是无钥匙便捷上车

及起动系统的主控单元，是起动/停止按钮以及车辆识别钥匙插口的接口。通过车身子总线与车门外把手电子装置及无钥匙便捷上车及起动系统控制单元（CA 控制单元）相连。

（7）CA 控制单元　CA 控制单元控制内部天线和后部保险杠中的两个外部天线。CA 控制单元的功能如下：

1）通过内部天线查询车辆识别钥匙，确认驾驶权限（无钥匙便捷起动）。

2）通过行李舱中的内部天线查询车辆识别钥匙，确认登车权限（无钥匙便捷上车）。

3）通过行李舱中的内部天线查询车辆识别钥匙，确认关闭权限（无钥匙便捷下车）。

4）在查询车辆识别钥匙合法时激活 FBD 接收器。

任务 14　安全气囊警告灯常亮故障的诊断与维修

任务接受

客户报修：我的车（丰田卡罗拉汽车 1.6AT）发动机运行时安全气囊警告灯常亮。

任务准备

14.1　丰田卡罗拉汽车安全气囊系统的信息收集

1. 安全气囊的类型

安全气囊（Supplemental Restraint System，简称 SRS）是指撞车时在乘员产生二次碰撞前，使气囊膨胀保护乘员的装置。安全气囊是辅助安全系统，属于被动安全保护装置。

根据碰撞类型的不同，安全气囊可分为正面碰撞安全气囊、侧面碰撞安全气囊和顶部碰撞安全气囊。正面碰撞安全气囊是目前应用最广泛的一种，而侧面碰撞安全气囊和顶部碰撞安全气囊现已逐渐普及。安全气囊的安装位置如图 3-49 所示。

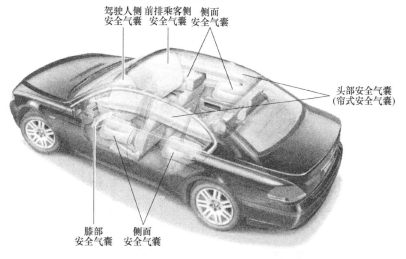

图 3-49　安全气囊的安装位置

2. 汽车对安全气囊的要求

1）可靠性高。在汽车未发生碰撞事故的情况下，安全气囊的使用年限为 7～15 年。若在碰撞事故中，安全气囊开启后，安全气囊系统要全套更换。

2）安全可靠。安全气囊系统要能正确区分制动减速度和碰撞减速度的区别。

3）灵敏度高。当汽车发生碰撞时，安全气囊系统要在二次碰撞（指驾驶人或乘客与转向盘、仪表板或风窗玻璃碰撞）前，正确快速打开安全气囊，并能正确泄气，起到缓冲的作用。

4）有防误爆功能。安全气囊系统一般采用二级门限控制，减速度的控制门限要合理。过低，汽车发生轻微碰撞时，安全气囊就会引爆；过高，汽车发生碰撞时，安全气囊打不开，或者打开过晚。

5）有自诊断功能。安全气囊系统能及时发现故障，并以警告灯的形式报告驾驶人。

3. 安全气囊系统的基本结构及工作原理

安全气囊系统主要由传感器、气囊组件及安全气囊 ECU 等组成。图 3-50 所示为丰田汽车安全气囊系统的零件位置。电控安全气囊系统的工作原理如图 3-51 所示。当汽车发生碰撞时，传感器将电信号传送给安全气囊 ECU，安全气囊 ECU 将信号进行处理，当确定需要打开安全气囊时，安全气囊 ECU 立即发出点火信号，气体发生器在 30ms 内将大量气体充满安全气囊，从而实现对驾驶人和乘客的安全保护（安全带收紧器气体发生器的结构原理与安全气囊系统的气体发生器的基本相同）。

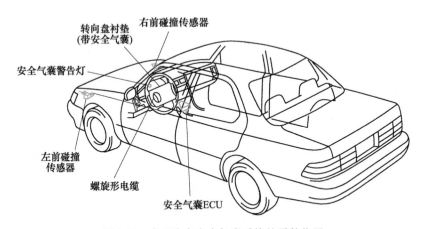

图 3-50　丰田汽车安全气囊系统的零件位置

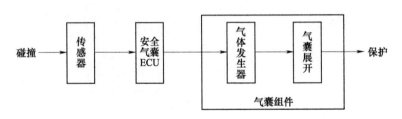

图 3-51　电控安全气囊系统的工作原理

（1）传感器 在汽车安全气囊系统中，传感器分为碰撞传感器和安全传感器两种。碰撞传感器的作用是在汽车发生碰撞时检测汽车碰撞强度的信号，并将信号输入给安全气囊 ECU。碰撞传感器的安装位置通常安装于汽车前部（前保险杠后及前翼子板下）或者驾驶人和前排乘客座椅下面。

1）碰撞传感器。碰撞传感器相当于一个常开开关，是利用惯性力（滚动或转动）来控制传感器中常开触点的动作。

① 滚球式传感器的结构及原理。图 3-52 所示为滚球式传感器的结构，传感器主要由铁质滚球、永久磁铁、导缸、固定触点和壳体组成。两个触点分别与传感器引线端子连接，滚球用来检测减速度大小，在导缸内可移动或滚动。壳体上印制有箭头标记，方向与传感器的结构有关，有的规定指向汽车的前方，有的规定指向汽车的后方，因此安装传感器时，箭头方向必须符合该车型使用说明书规定。

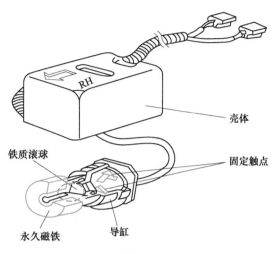

图 3-52 滚球式传感器的结构

滚球式传感器的工作原理如图 3-53 所示。当传感器处于静止状态时，在永久磁铁磁吸力的作用下，导缸内的滚球被吸向磁铁，两个触点与滚球分离，传感器电路处于断开状态，如图 3-53a 所示。

当汽车发生碰撞且减速度达到设定值时，滚球所产生的惯性力将大于永久磁铁的磁吸力。滚球在惯性力的作用下克服磁力沿导缸向两个固定触点运动并将两个固定触点接通，如图 3-53b 所示，此时传感器将碰撞信号传送给安全气囊 ECU。

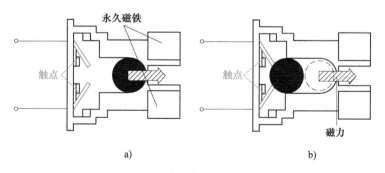

图 3-53 滚球式传感器的工作原理
a）静止状态 b）工作状态

② 偏心锤式传感器的结构及原理。图 3-54 所示为偏心锤式传感器的外形，图 3-55 所示为偏心锤式传感器的结构，该传感器由外壳、偏心转子、偏心重块、固定触点和旋转触点等部分组成。

偏心锤式传感器的工作原理如图 3-56 所示。在正常情况下，偏心转子和偏心重块在螺旋弹簧弹力的作用下，顶靠在与外壳相连的止动器上，此时，旋转触点与固定触点不接触，开关处于断开状态，如图 3-56a 所示；当汽车发生碰撞时，偏心重块由于惯性力将带动偏心转子克服弹簧弹力产生偏转。当碰撞强度达到设定值时，偏心转子旋转触点与固定触点接触而闭合，如图 3-56b 所示，此时碰撞传感器向安全气囊 ECU 输入导通信号，安全气囊 ECU 只有收到碰撞传感器输入的导通信号时，才能引爆气体发生器，使安全气囊充气。

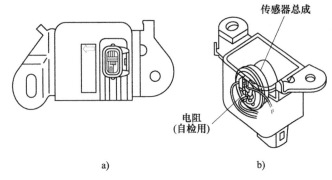

图 3-54　偏心锤式传感器的外形

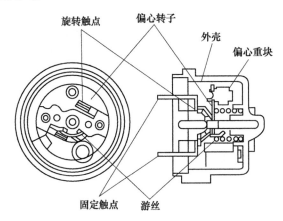

图 3-55　偏心锤式传感器的结构

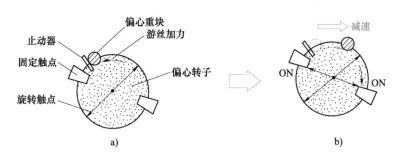

图 3-56　偏心锤式传感器的工作原理

2）安全传感器。安全传感器也称为中央传感器，安装在安全气囊 ECU 内部。安全传感器主要用来检测车辆的碰撞强度，并可防止安全气囊系统在非碰撞的情况下发生误引爆。

① 电子式安全传感器。图 3-57 所示为电子式安全传感器，其原理是一个应变式加速度传感器，当汽车发生碰撞时，半导体应变片在悬臂架惯性力的作用下发生弯曲应变，受压后半导体应变片的电阻发生变化，电阻的变化引起传感器输出信号电压 U_s 变化。汽车的速度越大，碰撞后产生的减速度越大，传感器输出的信号电压 U_s 越大。桥式电路的前端为温度补偿电路。

电子式安全传感器对汽车正向加速度进行连续测量，并将测量结果输送给安全气囊 ECU。

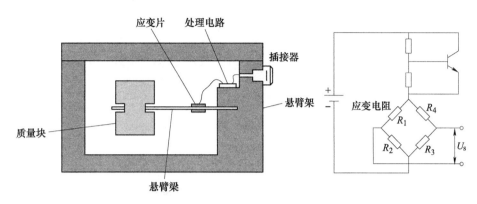

图 3-57　电子式安全传感器

②水银开关式安全传感器。图 3-58 所示为一种水银开关式安全传感器，当汽车发生碰撞时，车辆减速度惯性力将水银抛起，接通传感器两个触点。设计时根据低速和高速碰撞的临界速度计算两种减速度，然后再计算出传感器的安装角 α。

（2）安全气囊组件　安全气囊组件主要由气体发生器、点火器、安全气囊、饰盖和底板等组成。驾驶人侧安全气囊组件位于转向盘中心处，乘客侧安全气囊组件位于仪表板右侧杂物箱上方。

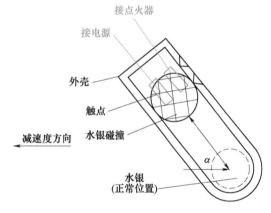

图 3-58　水银开关式安全传感器

1）气体发生器。其作用是在有效的时间内产生气体，使安全气囊张开。气体发生器的结构如图 3-59 所示，其由上盖、下盖、充气剂（固态叠氮化钠）和金属滤网组成。

上盖上制有充气孔，金属滤网用于过滤充气剂燃烧产生的渣粒，防止渣粒随气体充入安全气囊。

气体发生器的原理是利用热效反应产生气体。在点火器引爆瞬间会产生大量热量，热量使固态叠氮化钠由固态直接转化为 N_2，N_2 从充气孔充入安全气囊，安全气囊瞬间张开。虽然氮气是无毒气体，但是叠氮化钠的副产品有少量的氢氧化钠和碳酸氢钠（白色粉末）。这些物质是有害的，因此在清洁膨胀后的安全气囊时，应保持良好的通风并采取防护措施。

2）点火器。点火器安装在气体发生器内部的中央位置，由电热丝、引药及炸药等组成。电热丝由安全气囊 ECU 控制，当需要引爆安全气囊 ECU 时，安全气囊 ECU 瞬间导通电热丝，高温的电热丝点燃引药，引爆炸药，爆炸产生热量使充气剂（固态氮化钠）瞬间转化为氮气。点火器的结构如图 3-60 所示，其主要由炸药、药筒、引药、电热丝、电极和引出导线等组成。

3）安全气囊。驾驶人侧的安全气囊多采用尼龙布涂氯丁橡胶或有机硅制成。橡胶涂层

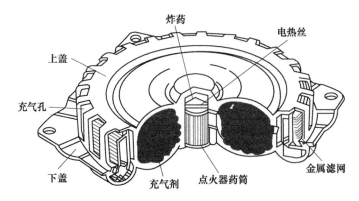

图 3-59　气体发生器的结构

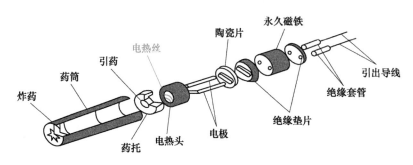

图 3-60　点火器的结构

起密封和保护作用,安全气囊背面有两个泄气孔。乘客侧安全气囊没有涂层,靠尼龙布本身的孔隙泄气。

4)饰盖。饰盖是安全气囊组件的盖板,上面模制有撕缝,以便安全气囊能冲破饰盖膨开。

(3)安全气囊警告灯　安全气囊警告灯位于仪表板上,用于接通点火开关时,诊断单元对系统进行自检,若点亮 6s 后熄灭,表示安全气囊系统正常;若 6s 后安全气囊警告灯依然闪烁或一直不熄灭,表示安全气囊系统有故障,提示驾驶人应进行维修。

(4)安全气囊 ECU　安全气囊 ECU 由中央处理器(CPU)、只读存储器(ROM)、随机存储器(RAM)、I/O 接口和驱动器等电子电路组成,同时,安全气囊 ECU 内部还有安全传感器、备用电源、稳压电路和故障自诊断电路等。安全气囊 ECU 的内部结构如图 3-61 所示,安全气囊电控系统的原理如图 3-62 所示。

在汽车运行过程中,安全气囊 ECU 不断接收前碰撞传感器和安全传感器传来的车速变化信号,经过数学计算和逻辑判断后,确定是否发生碰撞。当确定为发生碰撞时,立即运行控制点火器的程序,并向点火器控制电路发出点火指令,引爆点火剂,点火剂引爆时产生大量的热量,使充气剂受热分解释放 N_2 充入安全气囊。

安全气囊 ECU 还要对控制组件中关键部件的电路不断地进行诊断测试,并通过安全气囊警告灯和存储在存储器中的故障码来显示测试结果。仪表板上的安全气囊警告灯可以直接向驾驶人提供安全气囊系统的状态信息。逻辑存储器中的状态信息和故障码可用专用仪器或通过特定方式从串行通信接口调出,供维修时参考。

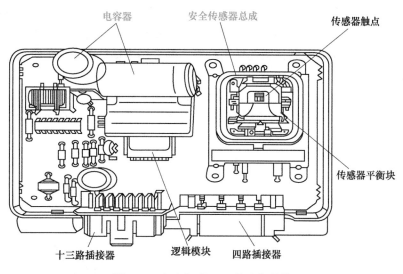

图 3-61　安全气囊 ECU 的内部结构

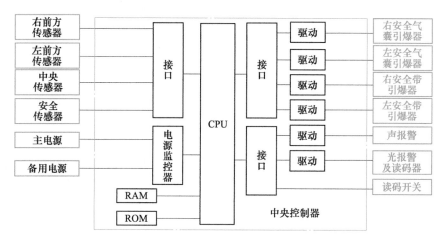

图 3-62　安全气囊电控系统的原理

　　安全气囊系统有两个电源：一个是汽车电源，另一个是备用电源。备用电源电路由电源控制电路和若干个电容器组成。在单安全气囊系统的控制组件中，设有一个安全气囊 ECU 备用电源和一个点火备用电源。在双安全气囊系统的控制组件中，设有一个安全气囊 ECU 备用电源和两个点火备用电源，即两条点火电路各设一个备用电源。点火开关接通 10s 之后，如果汽车电源电压高于安全气囊 ECU 的最低工作电压，所有备用电源即可完成储能任务。备用电源的功用是：当汽车电源与安全气囊 ECU 之间的电路切断后，在一定时间内（一般为 6s），备用电源继续向安全气囊 ECU 供电，保持安全气囊系统的正常功能。当汽车遭受碰撞而导致蓄电池或发动机与安全气囊 ECU 之间的电路切断时，备用电源能在 6s 内向安全气囊 ECU 供电，保证安全气囊 ECU 测出碰撞、发出点火指令及引爆安全气囊等正常功能。时间过长，备用电源供电能力下降，不能确保安全气囊系统正常工作。

（5）安全气囊系统线束　安全气囊系统的所有线束都套装在黄色的波纹管内，并与车身线束连成一体，以便于区别。为了保证转向盘具有足够的转动角度而又不至于损伤驾驶人安全气囊组件的连接线束，在转向盘与转向柱管之间采用了螺旋线束，即将线束安装在螺旋形弹簧内，再将螺旋形弹簧放到弹簧壳体内，如图3-63所示。

电喇叭线束也安装在螺旋形弹簧内，螺旋形弹簧安装在转向盘与转向柱之间，安装时应注意其安装位置和方向，否则将导致螺旋线束和电喇叭线束折断、转向盘转向角度不足或转向沉重。

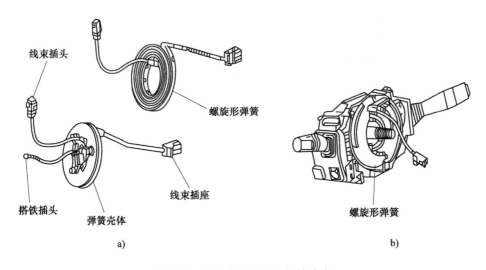

图3-63　安全气囊系统的螺旋线束

（6）保险机构　为了区别其他线束，安全气囊线束不但将线束做成黄色，而且线束设计有防止安全气囊误引爆机构、端子双重锁定机构、插接器双重锁定机构和电路连接诊断机构。图3-64所示为丰田汽车安全气囊系统采用的特殊插接器。插接器采用的各种保险机构见表3-16。

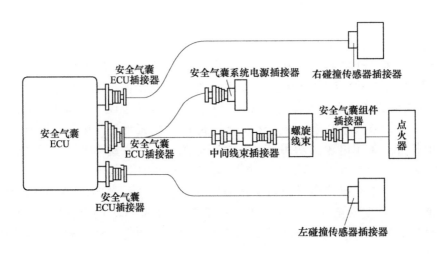

图3-64　丰田汽车安全气囊系统采用的特殊插接器

表 3-16　丰田汽车安全气囊插接器采用的保险机构

序号	项目	插接器代号
1	防止安全气囊误引爆机构	2、5、8
2	电路连接诊断机构	1、3、7、9
3	插接器双重锁定机构	5、8
4	端子双重锁定机构	1~5、7~9

1）防止安全气囊误引爆机构。如图 3-65 所示，在这种插接器中有一个短路片。当插接器插头与插座接在一起时，插头的绝缘体将短路片顶起，如图 3-65a 所示，短路片与点火器的两个端子分开，点火器中电热丝电路处于正常连接状态；当插接器拔下时，短路片就自动将点火器的两个引线端子短接，使点火器的电热丝与短路片构成回路。如图 3-65b 所示，此时即使误将电源加到点火器上，点火器也不会引爆，从而防止安全气囊误引爆。

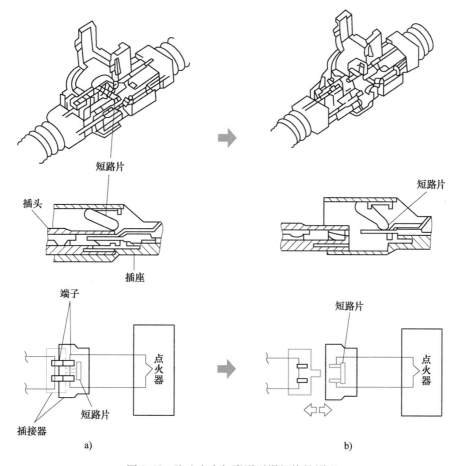

图 3-65　防止安全气囊误引爆机构的原理
a）插接器正常插接时　b）插接器拔下时

2）电路连接诊断机构。如图 3-66 所示，电路连接诊断机构是用来监测插接器是否连接可靠，常用于前碰撞传感器。在这种插接器中，有一个诊断销和两个诊断端子，插接器正常连接时，诊断销与前碰撞传感器中的常开触点并联。

当传感器插头与插座未可靠连接时（半连接），诊断端子与诊断销未接触，如图 3-66a 所示，此时安全气囊 ECU 监测到该碰撞传感器的电阻为无穷大，即诊断该碰撞传感器为连接不可靠，自诊断电路便控制安全气囊警告灯闪亮报警，同时将故障码存储在存储器中；当传感器插头与插座的连接为可靠连接时，诊断端子与诊断销完全接触，如图 3-66b 所示，此时电阻与碰撞传感器中的常开触点并联，安全气囊 ECU 检测到的阻值为该电阻的阻值，即可诊断为该插接器连接可靠。

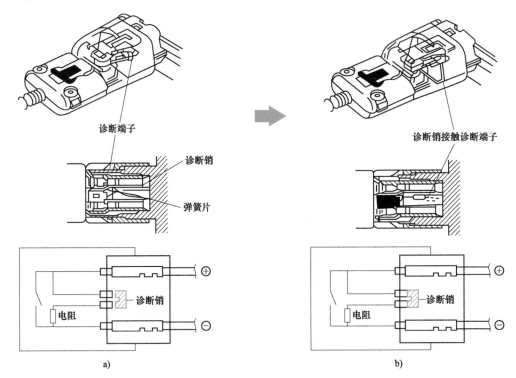

图 3-66　电路连接诊断机构的工作原理
a）半连接　b）可靠连接

3）插接器双重锁定机构。安全气囊系统在线束的重要连接部位，其插接器都采用了双重锁定机构，用于锁定插接器的插头与插座，防止插接器脱开，如图 3-67 所示。当主锁未

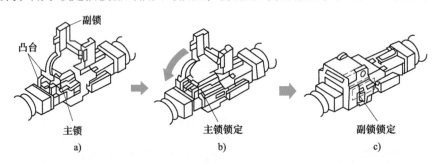

图 3-67　插接器双重锁定机构的原理
a）主锁打开，副锁被挡住　b）主锁锁定，副锁可锁定　c）双重锁定

锁定时，插头上的两个凸台阻止副锁锁定，如图 3-67a 所示；当主锁完全锁定时，副锁锁柄方能转动并锁定，如图 3-67b 所示；当主锁与副锁双重锁定时，插接器的插头与插座的连接状态如图 3-67c 所示，从而防止插接器插头与插座分开。

4）端子双重锁定机构。安全气囊系统的每一个插接器都设有端子双重锁定机构，用于阻止引线端子滑出，如图 3-68 所示，插接器的插头与插座由锁柄和分隔片两部分组成，锁柄为一次锁定机构，可防止端子沿引线轴向方向滑动；分隔片为二次锁定机构，可防止端子沿引线径向移动。

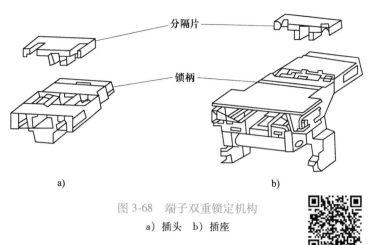

图 3-68　端子双重锁定机构
a）插头　b）插座

安全气囊
工作原理

4. 电控安全气囊系统的控制过程

图 3-69 所示为丰田轿车安全气囊系统的工作原理，具体工作原理如下：

图 3-69　丰田轿车安全气囊系统的工作原理

当汽车车速低于 30km/h 发生碰撞时，安全气囊 ECU 判断结果为不引爆安全气囊，只引爆安全带收紧器的点火器。此时，向左、右安全带点火器发出点火指令使安全带收紧，防止驾驶人和乘客受伤。

当汽车车速高于 30km/h 发生碰撞时，安全气囊 ECU 判断结果为需要引爆安全气囊和安全带收紧器，此时，安全气囊 ECU 向左、右安全带点火器和安全气囊点火器发出点火指令，在安全带收紧的同时驾驶人侧安全气囊和乘客侧安全气囊同时打开，以达到保护驾驶人和乘客的目的。安全带点火器和安全气囊点火器的工作电路：电流由安全气囊 ECU 中电源+→安全传感器触点→安全气囊组件中点火器→碰撞传感器触点→安全气囊 ECU→搭铁，安全气囊组件中的点火器通电后瞬间引爆安全气囊。

图 3-70 所示为安全带点火器和安全气囊点火器的工作等效电路图：安全传感器控制点火器相线，前碰撞传感器控制点火器的搭铁线，闭合电路由两个传感器控制。

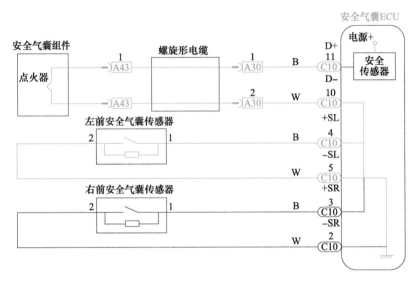

图 3-70　安全带点火器和安全气囊点火器的工作等效电路图

5. 丰田卡罗拉汽车安全气囊系统的组成及工作原理

丰田卡罗拉汽车安全气囊系统各部件的安装位置如图 3-71 所示。

（1）气囊

1）正面碰撞安全气囊：驾驶人侧安全气囊和前排乘客侧安全气囊，正面碰撞时引爆。

2）侧面碰撞安全气囊：前排左右侧座椅侧安全气囊和左右侧帘式安全气囊，侧面中前部碰撞时引爆座椅侧气囊和帘式安全气囊，侧面后部碰撞时，仅引爆帘式安全气囊。

3）前排左右安全带预紧器，正面碰撞时引爆，引爆原理与安全气囊引爆原理相同。

（2）传感器　丰田卡罗拉汽车安全气囊系统传感器的具体安装位置如图 3-72 所示。

1）前气囊传感器：左前气囊传感器与右前气囊传感器分别安装在左右两侧散热器支架上，用于监测正面碰撞强度。左右前气囊传感器采用的是电子减速度传感器。

2）侧气囊传感器：左侧侧气囊传感器与右侧侧气囊传感器分别安装在左右两侧中柱的底部，侧气囊传感器采用的是电子减速度传感器。

3）后侧侧气囊传感器：左后侧侧气囊传感器与右后侧侧气囊传感器分别安装在左右两侧后柱上，后侧侧气囊传感器采用的是电子减速度传感器。

4）安全气囊 ECU：安全气囊 ECU 由安全传感器、点火控制电路、诊断电路和备用电源等组成，安全气囊 ECU 安装在仪表板下的中央地板上。

安全气囊 ECU 中的备用电源配备了升压电路（DC-DC 转换器），当蓄电池电压下降时，

升压电路（DC-DC 转换器）工作，从而将安全气囊工作电压提升至正常电压。

（3）安全气囊警告灯 安全气囊系统正常时，将点火开关从 OFF 位置转到 ON（IG）位置后，安全气囊警告灯亮起约 6s 然后自动熄灭。

若安全气囊系统存在故障，则安全气囊 ECU 通过 CAN 总线将故障信息传送到组合仪表总成，组合仪表点亮安全气囊警告灯。

（4）引爆原理 丰田卡罗拉汽车安全气囊系统的原理如图 3-73 所示，丰田卡罗拉汽车安全气囊系统电路图如图 3-74 所示。

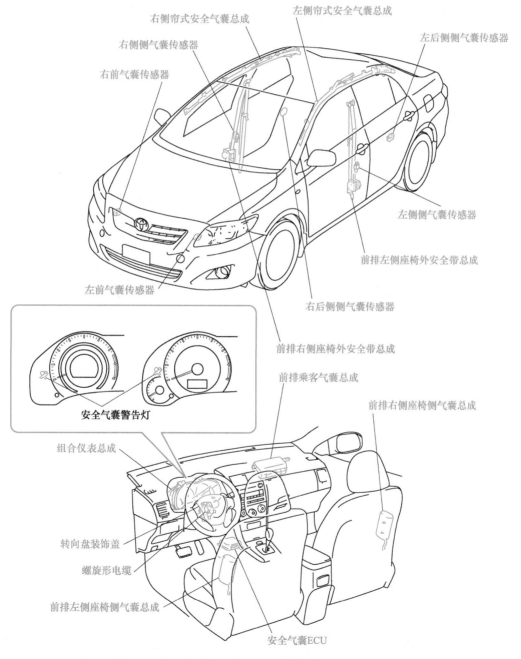

图 3-71 丰田卡罗拉汽车安全气囊系统各部件的安装位置

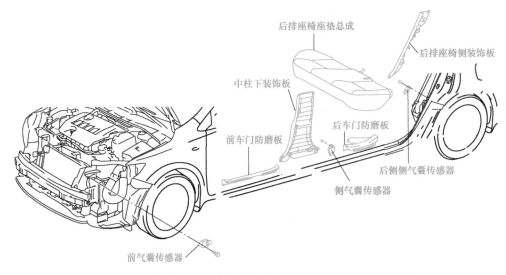

图 3-72　丰田卡罗拉汽车安全气囊系统传感器的具体安装位置

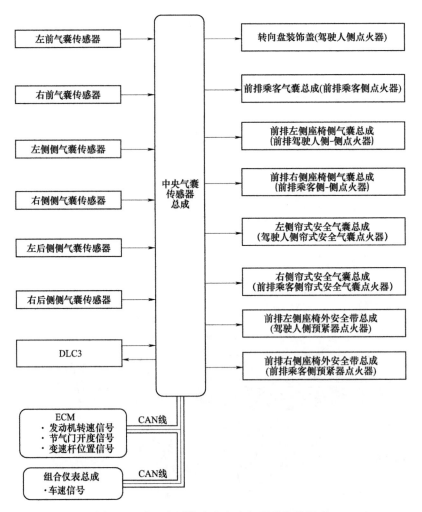

图 3-73　丰田卡罗拉汽车安全气囊系统的原理

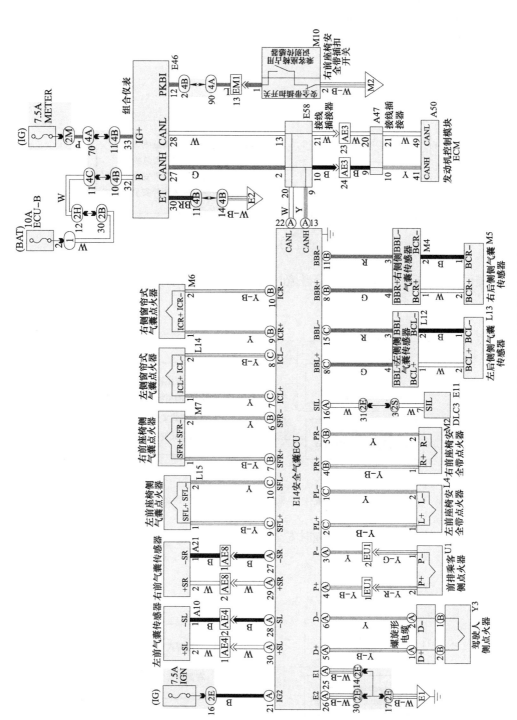

图 3-74 丰田卡罗拉汽车安全气囊系统电路图

安全气囊 ECU 通过 CAN 总线将安全气囊引爆信号发送给发动机控制模块（ECM），以停止燃油泵工作。组合仪表通过 CAN 总线将车速信号发送给安全气囊 ECU，当车速低于 30km/h 发生正面碰撞时安全气囊系统不工作。

1）正面碰撞。正面碰撞时安全气囊引爆条件如图 3-75 所示。

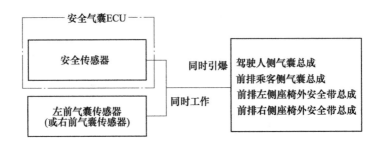

图 3-75　正面碰撞时安全气囊引爆条件

2）侧面中前部碰撞。侧面中前部碰撞时安全气囊引爆条件如图 3-76 所示。

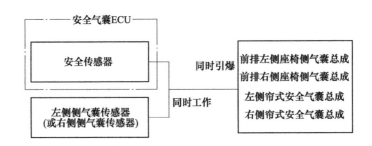

图 3-76　侧面中前部碰撞时安全气囊引爆条件

3）侧面后部碰撞。侧面后部碰撞时安全气囊引爆条件如图 3-77 所示。

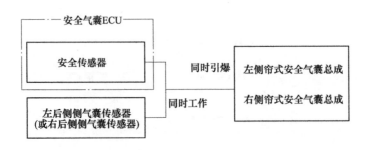

图 3-77　侧面后部碰撞时安全气囊引爆条件

6. 宝马 E90 汽车（欧规）安全气囊系统

宝马汽车安全气囊系统也称为"多功能乘员保护系统 MRS"，宝马 E90 汽车（欧规）所采用的"多功能乘员保护系统 MRS5"是宝马汽车 MRS 的后续开发产品。该系统由 MRS5 控制单元、传感器及执行机构三部分组成。宝马 E90 汽车（欧规）安全气囊系统的组成及电路图如图 3-78 所示，图中各元件说明见表 3-17。

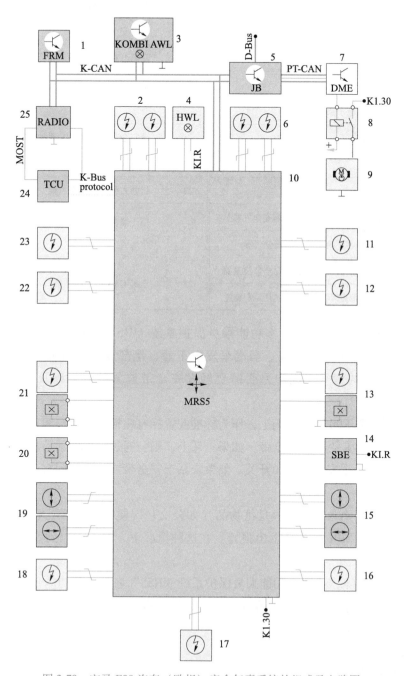

图 3-78 宝马 E90 汽车（欧规）安全气囊系统的组成及电路图

表 3-17　宝马 E90 汽车（欧规）安全气囊系统图中元件说明

索引	说明	索引	说明
1	脚部空间模块（FRM）	15	右侧 B 柱卫星式控制单元
2	驾驶人侧安全气囊	16	右后安全带拉紧器
3	组合仪表及安全气囊警告灯（AWL）	17	安全型蓄电池接线柱
4	安全气囊警告灯（HWL）	18	左后安全带拉紧器
5	接线盒	19	左侧 B 柱卫星式控制单元
6	前排乘客侧安全气囊	20	用于停用前排乘客和侧面安全气囊的安全气囊开关
7	数字式发动机电子系统（DME）		
8	燃油泵继电器	21	带安全带锁扣开关的驾驶人安全带拉紧器
9	电动燃油泵	22	集成在驾驶人座椅内的侧面安全气囊
10	MRS5 控制单元	23	驾驶人侧帘式安全气囊（头部安全气囊）
11	前排乘客侧帘式安全气囊（头部安全气囊）	24	用于紧急呼叫功能的 TCU 远程通信系统控制单元
12	集成在前排乘客座椅内的侧面安全气囊		
13	带安全带锁扣开关的前排乘客安全带拉紧器	25	至 K-CAN 的 MOST 接口
14	用于座椅安全带提醒功能的座椅占用识别装置		

在宝马 E90 汽车（欧规）"多功能乘员保护系统 MRS5"中，所有的传感器及执行器都与 MRS5 控制单元直接相连。当汽车发生正面、尾部或侧面碰撞时，MRS5 控制单元分析传感器输送的信号，确定是否需要触发安全带拉紧装置，以及需要引爆哪个安全气囊。

在新款宝马 3 系 E90 欧规车辆上，作为标准配置拥有座椅安全带提醒功能 SBR。SBR 探测驾驶人或前排乘客是否系上安全带。如果未系上，则会通过一条提示信息提醒其系上安全带。系统分别监控两个安全带锁扣开关。如果未系上安全带或行驶期间打开安全带，则会发出声音和视觉警告。

对于那些基本一个人使用车辆且将物品（如公文包、便携式计算机等）放在前排乘客座椅上的客户来说，SBR 会持续发出报警。在这种情况下，客户可以到维修站停用前排乘客 SBR 功能。

宝马 E90 汽车（欧规）"多功能乘员保护系统 MRS5"各元件的功能介绍如下：

（1）MRS5 控制单元　MRS5 控制单元具有以下功能：

1）识别碰撞并确定点火时间。

2）触发点火输出级。

3）记录碰撞数据。

4）系统自检。

5）循环监控。

6）显示系统准备状态。

7）故障显示和故障存储。

8）故障输出（诊断）。

9）为通信网络内的其他组件输出碰撞电码。

10）停用前排乘客安全气囊时控制安全气囊警告灯。

（2）MRS5 的传感器

1）在 MRS5 控制单元内有两个以 90°角错开的加速度传感器。加速度传感器用于测量车辆的纵向和横向加速度。

2）B 柱卫星式控制单元。B 柱卫星式控制单元由一个纵向和一个横向加速度传感器组成。B 柱卫星式控制单元用于识别正面、侧面和尾部碰撞。B 柱卫星式控制单元如图 3-79 所示。

3）前排乘客侧座椅占用识别装置传感器。如图 3-80 所示，在 E90 的前排乘客座椅表面有一个传感器，有负载时传感器电阻减小。重量超过约 12kg 时座椅被识别为占用。座椅占用识别装置用于执行以下功能：

① 用于计算前排乘客安全气囊触发算法的输入信号。

② 启用座椅安全带提醒功能 SBR。

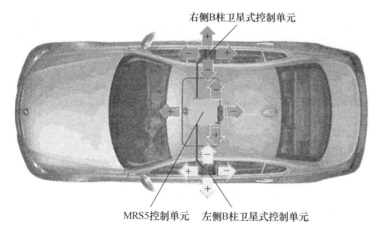

图 3-79　B 柱卫星式控制单元

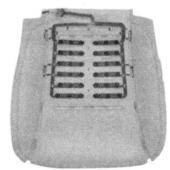

图 3-80　前排乘客侧座椅占用识别装置传感器

4）安全带锁扣开关。安全带锁扣开关发出安全带是否系上的信号。安全带锁扣开关将信号发送到 MRS5 控制单元内，并将其用于座椅安全带提醒功能。安全带锁扣开关位于驾驶人和前排乘客座椅的安全带锁扣内。

5）安全气囊开关（仅限带有 SA 470 ISOFIX 儿童座椅固定装置时）。如果安装了 SA 470 ISOFIX 儿童座椅固定装置，则可借助一个钥匙开关停用前排乘客安全气囊。安全气囊钥匙开关如图 3-81 所示。

（3）MRS5 的执行机构　MRS5 控制单元负责启用以下执行机构：

1）驾驶人侧 2 级前部安全气囊。驾驶人侧前部安全气囊的任务是，发生正面碰撞事故时，与安全带配合使用降低驾驶人头部或胸部严重受伤的风险。驾驶人侧前部安全气囊位于转向盘缓冲垫内。驾驶人侧前部安全气囊装备了一个 2 级气体发生器。

根据碰撞程度确定安全气囊的点火级别。气体发生器分两个级别引爆有助于执行与碰撞程度匹配的保护功能，因此可减小安全气囊展开期间作用于乘员的压力。

图 3-81　安全气囊钥匙开关

2）前排乘客侧 2 级前部安全气囊。前排乘客侧前部安全气囊的任务是，发生正面碰撞事故时，与安全带配合使用降低前排乘客严重受伤的风险。2 级前排乘客侧前部安全气囊位于仪表板下。

通过前排乘客侧安全气囊碰撞撕开仪表板上预定的位置并打开一个通过织物带与仪表板相连的盖板。前排乘客侧安全气囊向风窗玻璃方向打开。前排乘客侧安全气囊向上展开并支撑在风窗玻璃和仪表板上。

3）左侧和右侧帘式安全气囊。帘式安全气囊从 A 柱至 C 柱并遮住头部高度处的整个侧面区域，如图 3-82 所示。帘式安全气囊在乘员与侧窗玻璃及立柱饰板之间展开。该安全气囊与前部座椅内的侧面安全气囊配合使用，可以在发生侧面碰撞事故时为乘员提供最佳保护。

图 3-82　左侧和右侧帘式安全气囊

通过帘式安全气囊可以在发生侧面碰撞期间，减小乘客头部和四肢向外移动的幅度。这样可降低颈部剪切力和颈椎弯曲力矩。此外，还可以防止与侧面车身结构或撞入物直接接触，因此可降低头部受伤的风险。发生侧面碰撞事故时，系统会点燃安装在 B 柱与 C 柱之间的气体发生器。气体从压力容器经过两个喷气嘴喷入帘式安全气囊内。通过帘式安全气囊前部和后部同时充气可确保空气垫均匀充气。

由于帘式安全气囊固定在 A 柱和 C 柱上，因此决定了帘式安全气囊的位置。此时帘式安全气囊在侧窗玻璃及立柱饰板与乘员之间展开。通过这个封闭系统可以使帘式安全气囊在几秒内保持足够的结构强度和稳定性。

4）左右座椅靠背内的前部侧面安全气囊。侧面安全气囊的任务是，发生侧面碰撞事故时，降低驾驶人与前乘客骨盆和躯干部位受伤的风险。为了确保最佳的内部功能性、典雅的造型和较高的安全性要求，在新款宝马 3 系上选择了座椅集成型号，如图 3-83 所示。

侧面安全气囊以折叠方式与气体发生器一起放在一个塑料壳体，即安全气囊模块内。安全气囊模块固定在座椅靠背内，在标准座椅上由座椅套盖住。

侧面碰撞严重到一定程度时，侧面安全气囊点火。侧面安全气囊通过标准撕开位置向外弹出并在车门与乘员之间展开。车门与乘员之间的安全气囊提供适度的缓冲，因此可减小乘员所承受的负荷。

5）左侧和右侧前、后部预张紧器安全带。燃爆式预张紧器安全带的任务是，发生碰撞事故时将人固在座位上，如图 3-84 所示。

图 3-83　左右座椅靠背内的前部侧面安全气囊

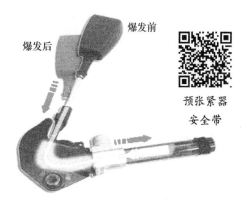

图 3-84　预张紧器安全带

6）安全型蓄电池接线柱。如果 MRS5 控制单元识别到较严重的正面、侧面或尾部碰撞，发动机 ECU DME 就会将蓄电池正极电缆自动断开，如图 3-85 所示，同时发动机 ECU DME 关闭发电机。

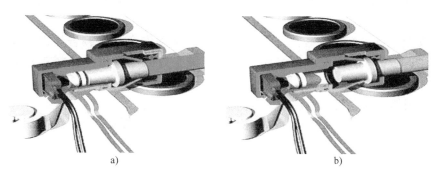

　　　　　　a)　　　　　　　　　　　　　　　　b)

图 3-85　安全型蓄电池接线柱

a) 引爆前　b) 引爆后

7）安全气囊警告灯 AWL。安全气囊警告灯 AWL 位于组合仪表内。多功能乘员保护系统 MRS5 处于系统准备状态时通过安全气囊警告灯 AWL 熄灭显示出来，如图 3-86 所示。

8）欧规安全气囊警告灯。安全气囊警告灯位于车内照明灯前车顶功能中心 FZD 内。如果停用了前排乘客侧前部安全气囊和侧面安全气囊，则会启用安全气囊警告灯且该指示灯以黄色亮起，如图 3-87 所示。

7. 安全气囊系统的诊断与维修注意事项

1）安全气囊系统的故障很难确认，根据自诊断系统提取故障码是诊断和排除故障的重要途径和信息来源。因此在检查与排除安全气囊系统故障时，必须在拆下蓄电池负极电缆之

图 3-86　安全气囊警告灯 AWL

图 3-87　欧规安全气囊警告灯

前，读出故障码。

2）检查工作务必在关闭点火开关，并将蓄电池负极电缆拆下 20s 或更长一段时间后进行，因为安全气囊系统装备有备用电源，检查中很可能使安全气囊误胀开。

3）检查安全气囊系统时，即使只发生了轻微碰撞而安全气囊并未胀开，也应对前面碰撞传感器、驾驶人侧安全气囊组件、乘客侧安全气囊组件和座椅安全带收紧器等进行检查。

绝对不能检测点火器的电阻，否则有可能导致安全气囊引爆。检测其他部件电阻和检测安全气囊系统故障时，必须使用高阻抗（至少 $10k\Omega/V$）万用表，最好使用数字式万用表。如果使用指针式万用表，由于其阻抗小，表内电源的电压加到安全气囊系统上有可能引爆安全气囊。

4）当安全气囊系统的检查工作完成之后，必须用安全气囊警告灯进行验证。当点火开关转到接通或辅助位置时，根据安全气囊警告灯的工作情况，判断安全气囊系统是否正常。

5）拆卸或搬运安全气囊组件时，转向盘衬垫上表面朝上（即安全气囊装饰盖一面应当朝上），如图 3-88 所示，也不得将安全气囊组件重叠堆放，以防安全气囊误爆，造成严重事故。

6）汽车已发生过碰撞、安全气囊一旦引爆后，安全气囊 ECU 不能继续使用。

7）安装转向盘时要使螺旋弹簧位于中间位置，否则会造成螺旋形电缆脱落或发生故障。安全气囊系统线束套装在黄色波纹管内，

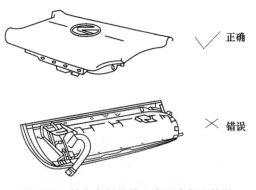

正确

错误

图 3-88　转向盘衬垫的上表面应朝上放置

所有线束插接器均为黄色，以便于区别。当发生交通事故而使安全气囊系统线束脱开或插接器破碎时，都应修理或更换新件。

8）在检查安全气囊系统故障时，为了防止误爆，需要按正确的顺序进行拆装检查。图 3-89 所示为丰田轿车安全气囊系统电路的每个插接器拆卸顺序。

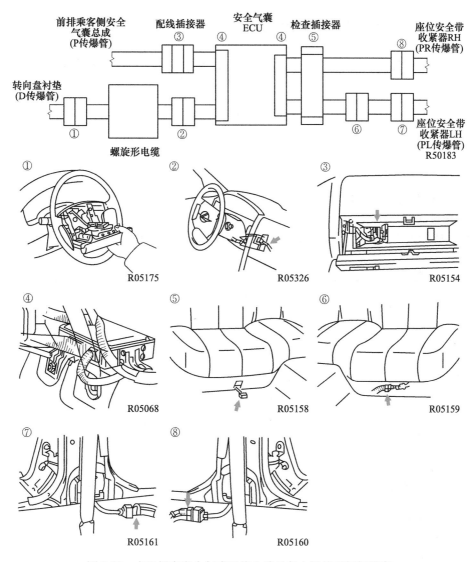

图3-89　丰田轿车安全气囊系统电路的每个插接器拆卸顺序

14.2　丰田卡罗拉汽车安全气囊警告灯常亮的故障分析

根据丰田卡罗拉汽车安全气囊系统的工作原理可知，故障的部位及原因分析如图3-90所示。

14.3　丰田卡罗拉汽车安全气囊系统维修计划与维修设备、材料准备

1. 维修计划

1）外部直观检查。

2）采用万用表等一般仪器检测。

3）采用解码器诊断系统进行故障诊断。

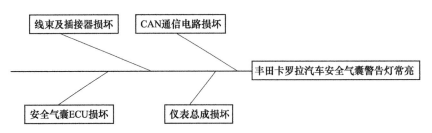

图 3-90 丰田卡罗拉汽车安全气囊警告灯常亮的故障部位及原因分析

4）确定故障原因和零部件。

5）针对存在的问题进行拆装维修。

2. 维修设备、材料准备

丰田卡罗拉汽车安全气囊系统维修设备与材料准备见表 3-18。

表 3-18　丰田卡罗拉汽车安全气囊系统维修设备与材料准备

名称	数量	名称	数量
解码器	1 台	维修手册	1 套
汽车万用表	1 台	手套、抹布等	1 批
常规拆装工具	1 套	电工胶布等	1 卷
扭力扳手	1 把	工作台	1 台

任务实施

14.4　丰田卡罗拉汽车安全气囊警告灯常亮的故障检查

1. 确认故障现象

接到车辆后，要进行故障现象确认。打开点火开关，起动发动机后，安全气囊警告灯一直亮，表示安全气囊系统有故障。

2. 故障检测

丰田卡罗拉汽车组合仪表总成与安全气囊 ECU 的电路原理如图 3-91 所示，安全气囊 ECU 将控制信号通过 CAN 通信系统发送给组合仪表总成 ECU，由组合仪表总成 ECU 控制安全气囊警告灯的工作。检测步骤如下：

1）确认蓄电池的电压为 11~14V。

2）检查 CAN 通信系统。用解码器检测 CAN 总线系统，确认 CAN 通信系统无故障。

3）检查安全气囊 ECU 插接器。将点火开关置于 OFF 位置，断开蓄电池负极电缆，等待至少 90s。确认安全气囊 ECU 插接器可靠连接，确认插接器端子没有损坏。

4）安全气囊 ECU 端子测试。安全气囊 ECU 线束插接器端子如图 3-92 所示，测试标准及结果见表 3-19。若正常，进入下一步，否则对此处进行维修。

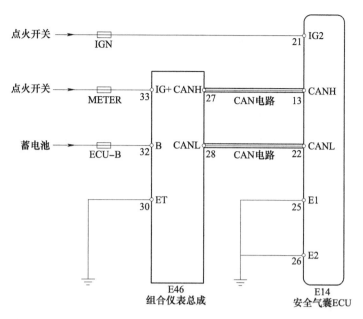

图 3-91　丰田卡罗拉汽车组合仪表总成与安全气囊 ECU 的电路原理

线束插接器主视图:
(至安全气囊ECU)

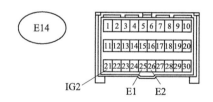

图 3-92　安全气囊 ECU 线束插接器端子

表 3-19　丰田卡罗拉汽车安全气囊 ECU 线束插接器端子测试标准及结果

解码器连接	开关状态	规定状态	实测结果
E14-21(IG2)-车身搭铁	点火开关置于 ON(IG) 位置	8~16V	
E14-25(E1)-车身搭铁	始终	小于 1Ω	

　　5) 检查组合仪表线束插接器。将点火开关置于 OFF 位置，断开蓄电池负极电缆，等待至少 90s。确认组合仪表插接器可靠连接，确认插接器端子没有损坏。

　　6) 组合仪表线束插接器端子测试。组合仪表线束插接器端子图如图 3-91 所示，测试标准及结果见表 3-20。若正常，进入下一步，否则对此处进行维修。

表 3-20　丰田卡罗拉汽车组合仪表线束插接器端子测试标准及结果

解码器连接	开关状态	规定状态	实测结果
E46-32（B）-车身搭铁	始终	11~14V	
E46-33（IG+）-车身搭铁	点火开关置于 ON（IG）位置	11~14V	
E46-30（ET）-车身搭铁	始终	小于 1Ω	

7）检查安全气囊警告灯。将仪表线束插接器连接到组合仪表总成上。将负极电缆连接至蓄电池。将点火开关置于 ON（IG）位置。检查安全气囊警告灯状况。

将点火开关置于 ON（IG）位置，安全气囊警告灯亮 6s，熄灭约 10s，然后一直亮起。这时，故障在安全气囊 ECU，需要更换安全气囊 ECU，否则，更换组合仪表总成。

3. 安全气囊 ECU 的拆装要点及注意事项

1）将电缆从蓄电池负极端子上断开。

2）拆卸仪表板下装饰板。

3）拆卸变速杆分总成。

4）拆卸前地板控制台嵌入件。

5）拆卸地板控制台上面板分总成。

6）拆卸后地板控制台总成。

7）拆卸安全气囊 ECU。

项目 4
车道变换等辅助驾驶
系统故障诊断与维修

任务 15　驻车距离报警系统不工作
故障的诊断与维修

任务接受

客户报修：我的车（丰田卡罗拉汽车 1.6AT）驻车距离报警系统不工作。

任务准备

15.1　丰田卡罗拉汽车驻车距离报警系统的信息收集

1. 汽车超声波雷达防撞系统

超声波作为一种特殊的声波，同样具有声波传输的基本物理特性，即反射、折射、干涉、衍射、散射。超声波测距就是利用其反射特性。超声波发射器不断地发射出 40kHz 超声波，遇到障碍物后反射回反射波，超声波接收器接收到反射波信号，并将其转换为电信号。测出发射与接收到反射波的时间差 t，即可求出距离

$$S = \frac{1}{2}ct$$

式中　c——超声波音速。

由于超声波也是声波，故 c 为声速。声速 c 与温度有关，几种温度下的声速见表 4-1。

表 4-1　声速与温度之间的关系

温度/℃	−30	−20	−10	0	10	20	30	100
声速/(m/s)	313	319	325	332	338	344	349	386

在一般的条件下，可以认为声速是基本不变的。如果测距精度要求很高，可以通过温度补偿的方法加以校正。当将声速作为常数时，只要测得超声波信号往返的时间，即可求得距离，并将距离用数字显示出来，该系统框图如图 4-1 所示。

发射电路在发射受低频调制超声波的同时，使双稳电路置位，此时计数器的闸门 E 被打开，时钟信号开始进入计数器，而当接收电路接收到反射波时双稳电路复位，计数器闸门 E 被关闭，时钟信号被切断，数据被锁存，然后经译码驱动在显示器上被锁存的数据，假设声速为 343m/s，则时

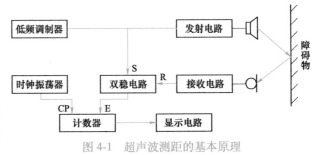

图 4-1　超声波测距的基本原理

钟振荡器的频率为 34.3kHz 时，即可认为显示器上的读数只需要 17.15kHz，因为要考虑超声波来回的双倍时间。

2. 汽车激光扫描雷达防撞系统

激光扫描雷达安装在车辆前端的中央位置，将测得的车距和前面车辆方位信号送入防碰撞预测系统。激光扫描雷达的扫描角和视域如图 4-2 所示，激光束的视域窄并呈肩形，即在水平面上较薄，在垂直面上呈肩形；激光束可在较宽的范围内快速扫描，并通过激光束的能量密度消除因车辆颠簸引起的误差。通常激光扫描雷达监测范围为 5~120m，以保证在潮湿路面上，后车减速制动后，不至于碰撞前面暂停车辆。

采用激光扫描雷达的防碰撞控制系统工作流程如图 4-3 所示。

3. 汽车电磁波雷达防撞系统

雷达是利用目标对电磁波反射来发现目标并测定其位置的。根据雷达用途的不同，所测定的目标可能是飞机、导弹、车辆、建筑物和云雨等。

（1）雷达的工作频率　雷达的工作频率在 3MHz~300GHz 范围内，其对应的波长为 100m~1mm，其计算公式为

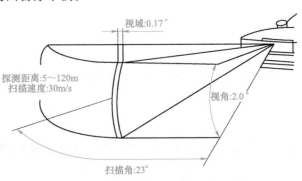

图 4-2　激光扫描雷达的扫描角和视域

$$\lambda = c/f$$

式中　λ——波长；

f——波率；

c——光速。

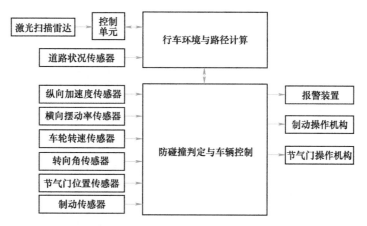

图 4-3　采用激光扫描雷达的防碰撞控制系统工作流程

（2）雷达对目标位置的测量　任一空间目标 P 的位置，必须由三个坐标来表示，即斜距 R、方位角 α、仰角 β 或高度 H，如图 4-4 所示。

1）斜距 R 的测量：雷达经天线向空间发射一定重复周期高脉冲，如果遇到目标，则由目标反射回来的回波将滞后于发射的高频脉冲一个时间 t_r，即

$$R = ct_r/2$$

式中　R——目标到雷达的单程距离（m）；

图 4-4　雷达对空中目标的测定

t_r——电波往返于目标与雷达之间的时间间隔（s）；

c——光速为 3×10^8 m/s。

2）方位角 α 的测量：雷达天线在方位角方向转动，根据天线波束的指向，就是目标的方位角。

3）仰角 β 的测量：雷达天线在仰角方向转动，按测方位角同样的原理测量目标的仰角（测得斜距 R 和仰角 β，则高度 $H = R\sin\beta$）。

4）相对速度 v_r 的测量：当雷达对运动目标测量时（例如对正在运行中的汽车进行测量），目标与雷达之间存在相对速度，雷达接收到的回波信号频率相对于雷达发射时的电磁波频率产生一个频移，这个频移称为多普勒频移，其数值为

$$f_\alpha = 2v_r/\lambda$$

式中　f_α——多普勒频移（Hz）；

λ——雷达工作波长（m）；

v_r——雷达与目标之间的相对速度（m/s）。

（3）雷达系统的组成及工作原理　图 4-5 所示为雷达简单工作原理。

其工作原理：由定时器触发调制器，产生调制脉冲，使振荡器产生大功率脉冲信号串，经天线向空间辐射电磁波（它的传播速度就是光速）。天线波束在天线控制系统的作用下，按规定的方式在空间扫描。当电磁波遇到目标时，目标反射回来的回波信号经天线送入接收机，再经信号处理后，送到终端设备，得到目标的坐标数据。

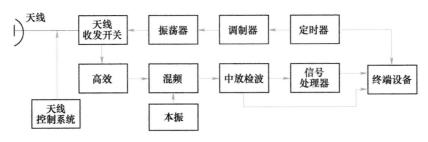

图 4-5　雷达简单工作原理

（4）汽车电磁波雷达防撞系统的工作原理　图 4-6 所示为汽车电磁波雷达防撞系统组成。

汽车电磁波雷达防撞系统是利用电磁波发射后遇到障碍物反射的回波对其不断检测和计算与前方或后方障碍目标的相对速度和距离，经分析判断，对构成危险的目标按程度不同进行报警，控制车辆自动减速，直到自动制动。

当发射器采用微波调频连续波体制时，在车辆行进中雷达窄波束向前发射调频连续波信号，当发射信号遇到目标时，被反射回来为同一天线接收，经混频放大处理后，可用其差拍信号间的相差来表示雷达与目标的距离，把对应的脉冲信号经微处理器处理计算可得到距离数值，再根据差频信号相差与相对速度关系，计算出目标对雷达的相对速度；微处理器将上述两个物理量代入危险时间函数数字模型后，即可算出危险时间；当危险程度达到各种不同级别时，分别输出报警信号或通过车辆控制电路控制车速或制动。

1）汽车防撞雷达的主要技术参数。

① 作用距离不小于 100m，误差为±0.5m。

② 微波发射频率为 24.125GHz。

2）汽车防撞雷达的主要功能。

① 测速测距。

② 对前方 100m 内危险目标提供声光报警。

③ 兼备汽车黑匣子的功能。

④ 自动巡航系统（行驶过程中自动保持与前面行驶车辆之间的距离）。

⑤ 紧急情况下启动自动制动系统。

装有防撞雷达的汽车上了高速公路以后，驾驶人就可以启动车上的防撞雷达系统。雷达选定好跟随的汽车以后，被跟随的汽车就成了后面汽车的"目标车"，无论它是加速、减速，还是停车、启动，后面的汽车都能在瞬间内予以模仿。如果前面的汽车在行驶一段时间之后，不再适合于作为自己的"目标车"，驾驶人可以重新选择另一辆"目标车"。

4. 宝马 E60 汽车驻车距离报警系统

驻车距离报警系统也称为泊车距离报警系统，驻车距离报警系统（Park Distance Control，PDC）在车辆驶入或驶出停车位时为驾驶人提供帮助，只有听觉方面的帮助称为倒车雷达，有视觉方面的帮助称为倒车影像。

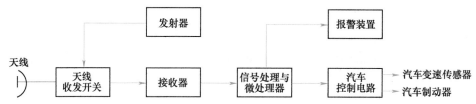

图 4-6 汽车电磁波雷达防撞系统组成

驻车距离报警系统是借助超声波测量车辆与感知目标的距离。将测量结果通过声音和光（在中央信息显示器上用图像显示距离）提醒驾驶人。

（1）驻车距离报警系统的组成及原理 驻车距离报警系统由八个超声波传感器、驻车距离报警系统控制单元、中央信息显示器（CID）及多音频系统控制器（用于控制喇叭）等元件组成。宝马 E60 驻车距离报警系统的电路图如图 4-7 所示，系统各元件的说明见表 4-2。

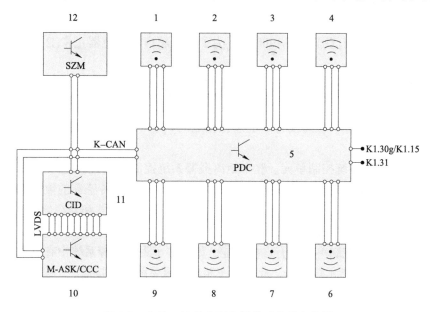

图 4-7 宝马 E60 驻车距离报警系统的电路图

表 4-2 宝马 E60 驻车距离报警系统的元件说明

索引	说明	索引	说明
1	左前超声波传感器	2	左前中部超声波传感器
3	右前中部超声波传感器	4	右前超声波传感器
5	驻车距离报警系统控制单元	6	右后超声波传感器
7	右后中部超声波传感器	8	左后中部超声波传感器
9	左后超声波传感器	10	多音频系统控制器（M-ASK）或 Car Communication Computer（CCC）
11	中央信息显示器	12	中央控制台开关中心（SZM）
Kl. 15	总线端 K1.15（点火开关） 从 2004 年 3 月起，总线端 K1.30g（转换式）	Kl. 31	总线端 K1.31（搭铁）
K-CAN	车身 CAN	LVDS	低压微分信号

1）超声波传感器。在前后保险杠上各安装了四个超声波传感器，如图4-8所示。这些超声波传感器发射超声波脉冲，障碍物反射这些超声波脉冲（回声脉冲），超声波传感器接收并放大这些回声脉冲，这些被放大后的回声脉冲被转换成一种数字信号，然后再将信号传送给驻车距离报警系统控制单元。每个超声波传感器有专有的微处理器、专用的电源和专用的到驻车距离报警系统的数据导线。

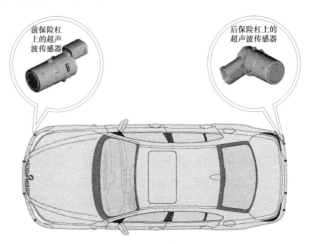

图4-8　超声波传感器的安装位置

超声波传感器的探测范围为25~200cm，为了确保超声波传感器正常工作，应保持其表面清洁。

2）驻车距离报警系统按钮。驻车距离报警系统按钮在中央控制台开关中心上，驻车距离报警系统按钮的信号通过K-CAN总线传递到驻车距离报警系统控制单元，驻车距离报警系统按钮手动操作，当驻车距离报警系统按钮接通时，驻车距离报警系统按钮上的LEN指示灯亮起。

3）驻车距离报警系统控制单元。驻车距离报警系统控制单元控制超声波传感器发射超声波脉冲，同时，驻车距离报警系统控制单元也接收各个超声波传感器的数字信号，通过比较各个数字信号，驻车距离报警系统控制单元计算出超声波传感器和目标之间的最小距离。当识别到目标时，输出声音报警和图像报警。

驻车距离报警系统控制单元还有自检功能，如果驻车距离报警系统中有故障，驻车距离报警系统按钮上的LEN指示灯闪烁，此时驻车距离报警系统无法接通。

4）中央信息显示器。中央信息显示器用来显示驻车距离报警系统的图像报警。

（2）驻车距离报警系统的报警方式

1）声音报警。声音报警由M-ASK输出到中音喇叭上。当两个超声波传感器识别到一个目标时，距离被识别目标最近的中音喇叭工作。当三个超声波传感器识别到一个目标时，左侧和右侧的中音喇叭同时工作。

① 当目标距离越近，声音信号的频率就越快。

② 当目标距离小于25cm时，喇叭将发出持续的声音。

③ 当离开目标时，声音信号立即消失。

④ 当车辆沿着一堵墙移动时，声音信号在3s后自动关闭，以免驾驶人误解。

声音报警的感知范围如下：

a. 前部保险杠两个顶点上的超声波传感器约为60cm。

b. 前部保险杠上两个中间的超声波传感器约为70cm。

c. 后部保险杠两个顶点上的超声波传感器约为60cm。

d. 后部保险杠上两个中间的超声波传感器约为150cm。

2）视觉报警。驻车距离报警系统的图像报警在中央信息显示器上显示。视觉报警比声音报警早。感知范围为：前部 2m 左右，后部 2.5m 左右。PDC 控制单元通过 K-CAN 总线将超声波传感器和被检测目标之间的距离数据传送到中央信息显示器，在中央信息显示器上显示的图像如图 4-9 所示。

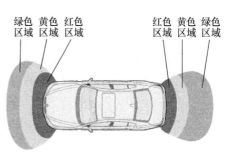

① 绿色：距离大于 100cm。

② 黄色：距离在 100~50cm 范围内。

③ 红色：距离小于 50cm。

图 4-9　宝马 E60 驻车距离报警系统的显示图像

5. 丰田卡罗拉汽车驻车距离报警系统

（1）丰田卡罗拉汽车驻车距离报警系统的组成　丰田卡罗拉汽车驻车距离报警系统由六个超声波传感器、距离警告 ECU、距离警告灯、距离警告蜂鸣器及驻车距离报警开关（驻车辅助按钮）等组成，如图 4-10 所示。

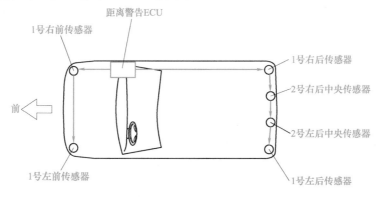

图 4-10　丰田卡罗拉汽车驻车距离报警系统的组成

（2）传感器　六个超声波传感器分为两组，前端两个传感器串联，后端四个传感器串联，1 号传感器用来监测转角方向障碍物，四个 1 号传感器可互换；2 号传感器用来监测正后方障碍物，两个 2 号传感器可互换，雷达的探测范围如图 4-11 所示。

距离警告 ECU 为每个传感器分配一个 ID 地址，六个传感器为距离警告 ECU 提供数字信号，每个传感器不断地发射和接收超声波信号并将接收到的信号传给距离警告 ECU。

传感器的工作条件如下：

1）前传感器。

① 将点火开关置于 ON(IG) 位置。

② 按下驻车距离报警系统按钮。

③ 车速小于 10km/h。

2）后传感器。

① 将点火开关置于 ON(IG) 位置。

② 按下驻车距离报警系统按钮。

③ 变速杆在倒档位置。

（3）距离警告ECU　距离警告ECU得到传感器传送的距离信息，依据距离由远至近控制距离警告灯及距离警告蜂鸣器工作频率，距离警告灯总成及距离警告蜂鸣器的位置如图4-12所示，距离警告灯（4个）为LED灯，对应每个转角位置的1号传感器，距离警告灯及距离警告蜂鸣器的工作频率如图4-13所示。

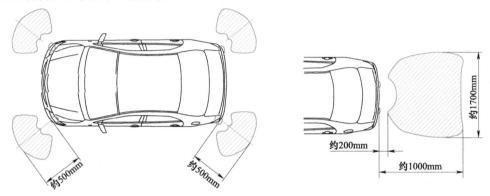

1号传感器探测范围　　　　　　　　　　　　　2号传感器探测范围

图4-11　丰田卡罗拉汽车雷达探测范围

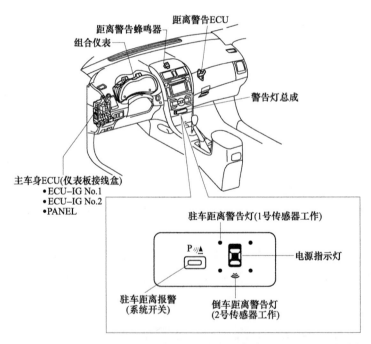

图4-12　距离警告灯总成及距离警告蜂鸣器的位置

（4）丰田卡罗拉汽车驻车距离报警系统的工作原理　丰田卡罗拉汽车驻车距离报警系统如图4-14所示，工作电路图如图4-15所示，工作原理如下：

1）按下按钮 🅿，驻车距离报警系统电源指示灯亮起。距离警告ECU通过10号端子控制警告灯总成中电源指示灯亮起。

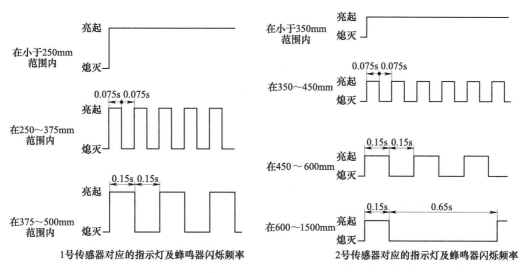

图 4-13　距离警告灯及距离警告蜂鸣器的工作频率

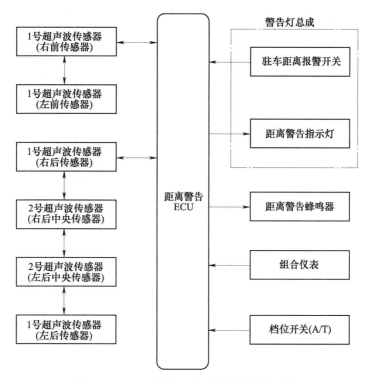

图 4-14　丰田卡罗拉汽车驻车距离报警系统

2）距离警告 ECU 的端子 9 与 23 为前传感器电路提供 12V 工作电压，端子 7 通过占空比信号控制前传感器不断发射及接收超声波信号，传感器通过端子 7 将障碍物距离信号传送给距离警告 ECU。当车辆前行且车速小于 10km/h 时，若在探测范围内有障碍物时，此时，距离警告 ECU 控制对应的距离警告灯及蜂鸣器按规定的频率工作。

3）距离警告 ECU 的端子 24 与 22 为后传感器电路提供 12V 工作电压，传感器通过端子

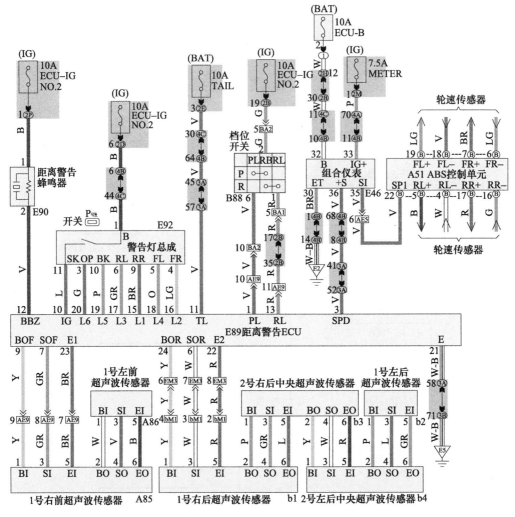

图 4-15　丰田卡罗拉汽车驻车距离报警系统工作电路图

6 将障碍物距离信号传送给距离警告 ECU。当车辆挂倒档，若在探测范围内有障碍物时，距离警告 ECU 控制对应的距离警告灯及蜂鸣器按规定的频率工作。

4）距离警告 ECU 通过控制端子 20、19、17、15、18 及 16 搭铁来控制警告灯总成中电源指示灯、倒车距离警告灯（对应 2 号传感器）、左后倒车距离警告灯、右后倒车距离警告灯、左前停车距离警告灯及右前停车距离警告灯工作。

5）距离警告 ECU 通过控制 12 号端子搭铁来控制蜂鸣器工作。

6）每次按下按钮 时，系统自检即距离警告灯及蜂鸣器工作 1s，若检测到任何传感器不工作，距离警告灯和蜂鸣器会按图 4-16 所示频率进行故障报警。

7）ABS 控制单元将车速信号传送给组合仪表，组合仪表将车速信号传给距离警告 ECU。

8）距离警告 ECU11 号端子用来监测灯光系统的工作情况，当打开车灯开关灯光继电器闭合时，11 号端子通过小灯熔丝（10A TAIL）将得到一个 12V 电位信号，这时距离警告

ECU 将警告灯亮度减小。

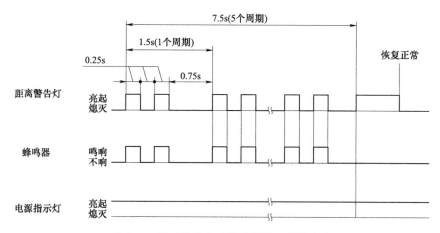

图 4-16　距离警告灯和蜂鸣器故障报警频率

15.2　丰田卡罗拉汽车驻车距离报警系统不工作的故障分析

根据丰田卡罗拉汽车驻车距离报警系统的工作原理可知，故障的部位及原因分析如图 4-17 所示。

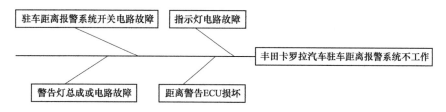

图 4-17　丰田卡罗拉汽车驻车距离报警系统不工作的故障部位及原因分析

15.3　丰田卡罗拉汽车驻车距离报警系统维修计划与维修设备、材料准备

1. 维修计划

1）外部直观检查。

2）采用万用表等一般仪器检测。

3）采用解码器诊断系统进行故障诊断。

4）确定故障原因和零部件。

5）针对存在的问题进行拆装维修。

2. 维修设备、材料准备

丰田卡罗拉汽车驻车距离报警系统维修设备与材料准备见表 4-3。

表 4-3　丰田卡罗拉汽车驻车距离报警系统维修设备与材料准备

名称	数量	名称	数量
解码器	1 台	维修手册	1 套
汽车万用表	1 台	手套、抹布等	1 批
常规拆装工具	1 套	电工胶布等	1 卷
扭力扳手	1 把	工作台	1 台

> ⚠️ 警告
>
> 由于驻车距离报警系统有故障，因此在移动车辆时一定要小心　

15.4　丰田卡罗拉汽车驻车距离报警系统的故障检查

1. 确认故障现象

接到车辆后，要进行故障现象确认。打开点火开关并起动发动机，按下驻车距离报警开关，前后移动车辆时，驻车辅助系统不工作，表示驻车辅助系统有故障。

2. 故障检测

根据本车故障现象，结合驻车距离报警系统控制原理，检测步骤如下：

（1）驻车距离报警开关电路　丰田卡罗拉汽车驻车距离报警开关电路图如图 4-18 所示。

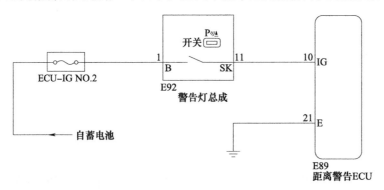

图 4-18　丰田卡罗拉汽车驻车距离报警开关电路图

1）确认 ECU-IG No.2 熔断器正常。

2）检查距离警告 ECU 工作电压。丰田卡罗拉汽车距离警告 ECU 线束端子如图 4-19 所示，检测标准及结果见表 4-4，若不符，则需要检查距离警告 ECU 电源电路。

（2）检查指示灯电路　丰田卡罗拉汽车驻车距离报警系统指示灯电路图如图 4-20 所示，检测距离警告 ECU 与警告灯总成之间的线束是否完好，线束端子如图 4-21 所示，丰田卡罗拉汽车距离警告 ECU 与警告灯总成之间线束端子的测量标准及结果见表 4-5，若不符，则更换线束。

（3）检测警告灯总成　丰田卡罗拉汽车警告灯总

线束插接器主视图:(至距离警告ECU)

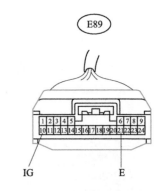

图 4-19　丰田卡罗拉汽车距离警告 ECU 线束端子

成端子如图4-22所示，检测时先将蓄电池正极端子连接至端子1，然后将蓄电池负极端子依次连接至表4-6中各个端子，检查并确认相应停车距离警告灯亮起。否则，警告灯总成需要更换。

（4）检测距离警告ECU 主要检测距离警告ECU内部的搭铁情况，距离警告ECU的端子如图4-23所示，检测标准及结果见表4-7，若不符，则更换距离警告ECU。

表4-4 丰田卡罗拉汽车距离警告ECU线束端子的检测标准及结果

解码器连接	条件	规定状态	实测结果
E89-10(IG)-E89-21(E)	点火开关置于ON(IG)位置，驻车距离报警系统开关置于ON位置	9~15V	

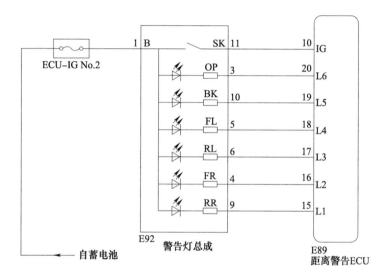

图4-20 丰田卡罗拉汽车驻车距离报警系统指示灯电路图

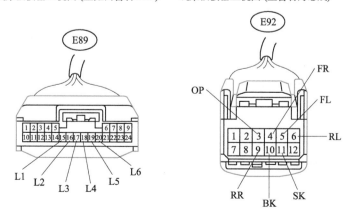

图4-21 丰田卡罗拉汽车距离警告ECU与警告灯总成之间的线束端子

表 4-5　丰田卡罗拉汽车距离警告 ECU 与警告灯总成之间线束端子的测量标准及结果

解码器连接	条件	规定状态	实测结果
E89-20(L6)-E92-3(OP)		小于1Ω	
E89-19(L5)-E92-10(BK)		小于1Ω	
E89-18(L4)-E92-5(FL)		小于1Ω	
E89-17(L3)-E92-6(RL)		小于1Ω	
E89-16(L2)-E92-4(FR)		小于1Ω	
E89-15(L1)-E92-9(RR)	始终	小于1Ω	
E89-20(L6)-车身搭铁		10kΩ 或更大	
E89-19(L5)-车身搭铁		10kΩ 或更大	
E89-18(L4)-车身搭铁		10kΩ 或更大	
E89-17(L3)-车身搭铁		10kΩ 或更大	
E89-16(L2)-车身搭铁		10kΩ 或更大	
E89-15(L1)-车身搭铁		10kΩ 或更大	

没有线束连接的零部件:(警告灯总成)

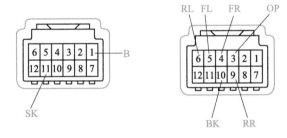

图 4-22　丰田卡罗拉汽车警告灯总成端子

表 4-6　丰田卡罗拉汽车警告灯总成端子检测标准及结果

警告灯总成	依次与蓄电池负极端子连接	对应的警告灯是否亮起
电源指示灯	OP	
倒车距离警告灯	BK	
右前停车距离警告灯	FR	
左前停车距离警告灯	FL	
右后倒车距离警告灯	RR	
左后倒车距离警告灯	RL	

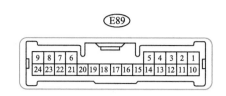

图 4-23　丰田卡罗拉汽车距离警告 ECU 的端子

表 4-7　丰田卡罗拉汽车距离警告 ECU 的端子检测标准及结果

端子号（符号）	配线颜色	端子描述	条件	规定状态	实测结果
E89-21-车身搭铁	W-B-车身搭铁	搭铁	始终	小于 1Ω	
E89-22-E89-21	R-W-B	后传感器搭铁	始终	小于 1Ω	
E89-23-E89-21	BR-W-B	前传感器搭铁	始终	小于 1Ω	

任务 16　自动泊车系统不工作故障的诊断与维修

任务接受

客户报修：我的奥迪汽车自动泊车系统不工作。

任务准备

16.1　奥迪汽车自动泊车系统的信息收集

1. 自动泊车系统

自动泊车系统是在驻车辅助系统的基础上发展而来的，自动泊车系统是可以部分或全部接管驾驶程序使车辆快速准确停车入位的系统。

如图 4-24 所示，自动泊车系统按下自动泊车键后，智能泊车辅助系统将根据横、纵向停车位先计算是否可以停车，然后计算出理想驶入路径，通过自动转向控制，使驾驶人可从容地泊车入位。此时驾驶人不需要控制转向盘，按系统提示，驾驶转负责控制档位、制动及节气门即可。同理，自动泊车系统也可以协助驾驶人驶出泊车位。

2. 自动泊车系统与驻车距离报警系统的区别

奥迪汽车自动泊车系统是在驻车距离报警系统的基础上增加主动泊车入位的功能，具体区别如下：

（1）驻车距离报警系统配有 8 个雷达　驻车距离报警系统配有 8 个超声波雷达，俗称为倒车雷达，其作用只是探测障碍物的距离，探测距离为 0.6~1.2m，如图 4-25 所示，在自动泊车过程中若有障碍物时，驻车距离报警系统会正常报警。

（2）自动泊车系统配有 12 个雷达　自动泊车系统配有 12 个超声波雷达，在 8 个倒车雷达的基础上增加 4 个泊车雷达。泊车雷达探测距离可达 5m，泊车雷达探测的数据主要用来确认空间位置是否可以停车及计算驶入路径，4 个泊车雷达的安装位置在前后保险杠侧面，

图 4-24　奥迪汽车自动泊车系统操作开关及指示灯

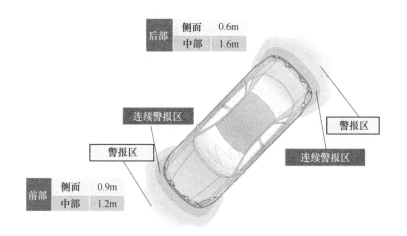

图 4-25　驻车距离报警系统 8 个倒车雷达

如图 4-26 所示。

3. 自动泊车系统的控制原理

自动泊车系统由 12 个超声波雷达、自动泊车控制单元 J791、警告蜂鸣器及操作开关等组成。若想完成自动泊车任务还需要 ESP（电子稳定程序系统）、电动助力转向系统、仪表系统及驻车报警系统等相关系统的协助才能实现自动泊车。自动泊车系统的控制原理如图 4-27 所示。

（1）电动助力转向系统　自动泊车系统控制单元通过 CAN 总线发送指令，转向助力控制单元驱动电动机实现自动转向。

电动助力转向系统设有转向力矩传感器，当转向力矩传感器识别到驾驶人接管转向盘的信号后，自动泊车系统就立刻终止泊车过程，如图 4-28 所示。

（2）ESP　ESP 既能解决车辆驱动打滑及制动打滑的纵向稳定性问题，又能解决转向所引起的侧向稳定性问题。

自动泊车系统在泊车入库过程中，为了确保车辆行驶的稳定性，时刻要确认车速与车辆

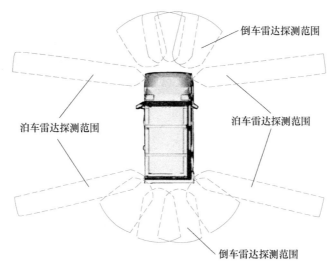

图 4-26　自动泊车系统 12 个雷达工作示意图

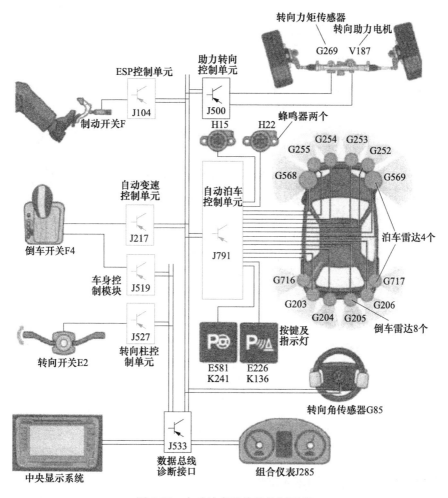

图 4-27　自动泊车系统的控制原理

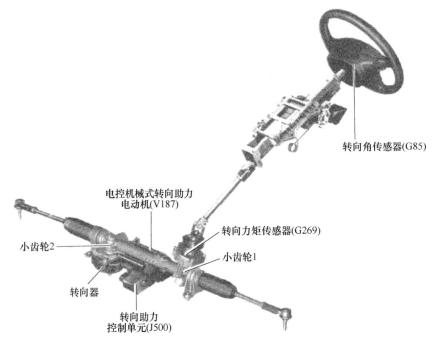

转向角传感器(G85)

电控机械式转向助力
电动机(V187)

小齿轮2

转向器

转向助力
控制单元(J500)

转向力矩传感器(G269)

小齿轮1

图4-28　电动助力转向系统的组成

行驶方向，这些信号均由ESP的轮速传感器及纵向加速度传感器、横向加速度传感器及车身偏转率传感器提供，当有碰撞危险时，ESP立即介入。

（3）具备影像功能的组合仪表　在自动泊车过程中，组合仪表立刻转换为倒车影像功能，便于驾驶人掌控车辆入库动态过程。

（4）坡路起步辅助系统　坡路起步辅助系统可以防止车辆起步前行时向后溜车。这样，可避免在自动泊车过程中出现车辆行驶方向与指令相反危险状态。

4. 自动泊车系统的工作过程

自动泊车系统完成倒车入位的工作过程可分为四个阶段：激活自动泊车系统、寻找车位、泊车入位及结束泊车入位过程。泊车入位分为纵向泊车与横向泊车，如图4-29所示。

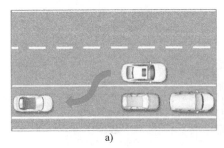

a)

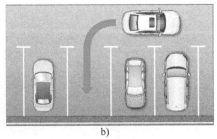

b)

图4-29　泊车入位

a）纵向泊车　b）横向泊车

现以奥迪汽车为例，自动泊车入位步骤如下：

（1）激活自动泊车系统　如图4-30所示，若想纵向泊车，按压按钮 ⊙ 一次；若想横

向泊车，按压 🕹 两次。

图 4-30　奥迪车中控台按键

（2）寻找车位　以纵向泊车入位为例，驾驶人开车进入停车场寻找车位的操作要求如下：

1）与停车位之间的距离介于 0.5~2m 之间。

2）打开转向灯。

3）如要纵向泊车，以小于 40km/h 的车速向前行驶；如要横向泊车，以小于 20km/h 的车速向前行驶，车速超过规定，自动泊车系统自动关闭。

在寻找车位过程中，自动泊车系统若发现合适的车位，那么组合仪表立刻出现提示，如图 4-31 所示，若驾驶人同意停在此车位，则驾驶人按照提示操作即可完成泊车入位。

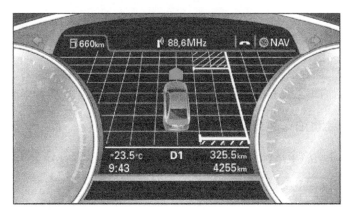

图 4-31　发现合适的车位

（3）泊车入位　寻找到停车位并得到驾驶人的确认后，驾驶人要连续按照组合仪表的提示进行操作，如图 4-32 所示。此时，驾驶人的操作要求如下：

1）驾驶人不能操控转向盘。

2）整个泊车过程中车速由自动泊车系统控制。

3）紧急情况下驾驶人负责控制制动系统，车停止后自动泊车系统将停止工作。

4）驾驶人控制档位（如果需要也可控制加速踏板，但自动泊车过程中车速超过 10km/h，则自动泊车系统将停止工作）。

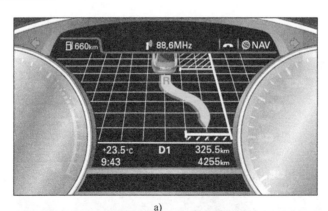

a)

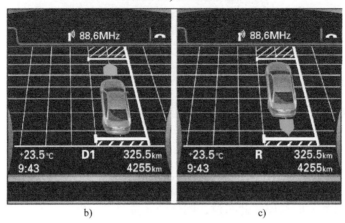

b)　　　　　　　　　　　　c)

图 4-32　自动泊车时组合仪表操作提示

a）指示挂入倒车档　b）指示继续前行　c）指示向后行驶

（4）泊车结束　当自动泊车系统结束工作后，组合仪表自动切换到"自动泊车过程已结束"，此时，自动泊车系统自动关闭且系统指示灯熄灭，驾驶人接管车辆。

16.2　奥迪汽车自动泊车系统不工作的故障分析

根据奥迪汽车自动泊车系统的工作原理可知，故障的部位及原因分析如图 4-33 所示。

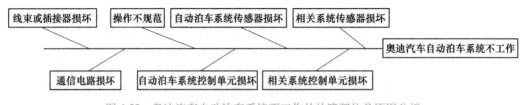

图 4-33　奥迪汽车自动泊车系统不工作的故障部位及原因分析

16.3　奥迪汽车自动泊车系统维修计划与维修设备、材料准备

1. 维修计划

1）外部直观检查。

2）采用万用表等一般仪器检测。

3）采用解码器诊断系统进行故障诊断。

4）确定故障原因和零部件。

5）针对存在的问题进行拆装维修。

2. 维修设备、材料准备

奥迪汽车自动泊车系统维修设备与材料准备见表4-8。

表 4-8　奥迪汽车自动泊车系统维修设备与材料准备

名称	数量	名称	数量
解码器	1 台	维修手册	1 套
汽车万用表	1 台	手套、抹布等	1 批
常规拆装工具	1 套	电工胶布等	1 卷
扭力扳手	1 把	工作台	1 台

任务实施

⚠ 警告	
自动泊车系统只接管转向系统，试车时切记及时控制制动	

16.4　奥迪汽车自动泊车系统的故障检查

1. 确认故障现象

接到车辆后，要进行故障现象确认。起动发动机，按照自动泊车系统的要求，按下按钮，组合仪表显示"自动泊车系统不可用"，说明故障真实存在。

2. 故障检测

自动泊车系统需要多个系统的合作才能完成自动泊车任务，所以自动泊车系统出现故障的原因是多方面的，当相关系统出现故障时也可以导致自动泊车系统不工作。

1）确认操作方法正确。

2）确认前后保险杠是否碰撞变形、雷达安装位置是否变化及雷达表面是否有冰雪灰尘等异物。

3）确认 CAN 总线通信正常。

4）读取故障码，若自动泊车系统无故障码，则要重点关注 ESP（或 ABS）、助力转向等系统的故障码信息；若有故障码，则按照故障码的提示进行故障排除。

5）读数据流，重点读取 12 个雷达传感器、轮速传感器和转矩传感器等数据流。

6）对自动泊车系统控制单元进行编程匹配，若故障没有排除，则对相关系统 ESP（或ABS）、助力转向等控制单元分别进行编程匹配。

7）更换自动泊车系统控制单元。

任务 17　车道变换辅助系统不工作故障
的诊断与维修

任务接受

客户报修：我的奥迪汽车车道变换辅助系统不工作。

任务准备

17.1　奥迪汽车车道变换辅助系统的信息收集

1. 车道变换辅助（SWA）系统

车辆在平行车道上行驶时，外后视镜是存在盲区的，如图 4-34 所示。当驾驶人向相邻车辆变道时，若盲区内有车辆，则很容易引发交通事故。

车道变换辅助系统是借助雷达传感器监控车辆两侧及后方的行驶区域（无盲区），并在驾驶人变换车道时提供帮助，图 4-35 所示为车道变换辅助系统监控区域。

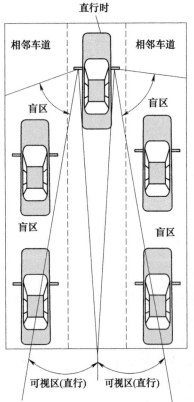

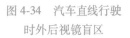

图 4-34　汽车直线行驶
时外后视镜盲区

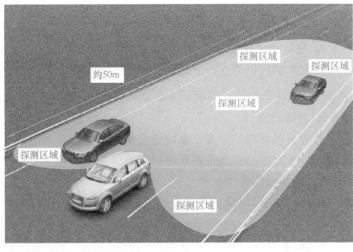

图 4-35　车道变换辅助系统监控区域

2. 车道变换辅助系统的组成及作用

奥迪汽车车道变换辅助系统由两个毫米波雷达、开关及两个外后视镜中内置的警告灯等组成，如图 4-36 所示。当驾驶人向左变换车道时左侧外后视镜警告灯报警，当驾驶人向右变换车道时右侧外后视镜警告灯报警。

（1）警告灯

1）信息级（警告灯常亮）。车辆正常直线行驶时，若车道变换辅助系统监测区域无车辆行驶时，警告灯不亮；若车道变换辅助系统发现监测区域有车辆行驶时，警告灯常亮，提醒驾驶人相邻车道有车辆，变道有危险。

2）警告级（警告灯闪亮）。若车道变换辅助系统发现监测区域有车辆行驶且此时驾驶人打开转向信号灯时，警告灯短暂闪亮，提醒驾驶人相邻车道有车辆，变道有危险，如图 4-37 所示。

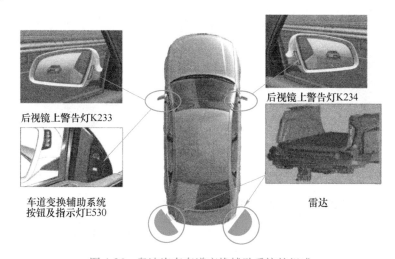

图 4-36　奥迪汽车车道变换辅助系统的组成

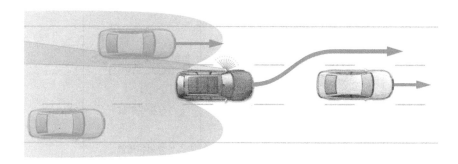

图 4-37　奥迪汽车车道变换辅助系统警告灯闪亮

（2）雷达　雷达由传感器与控制单元两部分组成，左侧雷达与右侧雷达结构相同，左侧控制单元 J769 为主控单元，右侧控制单元 J770 为从控单元。奥迪汽车车道变换辅助系统两个毫米波雷达的安装位置如图 4-38 所示，雷达的结构如图 4-39 所示。

车道变换辅助系统雷达传感器采用的频率为 24GHz、波长为 1～10mm 的电磁波，天线采用的是阵列天线方式，探测距离为50m。

（3）车道变换辅助系统的主控单元J769与从控单元J770　车道变换辅助系统的主控单元J769与从控单元J770的任务分工如图4-40所示，左右两侧雷达中的控制单元根据各自的传感器信号监测相邻车道快速移动的车辆，当左右相邻车道有车辆进入车距50m范围内时，控制单元开始计算相邻车道车辆的速度、距离，接通警告灯，以提醒驾驶人注意安全，主控单元J769与从控单元J770的工作电路图如图4-41所示。

雷达
(主控单元J769)　　　　雷达
(从控单元J770)

图4-38　奥迪汽车车道变换
辅助系统雷达的安装位置

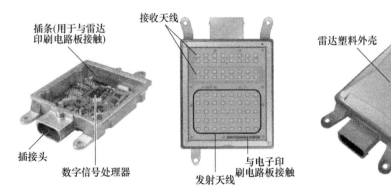

插条(用于与雷达
印刷电路板接触)　接收天线　　　　雷达塑料外壳

插接头　数字信号处理器　发射天线　与电子印刷电路板接触

图4-39　雷达的结构

图4-40　车道变换辅助系统的主控单元J769与从控单元J770的任务分工

3. 车道变换辅助系统的控制原理

当按下车道变换辅助系统开关E530时，车道变换辅助系统便进入工作状态，当相邻车道50m内有车辆出现时，系统警告灯开始常亮，当驾驶人打开转向灯开关，系统警告灯开始闪亮。车道变换辅助系统完成相邻车道的监测工作还需要相关系统协助才能完成其任务，如

图 4-42 所示。

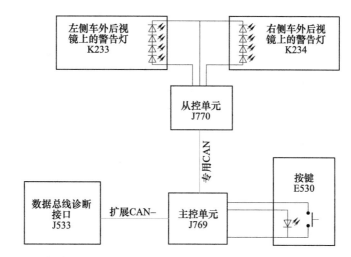

图 4-41　车道变换辅助系统主控单元 J769 与从控单元 J770 的工作电路图

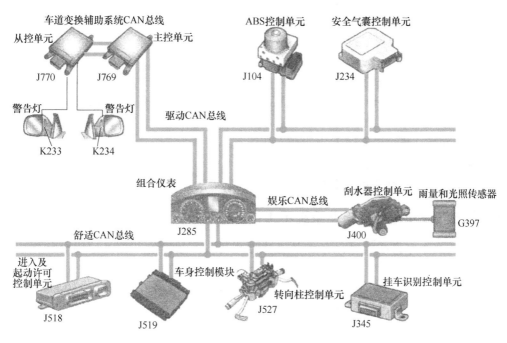

图 4-42　车道变换辅助系统的控制原理

当安全气囊系统有故障时，车道变换辅助系统不工作。

ABS 控制单元（ESP 控制单元）提供轮速传感器、纵向加速度传感器、横向加速度传感器及车身偏转率传感器等信号，车道变换辅助系统控制单元根据这些信号计算相邻车道车辆行车速度及行驶道路的曲率半径，以控制系统警告灯的工作状态。

组合仪表控制单元可以发送声音报警提示驾驶人，同时进行数据传输及故障信息存储。

车身控制模块及转向柱控制单元提供转向灯信号。

刮水器控制单元及雨量和光照传感器提供雨量及光照信号，适时调整警告灯亮度。

进入及起动许可控制单元可以用来进行车道变换辅助系统个性化设置。

当牵引挂车时，车道变换辅助系统不工作。

4. 车道变换辅助系统的功能限制

（1）车速的限制　当按下开关打开车道变换辅助系统时，若车速低于 50km/h，系统处于待机状态，警告灯不工作。

（2）弯道行驶　当转弯半径小于 200m 时，系统处于待机状态，警告灯不工作，如图 4-43所示。

（3）超车　车辆超过相邻车道车辆时，若车速差小于 15km/h，系统处于待机状态，警告灯不工作，同理当车辆被相邻车道车辆超越时警告灯不工作。

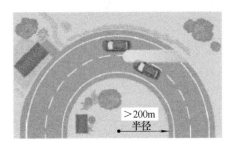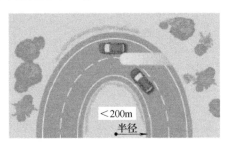

图 4-43　转弯半径对车道变换辅助系统的功能限制

5. 车道变换辅助系统的调校

当车辆发生下列每一种情况后，都需要进行车道变换辅助系统的调校，调校时需要专用设备 VAS 6350。

1）更换车道变换辅助系统雷达。

2）车尾部进行过车身维修。

3）更换过后保险杠或相关支架。

17.2　奥迪汽车车道变换辅助系统不工作的故障分析

根据奥迪汽车车道变换辅助系统的工作原理可知，故障的部位及原因分析如图 4-44所示。

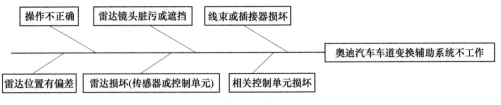

图 4-44　奥迪汽车车道变换辅助系统不工作的故障部位及原因分析

17.3　奥迪汽车车道变换辅助系统维修计划与维修设备、材料准备

1. 维修计划

1）外部直观检查。

2）采用万用表等一般仪器检测。

3）采用解码器诊断系统进行故障诊断。

4）确定故障原因和零部件。

5）针对存在的问题进行拆装维修。

2. 维修设备、材料准备

奥迪汽车车道变换辅助系统维修设备与材料准备见表 4-9。

表 4-9　奥迪汽车车道变换辅助系统维修设备与材料准备

名称	数量	名称	数量
解码器	1 台	维修手册	1 套
汽车万用表	1 台	手套、抹布等	1 批
常规拆装工具	1 套	电工胶布等	1 卷
扭力扳手	1 把	工作台	1 台

⚠ 警告
路试检查车道变换系统故障时，切记注意行车安全

17.4　奥迪汽车车道变换辅助系统不工作的故障检查

1. 确认故障现象

接到车辆后，要进行故障现象确认。起动发动机，按照车道变换辅助系统的要求，按下车道变换辅助系统开关，组合仪表显示"车道变换辅助系统不可用"，说明故障真实存在。

2. 故障检测

车道变换辅助系统需要多个系统的合作才能完成变道辅助任务。所以车道变换辅助系统出现故障的原因是多方面的，当相关系统出现故障时也可以导致车道变换系统不工作。

1）确认操作方法正确。

2）确认雷达表面是否有冰雪灰尘等异物，确认保险杠及雷达安装支架是否有碰撞变形情况。

3）确认 CAN 总线通信正常。

4）读取故障码，若车道变换辅助系统无故障码，则要重点关注 ESP（或 ABS）、安全气囊、刮水器控制单元及组合仪表等系统的故障码信息；若有故障码，则按故障码的提示进行故障排除。

5）读数据流，重点读取主控单元 J769 和从控单元 J770 等数据流。

6）对车道变换辅助系统主控单元 J769 及从控单元 J770 进行编程匹配。

7）更换车道变换辅助系统主控单元 J769 或从控单元 J770。

任务 18　自适应巡航系统不工作故障的诊断与维修

任务接受

客户报修：我的奥迪汽车自适应巡航系统不工作。

任务准备

18.1　奥迪汽车自适应巡航系统的信息收集

1. 自适应巡航系统

自适应巡航系统也称为主动巡航系统（Adaptive Cruise Control，ACC）。相对于早期车辆的定速巡航系统，自适应巡航系统不仅可以让车辆保持一定的行驶速度，还能根据与前车的距离自动调节车速，以保证与前车的最佳安全距离。如果接近前车，则自适应巡航系统自动减速到与前车相同的车速，并与前车保持固定的距离；如果前方没有行驶的汽车，自适应巡航系统便加速到设定的速度。

自适应巡航系统工作的前提条件是系统必须要获取三个信息：与前车的距离、前方车辆的速度、前方车辆的位置及确定目标车辆，如图 4-45 所示。

ACC 介绍

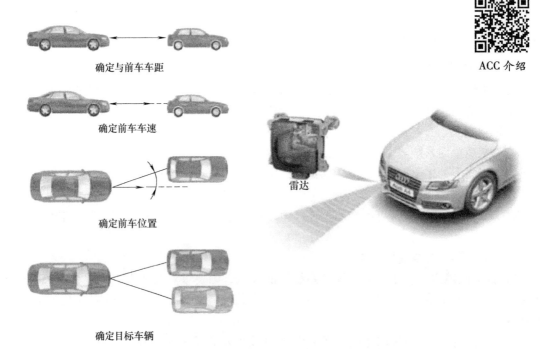

确定与前车车距

确定前车车速

确定前车位置

雷达

确定目标车辆

图 4-45　自适应巡航系统工作的前提条件

2. 自适应巡航系统的组成及原理

自适应巡航系统主要由雷达、自适应巡航系统开关、显示与报警装置组成，如图4-46所示，雷达由距离传感器G259与距离控制单元J428组成，距离传感器G259既要发射电磁波，又要接收反射回来的电磁波，距离控制单元J428根据传感器这些信号便计算出前车的距离、行驶车速及相对位置；自适应巡航系统开关是驾驶人用来设置巡航车速及与前车车距的，显示与报警装置位于组合仪表内，用来显示自适应巡航系统的工作状况，紧急情况下向驾驶人发出声音报警需要驾驶人接管操控车辆。

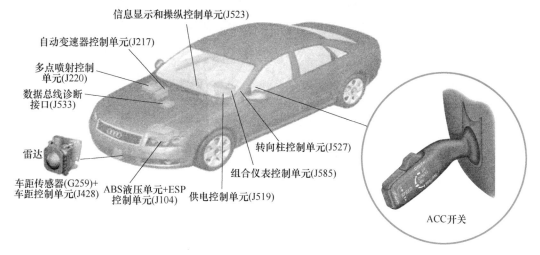

图4-46　自适应巡航系统的组成

（1）距离传感器G259与距离控制单元J428　汽车自适应巡航系统的核心技术是雷达传感器，自适应巡航系统雷达传感器也称为毫米波雷达，采用的波长是在1~10mm范围内的电磁波，对应的频率范围为30~300GHz，天线使用的是一种"微带贴片天线"构成阵列天线方式。频率越高，其波长越短，天线尺寸和体积也就越小。自适应巡航系统毫米波雷达与车用同类传感器性能对比见表4-10。

表4-10　自适应巡航系统毫米波雷达与车用同类传感器性能对比

项目	毫米波雷达	摄像头	超声波雷达	激光雷达
实物图				
探测角度	10°~70°	30°	120°	15°~360°
探测距离	远	远	近	远
障碍物识别能力	较强，难以识别行人等障碍物	强，可跟踪识别行人等障碍物	一般	很强，可识别跟踪，精准定位
路标识别	否	是	否	否
夜间工作	强	强	弱	强
不良天气	强	弱	弱	弱
成本	适中	适中	低	目前很高

　　自适应巡航系统雷达的安装与内部结构如图 4-47 所示，我国自适应巡航系统雷达通用的无线电频率为 77GHz。另外为了更好地测距和测速，雷达传感器需要在一定频率范围内进行可控的频率扫描。这种雷达传感器称为调频连续波 FMCW 雷达传感器，一般扫描频率范围为 76.5~76.7GHz，有效距离为 160m，调频信号如图 4-48 所示。

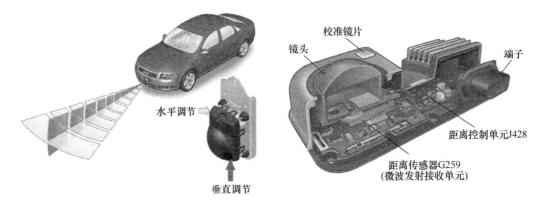

图 4-47　自适应巡航系统雷达的安装与内部结构

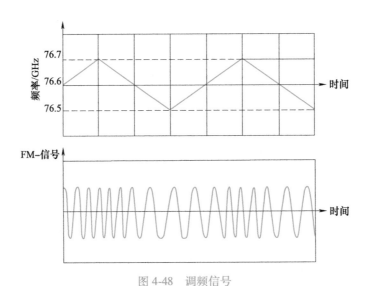

图 4-48　调频信号

　　1）车距测量。图 4-49 所示为确定前方车辆距离的原理图，与前车距离越远，反射信号运行的时间就越长，于是发射频率和接收频率之间的频率差就越大。因此，距离控制单元 J428 根据距离传感器 G259 的频率差推算出时间差，再根据电磁波的传播速度便计算出前车的距离。

　　2）前车车速测量。图 4-50 所示为确定前方车辆速度的原理，根据多普勒效应可知，相对速度变化可影响运动物体反射波的频率，若发射波物体与反射波物体之间距离变小，则反射波的频率就提高，反之若距离增大，则反射波频率就降低。

　　分别检测频率上升过程频率差（Δf_1）和频率下降过程频率差（Δf_2），距离控制单元 J428 根据频率差 Δf_1 与 Δf_2 之差推算出前车的车速。

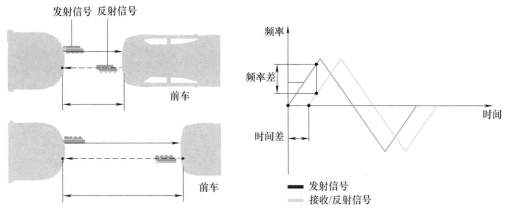

图 4-49　确定前方车辆距离的原理图

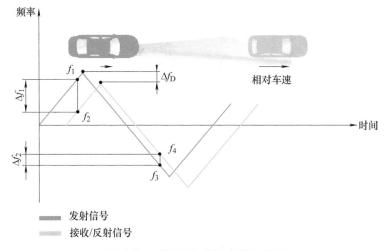

图 4-50　确定前方车辆速度的原理

3）确定前车位置。确定前车位置的原理如图 4-51 所示，距离传感器 G259 发射的电磁波信号呈叶片状向外扩散，即信号强度（振幅）随着距离增大而在纵向（X）和横向（Y）方向逐渐减弱。距离控制单元 J428 则根据信号强度在不同角度方向上的衰减规律就可以确定前车的位置。

4）确定目标车辆。车辆在行驶过程中，会同时有几辆车出现在雷达探测器的视野中，尤其是弯道较多的路况，如图 4-52 所示。自适应巡航系统距离控制单元 J428 基于道路标线的标准宽度与实时的转弯半径来确定目标范围，再参考车辆的轮速传感器、转向盘转角传感器和横向加速度传感器等信号最终确定目标车辆。

（2）自适应巡航系统控制开关　奥迪汽车自适应巡航系统开关如图 4-53 所示，具体操作方法如图 4-54 所示。

1）设定车速。车速可设置的范围一般为 30～200km/h，每推动一次，可以增加或减少10km/h，最后按下设置按键，即可保存车速，同时在仪表上也会显示设置的速度值。对于全速自适应巡航系统，则可以做到 0km/h 起步，没有最低速度要求，可跟着前车停停走走，解决了堵车环境下开车疲劳的问题。

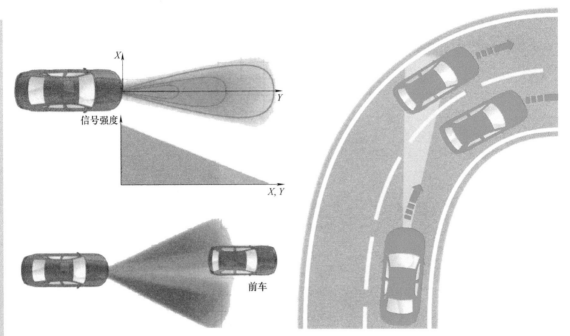

图 4-51　确定前车位置的原理　　　　　　图 4-52　确定目标车辆的原理

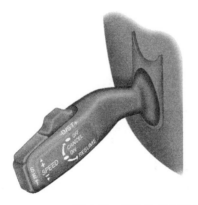

>关闭(OFF):系统被关闭

>取消(CANCEL):中断运行

>打开(ON):准备就绪

>恢复(RESUME):系统重新激活

图 4-53　奥迪汽车自适应巡航系统控制开关

2）设定车距。本车和前车的车距，可以设置为 4 个等级，默认车距为 3 级。车距等级代表的是响应时间，而不是长度距离，前车距离随着前车的速度变化而变化。与前车的车距等级在仪表盘上显示情况如图 4-55 所示。车距等级与响应时间如图 4-56 所示。自适应巡航系统工作指示情况如图 4-57 所示。

3. 自适应巡航系统的工作过程

当驾驶人打开自适应巡航系统开关激活自适应巡航系统并选定巡航车速（假定巡航车速为 100km/h）及巡航距离时，车辆就会根据目标车辆进行匀速、加速、急加速、减速及急减速等进行自适应巡航行驶，自适应巡航系统典型工况如图 4-58 所示。自适应巡航系统具体控制过程如图 4-59 所示。

距离传感器 G259 不断发射电磁波并接收反射回来的电磁波，距离控制单元 J428 根据传

打开和关闭   存储车速

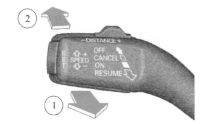
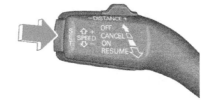

调节车距   调节车速

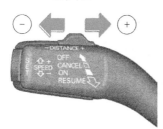

图 4-54 奥迪自适应巡航系统开关操作方法

图 4-55 与前车的车距等级在仪表盘上显示情况

图 4-56 车距等级与响应时间

感器这些信号便计算出前车的距离、行驶车速、相对位置及跟踪目标，由于路况复杂，前车运行状态可能会不断变化，巡航车辆距离控制单元 J428 对比驾驶人设定的巡航速度及距离等级，当需要改变车辆的运行状态以适应巡航距离的要求时，距离控制单元 J428 就会发出加速或减速等信号，通过 CAN 总线传送到相关控制单元，由发动机控制单元 J220 完成车辆的加速工作，而 ESP 控制单元 J104 完成车辆的减速工作，最终实时保持车辆处于安全距离巡航。

 系统打开,前方无车,定速行驶

 系统打开,前方有行驶车辆,跟车行驶

 系统打开,车辆STOP

 需驾驶人采取措施接管操控

当自适应巡航系统主动制动时，其所产生的最大制动力为车辆最大制动力的 40%（目的是确保车辆行驶的舒适性），若无法达到安全车距，则自适

图 4-57　自适应巡航系统工作指示情况

应巡航系统会发出相应图像和声音报警，提醒驾驶人"协助"参与控制车辆，驾驶人便立刻踩制动踏板增大制动效果，此时自适应巡航系统模式自动关闭。

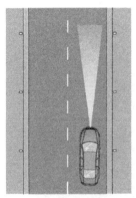

100km/h

匀速巡航
前方无车辆

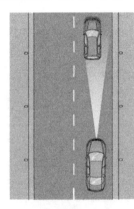

80km/h

100km/h
80km/h

减速
目标车辆车速低于巡航车速

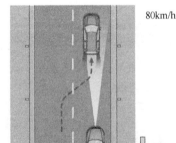

80km/h

100km/h
80km/h

减速
目标车辆车速低于巡航车速

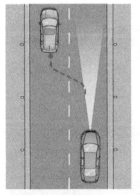

100km/h
80km/h

加速
目标车辆驶出车道

图 4-58　自适应巡航系统典型工况

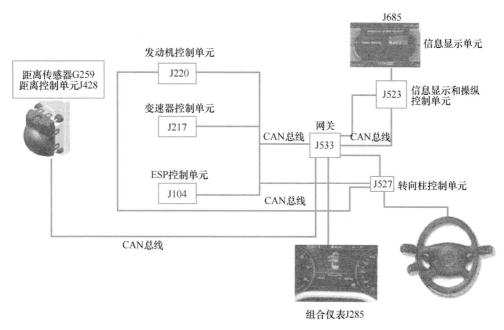

图 4-59　自适应巡航系统具体控制过程

4. 自适应巡航系统的功能限制

自适应巡航系统只是辅助驾驶系统，仅仅是为了解放驾驶人的右脚，不能解决行车安全方面的问题，目前还存在以下不足：

1）在路况不良或雨雪天气等条件差的情况下，不允许使用自适应巡航系统。

2）对加塞进来的汽车或弯道相邻车道上的车辆，系统的识别能力有限，如图 4-60 所示。

3）目前大多数车辆自适应巡航系统在 30~200km/h 范围内才能工作。

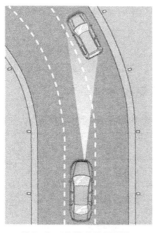

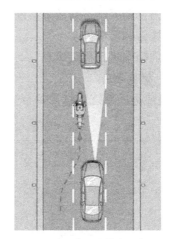

转弯(有可能做出错误判断)　　　　　不明障碍物(不能做出反应)

图 4-60　自适应巡航系统存在的功能限制

5. 自适应巡航系统的调校

当车辆发生下列每一种情况后，都需要进行自适应巡航系统的调校，调校时需要专用设备 VAS 190/2 或 VAS 6430。

1）发生过正面碰撞，前保险杠拆卸或更换过。

2）发生过正面碰撞，自适应雷达损坏重新更换。

3）后桥前束重新调整过。

4）发生过可影响车身定位的底盘作业。

5）雷达传感器水平位置偏差角度大于 ±0.5°。

6）其他辅助驾驶系统控制单元损坏。

18.2 奥迪汽车自适应巡航系统不工作的故障分析

根据奥迪汽车自适应巡航系统的工作原理可知，故障的部位及原因分析如图 4-61 所示。

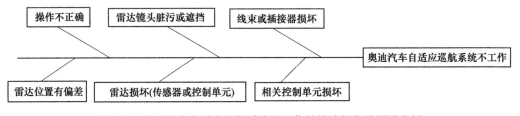

图 4-61　奥迪汽车自适应巡航系统不工作的故障部位及原因分析

18.3 奥迪汽车自适应巡航系统维修计划与维修设备、材料准备

1. 维修计划

1）外部直观检查。

2）采用万用表等一般仪器检测。

3）采用解码器诊断系统进行故障诊断。

4）确定故障原因和零部件。

5）针对存在的问题进行拆装维修。

2. 维修设备、材料准备

奥迪汽车自适应巡航系统维修设备与材料准备见表 4-11。

表 4-11　奥迪汽车自适应巡航系统维修设备与材料准备

名称	数量	名称	数量
解码器	1台	维修手册	1套
汽车万用表	1台	手套、抹布等	1批
常规拆装工具	1套	电工胶布等	1卷
扭力扳手	1把	工作台	1台

⚠警告

自适应巡航系统只是辅助驾驶系统，试驾时切记注意行车安全

18.4 奥迪汽车自适应巡航系统的故障检查

1. 确认故障现象

接到车辆后，要进行故障现象确认。起动发动机，打开自适应巡航系统开关到 ON 档，仪表盘显示自适应巡航系统不可用，说明故障存在。

2. 故障检测

自适应巡航系统不工作故障的检查思路是先排除外围设备或操作不当等因素。

1）驾驶人是否脚踩制动踏板。

2）驻车制动器是否没有解除。

3）车速是否在 30~200km/h 范围内。

4）雷达表面是否有冰雪、灰尘等异物。

5）前保险杠及雷达安装支架是否有碰撞变形情况。

6）排除以上原因后，用解码器读取故障码，按故障码的提示进行维修。

7）若无故障码，则读自适应巡航系统传感器数据流，雷达传感器水平位置偏差角度≤±0.5°。

8）注意相关控制单元是否正常，如车道变换系统控制单元故障也可以导致自适应巡航系统不工作。

夜 视 系 统

夜视系统

采用夜视系统（Night Vision）的目的是为了提高驾驶的安全性，一些高档汽车采用了夜视系统。

宝马 E60 汽车采用了夜视系统，该系统应用远红外线原理，黑夜里在没有灯光照射的情况下，仪表板上可以清晰显示 300m 以外路面上的行人，如图 4-62 所示，因此，极大地提高了驾驶安全性。

宝马 E60 汽车夜视系统如图 4-63 所示，图中元件说明见表 4-12。夜视系统的组成及原理如下：

1. 夜视摄像机

夜视摄像机相当于一个传感器，安装在前保险杠左前部，如图 4-64 所示。夜视摄像机是一部热成像摄像机，内部有一个图像传感器和一个控制单元。图像传感器可探测红外线辐

图 4-62 宝马 E60 汽车夜视系统

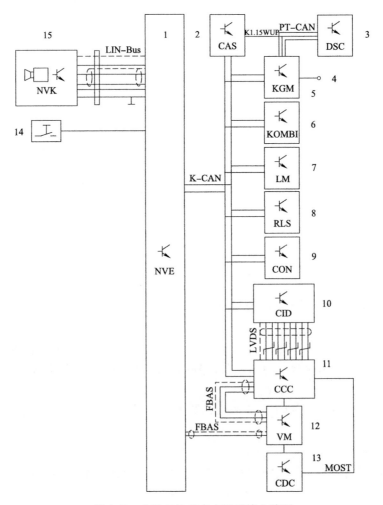

图 4-63 宝马 E60 汽车夜视系统电路图

表 4-12　宝马 E60 汽车夜视系统元件说明

索引	说　明	索引	说　明
1	电子夜视装置（NVE）	13	CD 光盘转换匣（CDC）
2	便捷进入及起动系统	14	宝马夜视系统的按钮
3	动态稳定控制（DSC）	15	夜视摄像机（NVK）
4	诊断导线	Kl. 15 WUP	唤醒导线（总线端 K1.15 唤醒）
5	车身网关模块（KGM）		
6	组合仪表（KOMBI）	FBAS	复合彩色画面消隐同步信号（Composite Video Burst Synchronisation，CVBS）
7	灯光模块（LM）		
8	雨天/行车灯传感器（RLS）	K-CAN	车身 CAN
9	控制器（CON）	LIN 总线	局域互联网总线
10	中央信息显示器	LVDS	LVDS 数据导线（低压差分信号）
11	车载通信计算机（Car Communication Computer，CCC）	PT-CAN	传动系统 CAN
12	视频模块（VM）	MOST	光缆（多媒体传输系统）

射，当探测到路面上行人或动物等发热的目标时，图像传感器将热辐射转变成电信号，夜视摄像机内的控制单元再将电信号转变为视频信号，由夜视摄像机再将视频信号传送给夜视系统的控制单元。

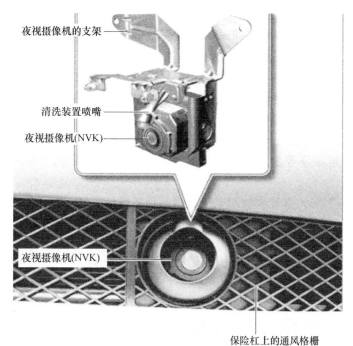

图 4-64　夜视摄像机的安装位置

如图 4-65 所示，夜视摄像机的视角为：水平 36°，垂直 27°，自 70km/h 起，水平视角减小到 24°，夜视摄像机的分辨率为 320×240 像点。

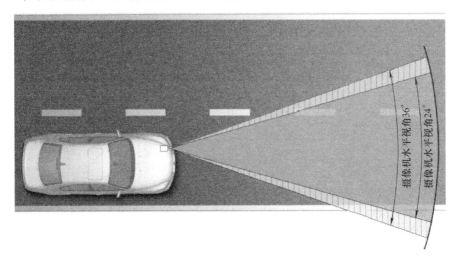

图 4-65　夜视摄像机的视角

2. 电子夜视装置

电子夜视装置（NVE）也称为夜视系统的控制单元，电子夜视装置把夜视摄像机的视频信号转换成 FBAS 信号（复合彩色画面消隐同步信号），并将夜视摄像机的图像从（320×240）像点加强到（640×480）像点。

3. 其他参与工作的控制单元

1）中央信息显示器。用来显示由夜视摄像机拍摄的图像。

2）车载通信计算机（Car Communication Computer，CCC）模块。用来确定夜视图像在中央信息显示器上显示时的缩放程度。

3）视频模块。当车辆装备电视时，电子夜视装置的 FBAS 信号线连接在视频模块上，由视频模块将 FBAS 信号传递给车载通信计算机（Car Communication Computer，CCC）模块，然后再由车载通信计算机模块传递给中央信息显示器。

4）动态稳定控制（DSC）。动态稳定控制单元通过动力总线（PT-CAN）提供行驶速度、转向角和偏航角速率等信号，电子夜视系统需要这些信号执行放大功能与转动图片功能。

5）灯光模块（LM）。灯光模块给电子夜视系统提供行车灯是否已接通的信息。

6）雨天/行车灯传感器（RLS）。雨天/行车灯传感器用来探测环境亮度以及降水量，并将这些信号传递给电子夜视装置。

4. 夜视系统的开关

夜视系统的开关如图 4-66 所示。

5. 夜视系统的工作条件

当按下夜视系统的开关时，在下列几种情况下夜视系统工作：

1）雨天/行车灯传感器识别到足够的环境亮度，行车灯已关闭。

2）雨天/行车灯传感器识别到过低的环境亮度，行车灯已接通。

3）雨天/行车灯传感器识别到过低的环境亮度，行车灯已关闭，且行驶速度低于 5km/h（如进车库）。

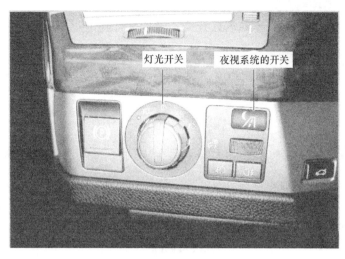

图 4-66　夜视系统的开关

自适应前照灯

自适应前照灯（Adaptive Head Light，AHL）也叫作随动前照灯，车辆转弯时，自适应前照灯可使近光灯和远光灯在一定范围内左右摆动，根据转弯行驶情况不断调整摆动角度，最大转角为15°。因此，车辆转弯时改善了驾驶人的视野，同时又能防止对面来车驾驶人眩目。

当汽车转弯时，车辆沿圆形轨道前进。该圆形轨道通过车轮的移动和前车轮的角度位置确定。前照灯明暗界限的交界点不得位于圆形轨道的左侧，以免造成对面来车驾驶人眩目，如图 4-67 所示。

自适应前照灯

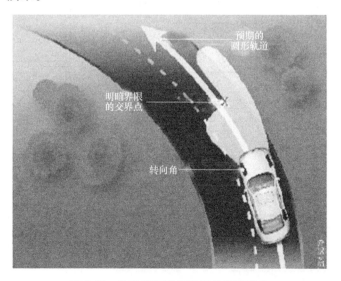

图 4-67　自适应弯道前照灯的光线形状

1. 自适应前照灯控制开关

图 4-68 所示为宝马 E60 汽车的车灯开关，当开关打到位置"A"时，自适应前照灯才能工作。

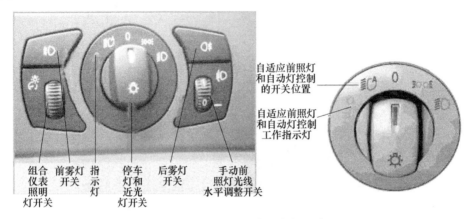

图 4-68　宝马 E60 汽车的车灯开关

2. 宝马 E60 汽车自适应前照灯系统的组成及工作原理

宝马 E60 汽车自适应前照灯的系统电路图如图 4-69 所示，图中说明见表 4-13。

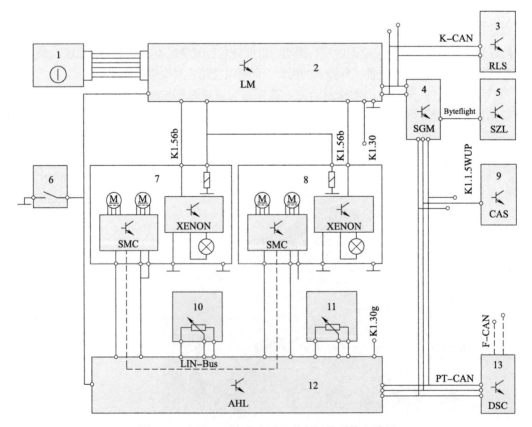

图 4-69　宝马 E60 汽车自适应前照灯的系统电路图

表 4-13　宝马 E60 汽车自适应照明灯的系统电路图说明

序号	说　明	序号	说　明
1	灯开关	10	前部高度传感器
2	灯光模块	11	后部高度传感器
3	雨天/行车灯传感器	12	自适应转向灯（AHL）
4	安全和网关模块（SGM）	13	动态稳定控制
5	转向柱开关中心（SZL）	Byteflight	Byteflight（宝马安全总线系统）
6	制动信号灯开关	F-CAN	底盘 CAN
7	包括步进电动机控制器（SMC）、双氙气灯控制单元、氙气灯和远光灯的左旋转模块	K-CAN	车身 CAN
8	包括步进电动机控制器、双氙气灯控制单元 XENON 和远光灯的右旋转模块	PT-CAN	动力传动系统 CAN
9	便捷进入及起动系统	K1. 30g	总线端 K1. 30g

3. 宝马 E60 汽车自适应前照灯系统各元件的功能

（1）自适应前照灯控制单元（AHL）　AHL 控制单元是双氙气灯垂直和水平调整的主控单元。步进电动机控制器控制双氙气灯步进电动机。

（2）水平调整　为了对双氙气灯进行水平调整，要向 AHL 控制单元提供下列信号：

1）转向角。

2）速度。

3）偏航角速率。

正常行驶状况下，在车速不高于约 40km/h 时，AHL 控制单元只根据转向角参数控制水平调整。当车速高于 40km/h 时，AHL 控制单元还要根据偏航角速率信号控制水平调整。当车辆过度转向、不足转向或偏航时，AHL 退出工作。双氙气灯模块回其零位。

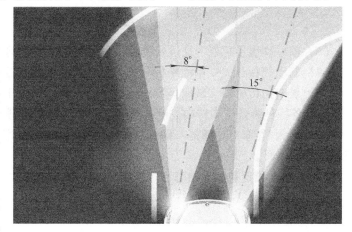

图 4-70　自适应前照灯的摆动范围

（3）摆动范围　自适应前照灯的摆动范围如图 4-70 所示，前照灯向车辆中部的摆动角度为 8°，向外侧的摆动角度为 15°。

（4）自适应前照灯总成

1）位置传感器。

2）步进电动机控制器（SMC）。

3）双氙气灯模块垂直和水平调整步进电动机。

4）双氙气灯控制单元。

（5）步进电动机控制器的功能　如图 4-71 所示，步进电动机控制器的功能如下：

1）接收和分析。AHL 控制单元通过 LIN 总线发送的基准运行和目标位置命令以及诊断请求的信息。

2）步进电动机控制器的控制和检查。AHL 步进电动机和前照灯光线水平调整 LWR 步进电动机。

3）检测双氙气灯模块的位置。

4）向 AHL 控制单元反馈双氙气灯模块的位置信息。

5）向 AHL 控制单元反馈诊断数据信息。

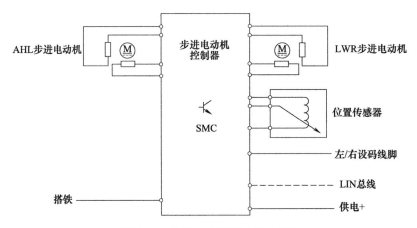

图 4-71　步进电动机控制器的功能

（6）前后高度传感器　高度传感器的信号被用于前照灯光线水平调整 LWR。

（7）制动踏板开关　制动踏板开关的信号被用于前照灯光线水平调整 LWR。

（8）转向角传感器　转向角传感器信号的计算值被用于双氙气灯模块的摆动。

在装备特种装备主动转向控制的车辆上，总转向角传感器负责确定车轮转向角。

（9）雨天/行车灯传感器　雨天/行车灯传感器的信号用于在自动车灯控制 AFC 功能下双氙气灯的接通。

（10）动态稳定控制　动态稳定控制向 AHL 提供偏航角速率、转向角和速度信号。

 **知识拓展3**

平　视　系　统

为了使驾驶更轻松，有些汽车采用了平视系统，这样驾驶人无须经常将视线从道路转到仪表上，如图 4-72 所示。通过平视系统可在风窗玻璃上方符合人机工程学原理的位置显示重要的驾驶信息，这些信息可在发动机舱盖上方以虚像的形式显示。平视系统可显示的信息有：导航提示、行驶速度、检查控制信息、自适应巡航系统及定速控制。

1. 平视系统的主要组成及原理

平视系统可以看作一个投影机，图像通过投影显示屏形成并为投影光源提供背景照明。平视系统安装在转向柱上面的仪表板中，平视系统的结构如图 4-73 所示，图中元件说明见表 4-14，平视系统的原理如图 4-74 所示，图中元件说明见表 4-15。

图 4-72　宝马 E60 汽车平视系统示意图

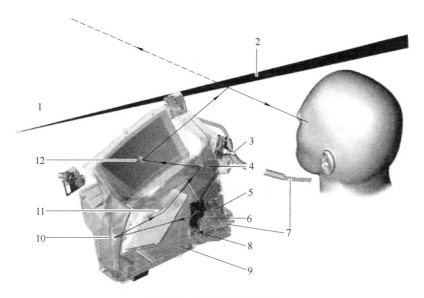

图 4-73　平视系统的结构

表 4-14　平视系统的结构图中元件说明

序号	说　明	序号	说　明
1	风窗玻璃	7	自 2003 年 12 月起柔性轴与投影显示屏连接
2	风窗玻璃内，外层玻璃之间的楔形塑料膜	8	投影显示屏的盖板
3	眼睛位置确定区域内的高度调节螺钉	9	壳体
4	镜面磨平的反射镜	10	拱起的反射镜
5	投影光源	11	拱起的反射镜
6	投影显示屏	12	拱起的反射镜

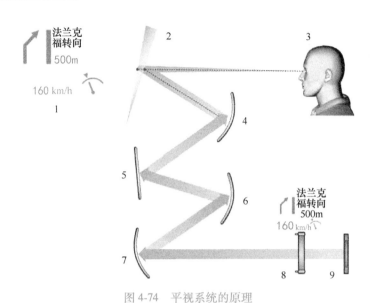

图 4-74　平视系统的原理

表 4-15　平视系统的原理图中元件说明

序号	说　明	序号	说　明
1	虚像	6	拱起的反射镜
2	投射到风窗玻璃上的显示内容	7	拱起的反射镜
3	观察者的视点	8	投影显示屏
4	拱起的反射镜	9	投影光源
5	磨平的反射镜		

（1）镜子　这些镜子负责按所需的距离和大小显示投影显示屏的内容，并最大限度地补偿由风窗玻璃引起的失真。

（2）投影光源　投影光源是投影显示屏的背景照明。投影光源由一定数量的彩色发光二极管组成，它们被排成行列安装在一个表面上。通过平视系统中的电子装置控制投影光源并调节显示内容的亮度。

（3）投影显示屏　带盖板的投影显示屏采用 TFT（Thin Film Transister，薄膜晶体管）技术的投影显示屏合成显示内容。通过平视系统中的电子装置控制投影显示屏盖板可借助步进电动机移出或移入光路，步进电动机由平视系统内的电子装置控制，在不工作时，盖板关闭，保护投影显示屏。

（4）电子装置　电子装置的任务如下：

1）控制投影光源和盖板的步进电动机。

2）电子装置中包括一个温度传感器，该温度传感器对平视系统进行防过热保护。

3）分析和处理输入的图像和信息。

4）生成显示的内容。图像在投影显示器上形成，并由投影光源提供背景照明。拱起的反射镜和磨平的反射镜确定投射图像的形状和尺寸。

2. 平面系统的显示内容

平面系统的显示内容如图 4-75 所示，图中内容说明如下：

① 当前行驶速度。

② 显示区域内的导航提示，有以下几部分：

a. 行驶方向箭头。

b. 直方图显示。

c. 下条道路。

d. 至十字路口/支路的距离。

③ 设置速度。定速巡航（FRC）或自适应巡航（ACC）系统所设定的速度。

④ 显示目标车辆及与目标车辆的设定距离（仅自适应巡航系统工作时）。

3. 风窗玻璃

风窗玻璃的外层和内层通过一层楔形塑料膜相互连接，楔形塑料膜用来防止投射的图像重影。

4. 平视系统的操作开关

宝马 E60 汽车平视系统的操作开关位于停车车灯开关旁边，如图 4-76 所示，开关的具体功能见表 4-16。

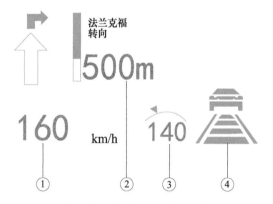

图 4-75 平面系统的显示内容

图 4-76 平视系统的操作开关

表 4-16 平视系统操作开关的功能

按动按钮	功　能
短按，少于 10s	平视系统接通或平视系统关闭
长时，超过 10s	调用测试功能 这种模式是为保养设计的（如系统测试）

项目 5
汽车空调系统故障诊断与维修

任务 19　汽车空调系统不能制冷故障的诊断与维修

客户报修：我的车（丰田卡罗拉汽车 1.6AT）空调系统不制冷。

19.1　丰田卡罗拉汽车空调制冷系统的信息收集

1. 汽车空调系统简介

（1）汽车空调系统的组成　汽车空调系统一般由制冷系统、加热系统、通风系统、操

纵控制系统及空气净化系统组成。

1）制冷系统。制冷系统的作用是对车内的空气进行冷却，使车内空气变得凉爽舒适，同时制冷系统也可以对车内空气进行除湿。

2）加热系统。加热系统的作用是对车内的空气进行加热，达到取暖和除霜的目的。

3）通风系统。通风系统的作用是将车外的新鲜空气引入车内，起通风和换气的作用。

4）操纵控制系统。操纵控制系统的作用是对制冷系统、加热系统及通风系统的工作进行控制，同时对车内的空气温度、风量和流量进行调节，保证空调系统正常工作。

5）空气净化系统。空气净化系统的作用是对车内空气中的尘埃、臭味和烟气进行过滤，保证车内空气清洁。

（2）汽车空调系统的分类

1）按功能分类。汽车空调按功能可分为单一功能空调和组合式空调两种。

① 单一功能空调是指冷风、暖风各自独立，自成系统，一般用在大、中型客车上。

② 组合式空调是指冷风、暖风共用一个鼓风机、一套操纵机构，多用于轿车上。

2）按驱动方式分类。按驱动方式汽车空调系统可分为非独立式汽车空调系统和独立式汽车空调系统两种。

① 非独立式汽车空调系统。非独立式汽车空调系统是指空调制冷压缩机由汽车发动机驱动。非独立式汽车空调系统的制冷性能受汽车发动机工况的影响较大，工作稳定性较差。尤其是低速时制冷量不足，而在高速时制冷能力过剩，并且消耗发动机的功效较大，影响发动机的动力性。这种类型的汽车空调系统一般多用于制冷量相对较小的中、小型汽车上。

② 独立式汽车空调系统。独立式汽车空调系统是指空调制冷压缩机由专用的空调发动机驱动，汽车空调系统的制冷性能不受汽车发动机工况的影响，工作稳定，制冷量大，但由于加装了一台制冷用的发动机（也称为副发动机），不仅增加了成本，而且汽车的体积和重量也增加了。这种类型的汽车空调系统多用于大、中型客车上。

目前有些轿车也有采用了独立空调系统，如宝马、奔驰和奥迪等新款车型，为了适应车辆自动起停功能，提高动力，降低油耗及有害物的排放量，开始采用 48V 电动空调泵。

（3）制冷剂 汽车空调制冷系统使用的制冷剂通常有 R12 和 R134a 两种，其中，英文字母 R 是 Refrigerant（制冷剂）的简称，其数字代号使用的是美国制冷工程师协会（ASRE）编制的代号系统。

1）R12 制冷剂的特性。分子式为 CCl_2F_2，化学名称为二氟二氯甲烷，简称为 R12，其主要特性如下：

① 无色、无刺激性臭味；一般情况下不具有毒性，对人体没有直接危害；不燃烧、无爆炸危险；热稳定性好。

② 在一个标准大气压下 R12 的沸点为-29.8℃，凝固温度为-158℃。

③ R12 对一般金属没有腐蚀作用。

④ R12 制冷系统要求使用特制的橡胶密封件。

⑤ R12 有良好的绝缘性能。

⑥ R12 液态时对冷冻油的溶解度无限制，可以任何比例溶解。这样在整个制冷循环中，冷冻油通过 R12 参与循环，对空调压缩机进行润滑。

⑦ R12 对水的溶解度很小。在制冷系统中，R12 的含水量不得超过 0.0025%。若制冷系统中有水，就会在膨胀阀形成冰塞，堵塞制冷系统的循环通道，从而使空调的制冷系统

失效。

由于 R12 对大气臭氧层有很强的破坏作用，因此，2009 年起国产新车统一使用 R134a 制冷剂，制冷剂 R12 被禁止使用。

R12 是 CFC（氯氟碳族）众多产品中的一种制冷剂，因此，也称为 CFC-R12。1995 年蒙特利尔议定书要求全球停止 CFC 族制冷剂的生产。

2）R134a 制冷剂的特性。分子式为 CH_2FCF_3，化学名称为四氟乙烷，简称为 R134a，其热力学性能包括分子量、沸点、临界参数、饱和蒸气压和汽化潜热等，均与 R12 相近，具有无色、无味、不燃烧、不爆炸、无毒的特性。

R134a 制冷剂是 HFC 制冷剂（氢氟烃族）众多产品中的一种制冷剂，因此，也称为 HFC-R134a。

3）R1234yf 制冷剂。由于 R134a 的汽车空调制冷剂只是 R12 制冷剂过渡时期的替代产品，R134a 制冷剂对地球温室效应有一定的促进作用，因此，现在世界各地都在推广使用 R1234yf 制冷剂。

R1234yf 制冷剂的分子式为 $CF_3CF=CH_2$，化学名称为四氟丙烯，其性能指标见表 5-1。由于 R1234yf 制冷剂属于 HFO（次氟酸族）众多产品中的一种制冷剂，因此也称为 HFO-1234y 制冷剂。HFO 表示含有 H 与 F 的碳化物及"O"代表烯烃（Olefin）。

表 5-1　R1234yf 制冷剂性能指标

序号	项　　目	指　　标
1	分子量	114
2	沸点/℃	−29
3	临界温度/℃	95
4	25℃饱和蒸气压力/MPa	0.673
5	25℃饱和液体密度/(kg/m^3)	1094
6	破坏臭氧潜能值（ODP）	0.000
7	全球变暖系数值（GWP）	4
8	在大气中的寿命	11 天
9	毒性	低毒

由于汽车的保有量非常多，有些汽车的使用年限也较久，在维修过程中将会接触到使用各种不同类型制冷剂的车量，不同类型制冷剂不能混着使用。因此，维修时一定要看清关于车辆使用制冷剂类型的提示标牌（一般在车门柱上或发动机舱内）。

（4）冷冻油

1）冷冻油的作用和特性。冷冻油也叫作冷冻机油，是制冷压缩机的专用润滑油。制冷系统的压缩机与膨胀阀需要润滑，制冷管路中各接口的密封圈也需要润滑油起到密封作用。

2）空调制冷系统对冷冻油的性能要求。冷冻油在空调制冷系统中完全溶于制冷剂中，并随制冷剂一起在制冷系统中循环。因此，冷冻油工作在高温与低温交替的条件下。为了保证其工作正常，对冷冻油提出以下性能要求：

① 冷冻油的凝固点要低，在低温下具有良好的流动性。若低温流动性差，则冷冻油会沉积在蒸发器内而影响制冷能力，或凝结在压缩机底部，失去润滑作用而损坏运动部件。

② 冷冻油的黏度受温度的影响要小，即黏温特性好。在高压侧的高温与在低压侧的低温两种情况下，冷冻油都要保持相对稳定的黏度，确保良好的润滑性与流动性。

③ 冷冻油与制冷剂的溶解性能要好。在汽车空调制冷系统中，制冷剂与机油是混合在一起的。当制冷剂流动时，机油也随之流动，这就要求制冷剂与机油能够互溶。若二者不能互溶，机油就会聚集在冷凝器和蒸发器的底部，阻碍制冷剂流动，降低换热能力，同时，由于机油不能随制冷剂返回压缩机，压缩机将会因缺油而加剧磨损。

④ 冷冻油要具有较高的热稳定性，即在高温下不易氧化分解，不易形成胶质。

⑤ 冷冻油中应无水分。若冷冻油中有水分，则会在膨胀阀处结冰，造成冰堵，影响系统制冷剂的流动。同时，冷冻油中的水分也会使冷冻油变质，影响润滑效果。

3）冷冻油的牌号。按黏度不同，国产冷冻油牌号有 13 号、18 号、25 号和 30 号四种，牌号越大，其黏度也越大。进口冷冻油有 SUNISO 3GS、SUNISO 4GS、SUNISO 5GS 三种牌号。目前，汽车空调制冷系统通常选用国产 18 号和 25 号冷冻油，或进口 SUNISO 5GS 冷冻油。

不同类型的制冷剂需要使用专用的冷冻油，在维修过程中一定要分清制冷剂的类型，根据制冷剂的类型选用不同的冷冻油。

2. 汽车空调制冷系统的工作循环原理

汽车空调制冷系统由压缩机、蒸发器、冷凝器、膨胀节流装置、储液干燥器、高低压管路、鼓风机及控制电路等组成，如图 5-1 所示。

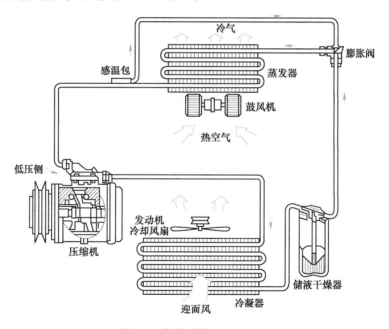

图 5-1　制冷系统的基本组成

汽车制冷系统工作时，发动机驱动空调压缩机工作，在空调压缩机的作用下，制冷剂在制冷系统内进行循环，其工作过程如下：

1）压缩过程。压缩机吸入来自蒸发器的低温低压气态制冷剂，将其压缩成高温高压气态制冷剂后，排出压缩机到冷凝器。

2）冷凝过程。来自压缩机的高温高压气态制冷剂进入冷凝器后，经过冷凝器的冷凝，制冷剂变成高温高压液态制冷剂。

3）节流膨胀过程。高温高压液态制冷剂通过膨胀阀后，压力和温度急剧下降，以雾状（细小液滴）的形式进入蒸发器。

4）蒸发过程。雾状制冷剂进入蒸发器后，迅速蒸发成气态制冷剂。在蒸发过程中吸收蒸发器外表部热量，使蒸发器表面温度迅速下降，雾状制冷剂变成低温低压气态制冷剂后，再进入压缩机，开始下次循环。

3. 空调制冷系统的主要部件结构

（1）压缩机　压缩机是空调制冷系统的主要部件之一，其功用是：一方面维持制冷剂在系统中的循环流动，另一方面对低温、低压的气态制冷剂进行加压，使之超过冷凝器外界大气的温度和压力，以便在冷凝器中向外界大气放热，并形成液态制冷剂。

轿车空调制冷系统压缩机的结构型式有很多种，目前斜盘式压缩机和翘板式压缩机应用较广，其原理都是将旋转运动转变为往复运动。

1）斜盘式压缩机。斜盘式压缩机又称回转斜盘式压缩机，其原理如图5-2所示。斜盘式压缩机采用往复式双头活塞，依靠斜盘的旋转运动，使双头活塞获得轴向的往复运动。双头活塞中间开槽与斜盘装合，因此可由斜盘驱动其在前、后两个气缸内往复运动；压缩机主轴和斜盘旋转一周时，双头活塞

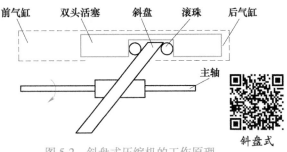

图 5-2　斜盘式压缩机的工作原理

斜盘式压缩机

在前、后两个气缸内往复运行两个行程；活塞向前移动时，前气缸中进行压缩行程，后气缸中则进行吸气行程；反向时，前、后两个气缸的作用互相对调。斜盘式压缩机的缸数为双数，各气缸沿圆周方向、前后成对均匀布置。

汽车空调压缩机进排气工作原理如图5-3所示，进排气阀板与阀片实物如图5-4所示。

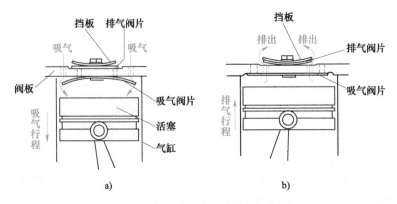

图 5-3　汽车空调压缩机进排气工作原理

a）吸气过程　b）排气过程

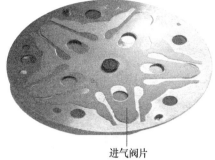

挡板　阀板　排气阀片　　　　　　　进气阀片

图5-4　进排气阀板与阀片实物

2）翘板式压缩机。气缸以压缩机轴线为中心均匀布置，活塞与翘板用连杆和球形万向节相连，以协调活塞与翘板的运动。翘板中心用钢球定位，并用一对齿轮限制翘板只能左右摆动而不能转动。由于斜盘与翘板的接触面为斜面，所以当压缩机工作时，主轴带动斜盘一起转动，翘板则以定位钢球为中心进行摇摆运动，并通过连杆带动活塞在气缸内进行往复直线运动，其原理如图5-5所示。

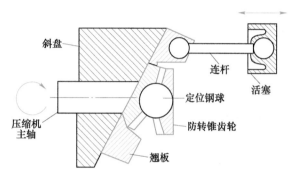

斜盘　　连杆　　活塞　定位钢球　防转锥齿轮　压缩机主轴　翘板

图5-5　翘板式压缩机的工作原理

3）压缩机排量控制。由于空调压缩机的动力由发动机提供，因此，当车内温度达到设定的温度时，压缩机应该减小排量或暂停工作。

① 固定排量压缩机。如图5-6所示，活塞行程不可变，压缩机排量是固定的。当车内温度达到设定温度时，空调放大器总成切断离合器线圈电路，离合器断开，空调压缩机停止工作；当车内温度高于设定温度后，空调放大器总成接通离合器线圈电路，离合器吸合，压缩机再次继续工作。

电磁离合器的工作原理如图5-7所示，驱动盘和压板通过铆接的弹簧片连为一体，驱动盘与压缩机轴通过花键联接。电磁线圈固定在压缩机前缸盖上，转子轴承压装在前缸盖凸缘上，带轮通过轴承固定在压缩机的外壳上。当空调放大器总成接通电磁线圈时，产生磁场，使压板与带轮接合，发动机动力由带轮通过压板驱动盘带动压缩机轴旋转，压缩机开始工作。当电磁线圈断电时，磁场消失，压盘与带轮分开，带轮在轴承上随发动机自由转动，压缩机不工作。

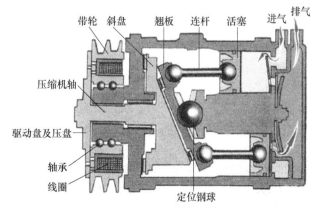

带轮　斜盘　翘板　连杆　活塞　进气　排气　压缩机轴　驱动盘及压盘　轴承　线圈　定位钢球

图5-6　固定排量压缩机

② 固定变化式可变排量压缩机。空调放大器总成根据制冷负荷控制压缩机的电磁阀，

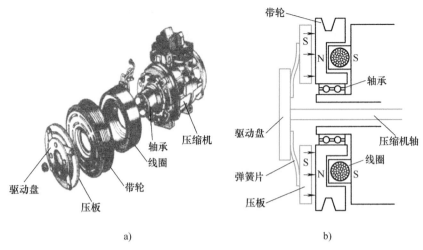

图 5-7　电磁离合器的工作原理

a）结构　b）原理

从而控制压缩机在全排量和半排量之间转换。

图 5-8 所示为可变排量压缩机全排量工作的情况，此时电磁线圈不通电，电磁阀在弹簧弹力的作用下，将 a 孔打开，b 孔关闭，高压侧制冷剂经过旁通回路，从 a 孔进入柱塞的右侧，使柱塞右侧压力增大。因此，柱塞克服弹簧弹力，向左移动，排气阀挤压在阀盘上。在后部（5 个气缸）正常工作，于是压缩机 10 个气缸参与工作。

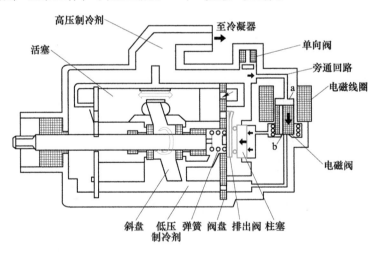

图 5-8　可变排量压缩机全排量工作的情况

图 5-9 所示为可变排量压缩机半排量工作的情况，此时电磁阀通电，电磁阀阀芯在磁场力的作用下上移，将 a 孔关闭，b 孔打开，由于 b 孔与低压侧制冷管路相通，因此，柱塞右侧的压力降低，柱塞在弹簧力的作用下回到右侧，排气阀离开阀盘，压缩机后部 5 个气缸停止工作。

压缩机起动时，以半排量工作，从而减小压缩机起动时的振动。

③ 连续变化式可变排量压缩机。该种压缩机排量调节范围为 1%～100%，取消了电磁离合器，压缩机的结构如图 5-10 所示。空调放大器总成根据制冷负荷控制压缩机的电磁阀，

压缩机通过改变斜盘的倾斜角度来改变压缩机的排量。

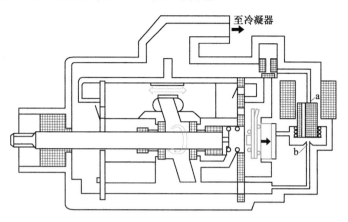

图 5-9　可变排量压缩机半排量工作的情况

丰田卡罗拉汽车压缩机结构如图 5-11 所示，压缩机大排量工作原理如图 5-12 所示，此时，空调放大器控制电磁阀阀芯向下移动，关闭高压侧管路与曲柄室通道，使得压缩机曲柄室压力减小，这时，活塞背部压力与弹簧力之和小于活塞正面压力，斜盘倾斜角度加大，活塞行程变大，压缩机排量增大。

压缩机小排量工作原理如图 5-13 所示，此时，空调放大器控制电磁阀阀芯向上移动，高压侧管路与曲柄室通道打

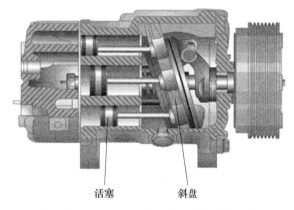

图 5-10　连续变化式可变排量压缩机的结构

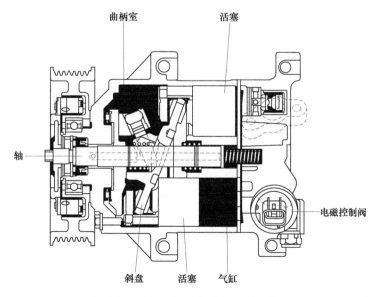

图 5-11　丰田卡罗拉汽车压缩机的结构

开，使得压缩机曲柄室压力增大，这时，活塞背部压力与弹簧力之和大于活塞正面压力，斜盘倾斜角度减小，活塞行程变小，压缩机排量减小。

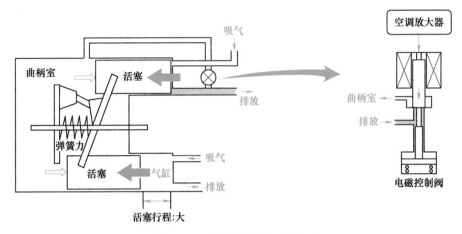

图 5-12　压缩机大排量工作原理

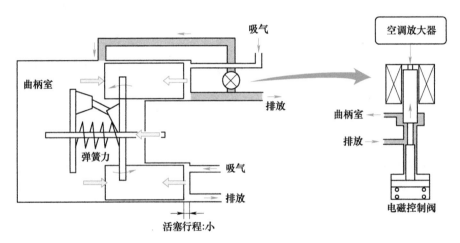

图 5-13　压缩机小排量工作原理

　　综上，可变排量压缩机其斜盘的倾斜角度取决于活塞两侧的压力差，空调放大器以占空比的方式控制电磁阀阀芯上下移动，阀芯位置不同则压缩机曲柄室压力不同，即斜盘倾斜角度由最大到最小可连续改变，故压缩机的排量可连续改变。

　　（2）冷凝器　空调系统工作时，从压缩机出来的高温、高压气态制冷剂流过冷凝器时，在散热器风扇的冷却下，高温、高压气态制冷剂变成高温、高压液态制冷剂。冷凝器是热交换装置，通常设置在发动机散热器的前面，一般采用铝材料制造，有管片式和管带式两种，其结构如图 5-14 所示。

　　（3）储液干燥器　储液干燥器的主要作用是存储制冷剂、过滤制冷剂中的杂质、吸收制冷剂中的水分，储液干燥器的结构如图 5-15 所示。储液干燥器安装在冷凝器与膨胀阀之间。

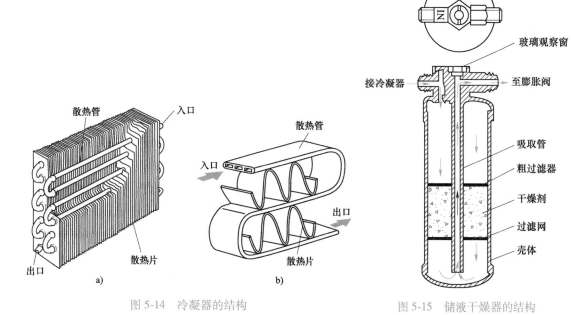

图 5-14　冷凝器的结构

a）管片式　b）管带式

图 5-15　储液干燥器的结构

（4）膨胀阀　膨胀阀是制冷循环系统中液态高压侧与气态低压侧的分界点。其主要作用是将液态制冷剂雾化，雾化后的制冷剂才能更好地蒸发吸热提高制冷效果，其次是在制冷负荷变化时，膨胀阀能自动调节进入蒸发器的制冷剂流量，以满足制冷负荷的变化，保证车内温度稳定。膨胀阀主要的类型有内平衡式膨胀阀及 H 形膨胀阀。

1）内平衡式膨胀阀。内平衡式膨胀阀的结构如图 5-16 所示。感温包用来感应蒸发器出口温度。感温包内充满气体，随着蒸发器出口温度变化，感温包内气体压力也发生变化。

内平衡式膨胀阀的工作原理如下：金属膜片上方作用力为感温包内气体的压力，下方作用力为顶杆推力，包括弹簧力及制冷剂压力。金属膜片的位置决定阀芯位置，阀芯位置决定节流孔开度大小，节流孔开度大小决定制冷剂流量大小，因此膨胀阀便可自动调节制冷剂的流量。

当蒸发器出口温度较高时，感温包内气体压力增大，作用在金属膜片上方的压力增大，使金属膜片、顶杆和阀芯向下移动，节流孔开大，使进入蒸发器的制冷剂流量增加，制冷量也相应增

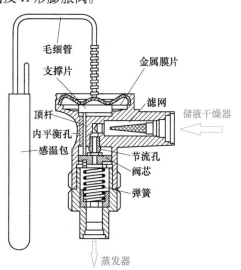

图 5-16　内平衡式膨胀阀的结构

大；反之，当蒸发器出口温度较低时，节流孔开度减小，进入蒸发器的制冷剂流量减小，制冷量也相应减少。由于平衡压力是由膨胀阀内部将节流后的制冷剂引至金属膜片下方产生

的，所以称为内平衡式膨胀阀。

2）H 形膨胀阀。H 形膨胀阀因其内部通道为"H"形而得名。H 形膨胀阀的工作原理如图 5-17 所示。

感温包（或称为感温器）位于蒸发器出口通道上，直接感应蒸发器的出口温度。当蒸发器出口温度升高时，感温包内的气体压力增大，膜片向下移动，通过推杆推动球阀克服弹簧力向下移动，节流孔开度增大，进入蒸发器的制冷剂流量增加，制冷量也随之增加；反之，当蒸发器出口温度下降时，感温包内的气体压力下降，在弹簧力作用下球阀向上移动，节流孔开度减小，进入蒸发器的制冷剂流量减少，制冷量也随之减少。

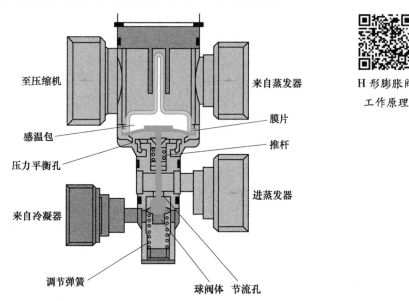

H 形膨胀阀
工作原理

图 5-17　H 形膨胀阀的工作原理

（5）孔管（CCOT）　图 5-18 所示为孔管的结构图，孔管的结构简单，不易损坏，孔管也称为膨胀节流管。孔管只能起到节流膨胀的作用，即将制冷剂雾化，但不能有效控制进入蒸发器的制冷剂流量。因此，采用孔管的制冷系统结构与采用膨胀阀的制冷系统结构是有区别的。

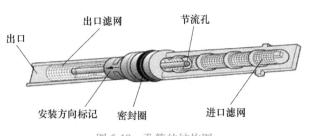

图 5-18　孔管的结构图

1）采用膨胀阀的制冷系统。如图 5-19 所示，该制冷系统采用了膨胀阀（H 形膨胀阀）实现膨胀节流，系统特点是在高压管路侧安装了储液干燥过滤器。

2）采用孔管控制式制冷系统。如图 5-20 所示，该制冷系统中采用了孔管实现膨胀节流，系统的特点是在低压管路侧安装了液体分离器。

由于孔管不能控制进入蒸发器的制冷剂流量且节流孔只能按最大流量设计，所以当压缩机高速运转时，蒸发器内的液态制冷剂将会蒸发不彻底，为了防止液态制冷剂进入压缩机导致液体进入排气阀片，在制冷系统低压侧安装了液体分离器。液体分离器的主要作用是将液

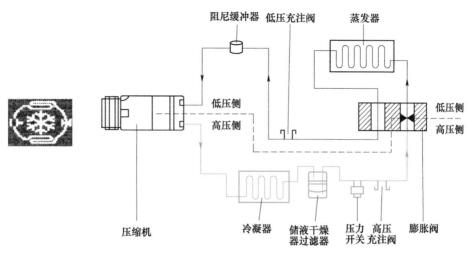

图 5-19　采用膨胀阀的制冷系统

态制冷剂与气态制冷剂分离，同时具有干燥及过滤的功能，其结构如图 5-21 所示。

制冷循环时制冷剂从顶部进入液体分离器，其中液态制冷剂沉入容器底部，而在顶部的气态制冷剂被吸出到压缩机，在容器底部的吸出管上有一个小孔，允许少量冷冻油和少量液态制冷剂流回压缩机，以满足压缩机工作时的润滑需要。

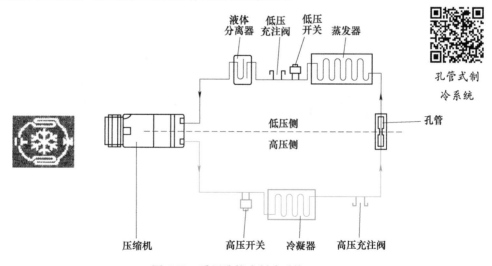

图 5-20　采用孔管式制冷系统

（6）蒸发器　制冷系统工作时，来自膨胀阀的低压雾状制冷剂通过蒸发器时，吸收蒸发器表面的热量，低压雾状制冷剂变为低压气态制冷剂，并使蒸发器表面温度迅速降低，鼓风机使气流穿过蒸发器时，热空气就变成了冷空气，达到了制冷效果。蒸发器的结构如图 5-22所示，所用材料及形状与冷凝器相同。

由于制冷剂的特性，如果不加控制，蒸发器表面温度会迅速降至 0℃以下，凝结的水分将在蒸发器表面结霜甚至发生结冰。因此，汽车空调制冷系统工作时，为了防止蒸发器表面结冰，空调放大器控制蒸发器表面的温度为 3℃左右，同时，将鼓风机开关设计成压缩机工作的必要条件，即不打开鼓风机开关，压缩机不工作。

（7）空调器总成　汽车空调系统对车内空气的制冷、加热、除湿及净化等功能都是在空调器内完成的，空调器总成包括鼓风机、蒸发器、加热器、各个风门及风门控制电机等主要部件，汽车空调器的结构如图 5-23 所示，汽车空调器对车内空气调节的原理如图 5-24 所示。

当鼓风机吸入空气时，首先经蒸发器冷却降温，混合风门将进入空调器的空气分为两部分，部分空气经加热器加热，因此，混合风门的位置决定出风口空气的温度，混合风门在位置 A 时，是最大制冷状态，在位置 B 时，是最大加热状态。

（8）丰田卡罗拉汽车手动空调制冷系统的控制原理

1）丰田卡罗拉汽车手动空调控制面板。手动空调系统是指驾驶人手动选择冷/热模式（温度控制旋钮）、鼓风机转速、出风模式、进风模式及A/C 空调开关，然后空调放大器根据驾驶人设定的模式、车辆运行工况以及环境温度等因素控制空调压缩机进行工作。

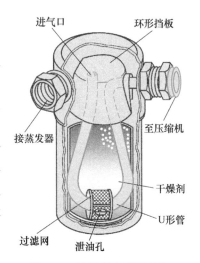

图 5-21　液体分离器的结构

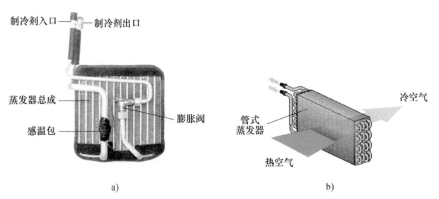

图 5-22　蒸发器的结构

a）实物图　b）原理图

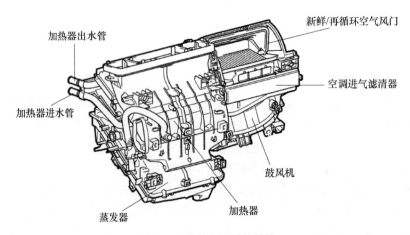

图 5-23　汽车空调器的结构

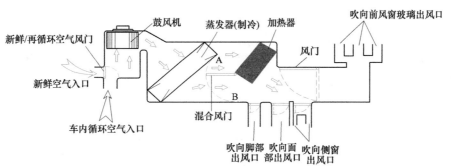

图 5-24   汽车空调器对车内空气调节的原理

丰田卡罗拉汽车手动空调系统控制面板如图 5-25 所示，冷热模式、进风模式与出风模式控制原理如图 5-26 所示，风门模式及所控制内容见表 5-2，手动空调系统具体操作如下：

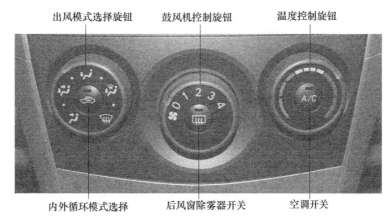

图 5-25   丰田卡罗拉汽车手动空调系统控制面板

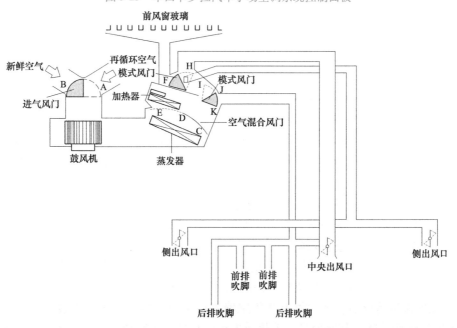

图 5-26   丰田卡罗拉汽车手动空调系统冷热模式、进风模式与出风模式控制原理

温度控制旋钮通过拉索控制空气混合风门的位置，可以在最冷到最热之间（位置 E：16℃，位置 C：30℃）连续地选择；旋钮通过拉索控制模式风门分别在 H、K、K、I 等不同位置组合实现吹脸、吹脚及前风窗玻璃除霜等出风模式选择；进风模式也称为内外循环模式，"内外循环模式"按钮通过电机控制进气风门位置实现内外循环模式转换；旋转鼓风机开关到不同档位可实现鼓风机转速的变化。

表 5-2　丰田卡罗拉汽车风门模式及所控制内容

风门	模式	风门位置	控制内容
进气风门	FRESH	A	新鲜空气
	RECIRC	B	车内空气再循环
空气混合风门	MAX COLD 至 MAX HOT 温度设置 16（61℉）~30℃（86℉）	C-D-E	改变经过加热器空气的混合比率，以连续地调节 HOT 至 COLD 的温度
模式风门	除霜器	H.K	前风窗玻璃出风口、侧出风口
	脚部/除霜器	H.J	前风窗玻璃出风口、侧出风口、吹脚出风口
	脚部	H.I	吹脚出风口、侧出风口、前风窗玻璃出风口（少量）
	双级	F.I	中央出风口、侧出风口吹、脚出风口
	面部	F.K	中央出风口、侧出风口

2）丰田卡罗拉汽车手动空调系统控制原理。丰田卡罗拉汽车手动空调系统控制原理图如图 5-27 所示，空调放大器得到全部信号并确认信号正确后，向发动机发送"请求接通空调压缩机电磁阀"的信号，发动机 ECU 确认后，便控制发动机提高怠速，向发动机散热器冷却风扇控制模块发送控制信号，散热器冷却风扇立刻工作，此时，空调制冷系统开始正常工作。在调节温度过程中，温度控制旋钮转到蓝色（左半部为蓝色、右半部为红色表示是热空气）区域时吹出的是冷空气，左旋到底时是最冷位置，与此同时，鼓风机档位越高，出风量越大，吹出的冷空气温度越低。

3）丰田卡罗拉汽车手动空调制冷系统各部件结构原理。丰田卡罗拉汽车手动空调制冷系统零件位置如图 5-28 所示，各主要部件的工作原理如下：

①蒸发器温度传感器。蒸发器温度传感器是用来监测蒸发器表面温度的，防止蒸发器表面因温度过低而结冰。其原理是一个热敏电阻，温度升高阻值减小，温度为 0℃时，阻值

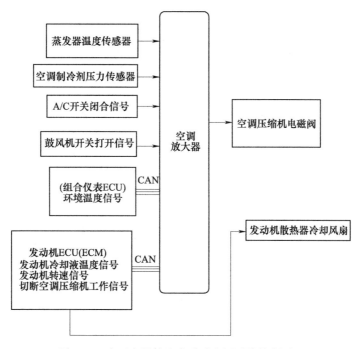

图 5-27　丰田卡罗拉汽车手动空调系统控制原理

为 4.40~5.35kΩ；温度为 30℃时，阻值为 1.11~1.32kΩ。

　　丰田卡罗拉汽车蒸发器温度传感器的工作原理如图 5-29 所示，空调放大器将 5V 电压加载到蒸发器温度传感器监测电路上，当蒸发器温度传感器的电阻改变时，便可读取它的电压变化值。

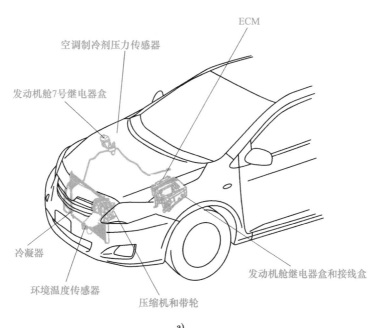

a)

图 5-28　丰田卡罗拉汽车手动空调制冷系统零件位置

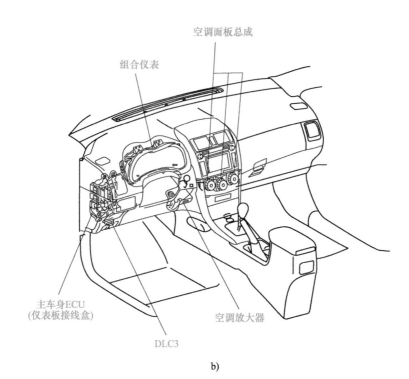

b)

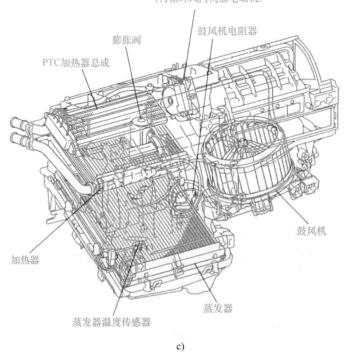

c)

图 5-28 丰田卡罗拉汽车手动空调制冷系统零件位置（续）

② 环境温度传感器。环境温度传感器也称为车外温度传感器，其原理是一个热敏电阻，温度升高阻值减小，温度为 10℃ 时，阻值为 3.00~3.73kΩ；温度为 35℃ 时，阻值为 1.00~1.22kΩ。当外界温度低于−1.5℃ 时，压缩机不能工作。环境温度传感器将温度信号转为电信号传给组合仪表 ECU，组合仪表 ECU 再将环境温度信号通过 CAN 总线传给空调放大器，原理图如图 5-30 所示。

③ 空调制冷剂压力传感器。

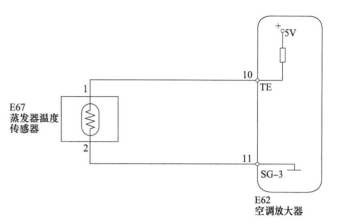

图 5-29　丰田卡罗拉汽车蒸发器温度传感器的工作原理

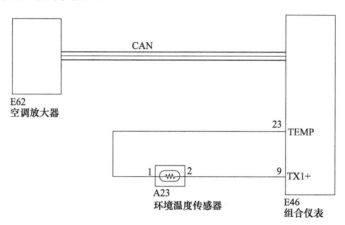

图 5-30　丰田卡罗拉汽车环境温度传感器的工作原理

空调制冷剂压力传感器将制冷系统高压侧制冷剂压力转为电压信号传送给空调放大器，空调放大器以此来监测制冷系统的工作状态。

丰田卡罗拉汽车制冷系统正常工作时（发动机转速为 1500r/min），低压侧压力为 0.15~0.25MPa，高压侧压力为 1.37~1.57MPa。当高压侧制冷剂压力低于 0.19MPa 或高于 3.14MPa 时，空调放大器控制压缩机停止工作，防止压缩机损坏。

丰田卡罗拉汽车空调制冷剂压力传感器的工作原理如图 5-31 所示，工作电压为 5V，输出信号电压与制冷剂压力的关系如图 5-32 所示。

④ A/C 空调开关。A/C 空调开关闭合信号传送给空调放大器，此信号是空调放大器控制压缩机最重要的信号。A/C 空调开关的电路图如图 5-33 所示。

⑤ 鼓风机电路。空调放大器控制压缩机电磁阀工作前，必须得到鼓风机开关打开信号，以防止蒸发器表面结冰。鼓风机开关信号原理图如图 5-34 所示，当鼓风机开关在关闭档时，空调放大器插接器 A 端子 9 的电位为高电位；当鼓风机开关打开到任意档位时，空调放大器插接器 A 端子 9 通过鼓风机开关端子 4、端子 5 搭铁。当插接器 A 端子 9 电位由高电位变

为0后，空调放大器便确认鼓风机已经工作。

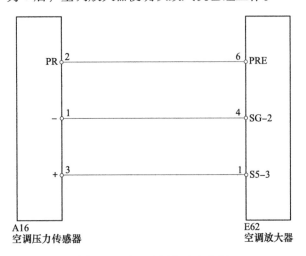

图 5-31　丰田卡罗拉汽车空调
制冷剂压力传感器的工作原理

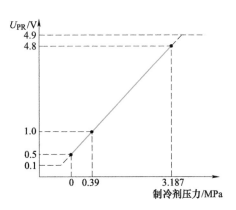

图 5-32　空调制冷剂压力传感器
输出信号电压与制冷剂压力的关系

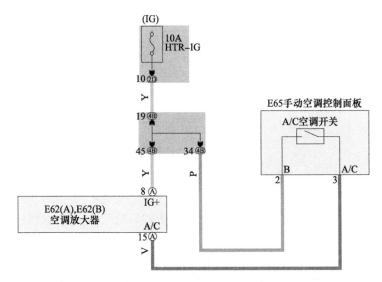

图 5-33　A/C 空调开关的电路图

⑥ 空调压缩机电磁阀。当空调放大器接通空调电磁阀电路时，压缩机开始工作，空调放大器以占空比信号控制电磁阀工作并改变压缩机的排量，以满足车内制冷需求。空调压缩机电磁阀的工作电路图如图 5-35 所示。

⑦ 冷却风扇。冷却风扇的主要作用是给发动机冷却液及制冷系统冷凝器降温的。冷却风扇的控制电路图如图 5-36 所示。当发动机 ECU 接收到空调放大器请求压缩机工作信号时，立刻发送占空比信号到冷却风扇 ECU，冷却风扇开始工作；同时，随着空调制冷负荷增大，冷却风扇的转速也相应提高。

发动机 ECU 根据发动机冷却液温度、空调开关情况、制冷剂压力、发动机转速和车速

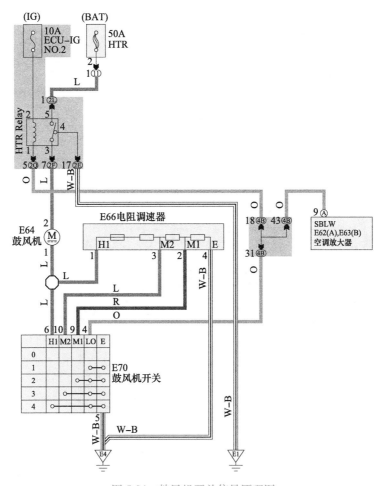

图 5-34　鼓风机开关信号原理图

计算出冷却风扇转速，并将信号传送至冷却风扇 ECU，不断优化冷却风扇的转速。

（9）丰田卡罗拉汽车自动空调系统控制总成及原理　自动空调系统是指冷/热模式、鼓风机转速、出风模式及进风模式等手动空调系统驾驶人操作的内容都由空调放大器自动完成。

1）丰田卡罗拉汽车自动空调系统控制总成。丰田卡罗拉汽车自动空调系统控制总成如图 5-37

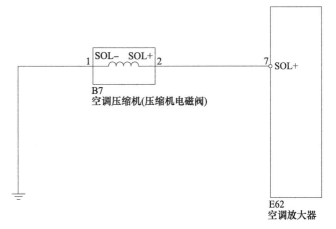

图 5-35　空调压缩机电磁阀的工作电路图

所示，驾驶人按下"TEMP"键设定好温度，再按下"AUTO"键后，空调放大器根据驾驶人设定的温度、车辆运行工况、车内温度以及环境温度等具体因素控制空调压缩机排量、鼓

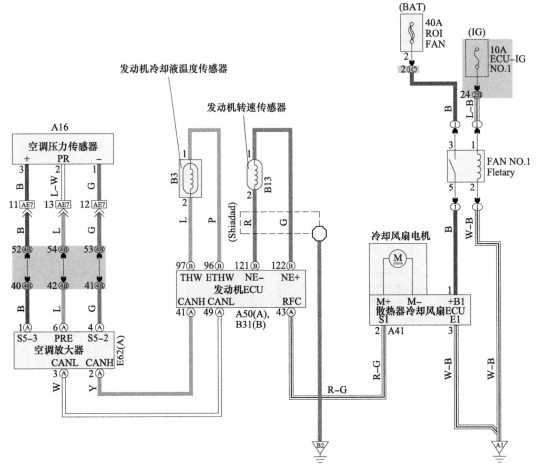

图 5-36　冷却风扇的控制电路图

风机转速、出风模式及进风模式等工况，以最优化的方案快速达到设定的温度。

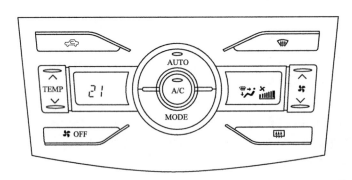

图 5-37　丰田卡罗拉汽车自动空调系统控制总成

　　2）丰田卡罗拉汽车自动空调系统控制原理。丰田卡罗拉汽车自动空调系统控制原理如图 5-38 所示，在手动空调制冷系统的基础上，自动空调制冷系统增加了车内温度传感器与

阳光传感器，增加三个伺服电动机取代了手动空调系统所有的按键或旋钮，空调放大器通过占空比控制鼓风机实现鼓风机转速连续变化。

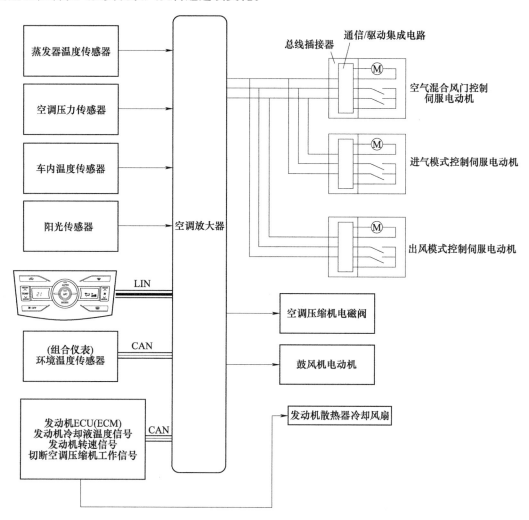

图 5-38 丰田卡罗拉汽车自动空调系统控制原理

3）丰田卡罗拉汽车自动空调系统各部件结构原理。自动空调系统新增加的车内温度传感器及阳光传感器在车上的位置如图 5-39 所示，结构原理如下：

① 车内温度传感器。车内温度传感器用于检测车内的温度，发送信号给空调放大器。车内温度传感器一般安装在仪表板下端，如图 5-40 所示，它是具有负温度系数的热敏电阻，温度为 10℃ 时，阻值是 3.0~3.73kΩ；温度为 35℃ 时，阻值为 1.0~1.22kΩ。

② 阳光传感器。阳光传感器（光敏二极管）可以检测太阳能辐射，将阳光照射强度的变化转换为电压信号输入空调放大器，空调放大器根据此信号修正制冷系统的工况。

阳光传感器的工作特性如图 5-41 所示，当阳光照射强度增加时，电阻减小；当阳光照射强度减少时，电阻增大。阳光传感器的工作原理如图 5-42 所示。

③ 鼓风机。丰田卡罗拉汽车自动空调系统鼓风机及各伺服电动机的位置如图 5-43 所示，鼓风机的工作原理如图 5-44 所示，空调放大器以占空比信号控制鼓风机转速，占空比

信号与鼓风机转速的关系如图 5-45 所示。

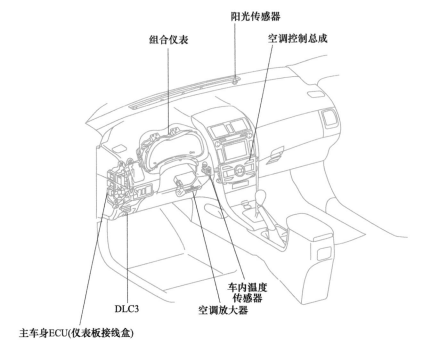

图 5-39 自动空调系统新增加的车内温度传感器及阳光传感器在车上的位置

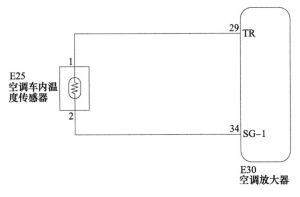

图 5-40 车内温度传感器的工作原理

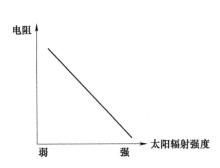

图 5-41 阳光传感器的工作特性

图 5-42 阳光传感器的工作原理

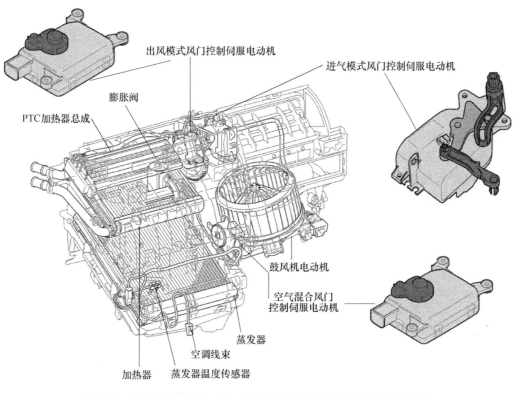

图 5-43　丰田卡罗拉汽车自动空调系统鼓风机及各伺服电动机的位置

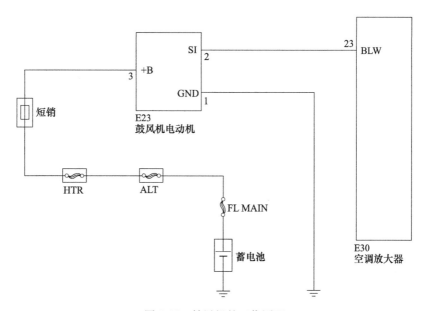

图 5-44　鼓风机的工作原理

④ 伺服电动机控制。空调放大器与伺服电动机之间控制原理如图 5-46 所示，空调放大器与三个伺服电动机之间采用 BUS IC 总线（集成电路间总线）通信，空调放大器通过 BUS IC 总线向各伺服电动机供电及发送控制指令，同时各伺服电动机将风门位置信息反馈给空调放大器。伺服电动机插接器内置通信/驱动集成电路，既能与空调放大器通信，又能驱动伺服电动机。

伺服电动机的结构与原理如图 5-47 所示，伺服电动机内配有位置传感器，位置传感器由转子及三个滑动触点构成，电机轴旋转时带动转子转动，三个滑动触点将有规律地与搭铁环导通，端子 A 与端子 B 的电位将在高电位与低电位间转换，空调放大器根据端子 A 与端子 B 的电位脉冲即可确定电机转子的位置。

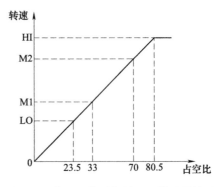

图 5-45　占空比信号与鼓风机转速的关系

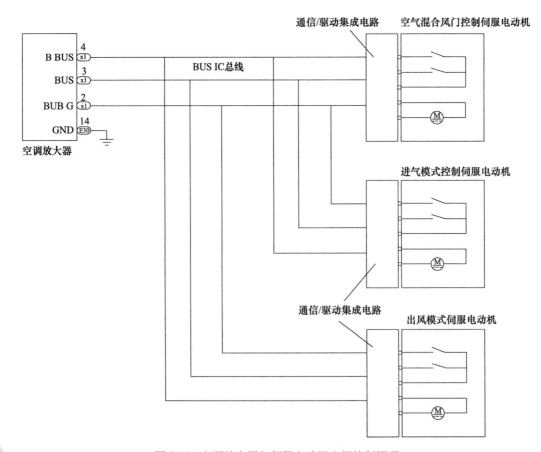

图 5-46　空调放大器与伺服电动机之间控制原理

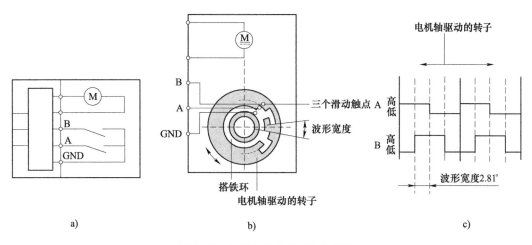

图 5-47   伺服电动机的结构与原理

a）原理图   b）结构图   c）检测端子 A、B 脉冲图

19.2   丰田卡罗拉汽车空调制冷系统不能制冷的故障分析

根据丰田卡罗拉汽车空调制冷系统的工作原理可知，故障的部位及原因分析如图 5-48 所示。

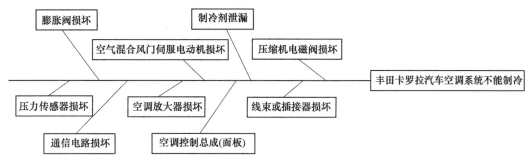

图 5-48   丰田卡罗拉汽车空调制冷系统不能制冷的故障部位及原因分析

19.3   丰田卡罗拉汽车空调制冷系统维修计划与维修设备、材料准备

1. 维修计划

1）外部直观检查。

2）采用万用表等一般仪器检测。

3）采用解码器诊断系统进行故障诊断。

4）确定故障原因和零部件。

5）针对存在的问题进行拆装维修。

2. 维修设备、材料准备

丰田卡罗拉汽车空调制冷系统维修设备与材料准备见表 5-3。

表 5-3　丰田卡罗拉汽车空调制冷系统维修设备与材料准备

名称	数量	名称	数量
解码器	1 台	维修手册	1 套
汽车万用表	1 台	手套、抹布等	1 批
常规拆装工具	1 套	电工胶布等	1 卷
扭力扳手	1 把	工作台	1 台
歧管压力表	1 个	冷媒回收加注机	1 台
温度计	1 个	冷冻油	1 桶

任务实施

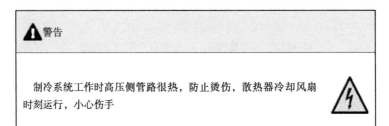

⚠警告

　制冷系统工作时高压侧管路很热，防止烫伤，散热器冷却风扇时刻运行，小心伤手

⚠警告

检测制冷剂压力前，看清发动机舱标识，要确认车辆使用的制冷剂

❄ R134a 0.726 kg　　　❄ R1234yf 0.726 kg

19.4　丰田卡罗拉汽车空调系统不能制冷的故障检查

1. 确认故障现象

接到车辆后，要进行故障现象确认。该车的空调为自动空调系统，起动发动机并控制发动机转速为 2000r/min，调低设定温度，调高鼓风机转速，调整出风模式，打开车门，用手感觉各个出风口温度，最后确认有风量没有冷气，属于空调系统不制冷的故障现象。

2. 故障检测

空调系统不制冷的故障原因较为复杂，检查故障时，由简单到复杂，具体检查步骤如下：

1）目测空调制冷系统高低压侧管路接口、冷凝器表面等能看到的地方是否有油污，管路是否有异常的挤压变形或折弯，目测空调泵传动带、线束是否正常，查看散热器冷却风扇

是否旋转,以上发现问题便要先行处理。

2)先读取故障码,有故障码时,就按故障码的提示进行操作。

3)制冷剂的检测。

① 首先根据表5-4所示设定车辆状态。

表5-4 设定车辆状态

项 目	条 件
车门	全开
温度设置	MAX COLD
鼓风机速度	H1
空调	ON

② 通过观察孔观察制冷剂的状况,见表5-5。

表5-5 制冷剂状况

序号	症 状	制冷剂量	观察结果及对应措施
1	有气泡	不足	
2	不存在气泡(输出 DTC 76)	空,不足或过量	
3	压缩机的进气口和出气口没有温差	空或很少	
4	压缩机进气口和出气口有明显温差	适量或过量	
5	空调关闭后,制冷剂立即变清澈	过量	
6	空调关闭后,制冷剂立即起泡,然后变得清澈	适量	

③ 用歧管压力表检测制冷剂压力。标准的制冷系统压力见表5-6。

表5-6 标准的制冷系统压力

压力侧	制冷剂量	实测结果
低	0.15~0.25MPa(1.5~2.5kgf/cm^2,21.3~35.5psi)	
高	1.37~1.57MPa(14~16kgf/cm^2,199.1~227.5psi)	

④ 制冷剂压力传感器的检测。制冷剂压力传感器的检测方法如图5-49所示,检测条件见表5-7。

⑤ 空气混合风门伺服电动机检测。空调放大器通过 BUS IC 总线控制三个伺服电动机,伺服电动机位置传感器向空调放大器发送脉冲信号,空调放大器据此信号来发出伺服电动机的指令,控制混合风门的位置。

a. 将解码器连接到 DLC3。

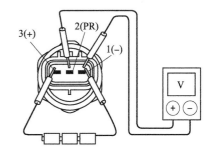

图5-49 制冷剂压力传感器的检测方法

b. 将点火开关置于 IG 位置,并打开智能解码器主开关。

c. 操作温度调节开关,将温度调到最低,然后再调到最高。

d. 选择数据流项目,并读取空气混合风门伺服电动机目标脉冲数据流,测试标准见表5-8。

表 5-7 制冷剂压力传感器的检测条件

解码器连接	条　件	规定状态	实测结果
2-1	① 制冷剂压力：0.39~3.187MPa（57~463psi） ② 将插接器从空调压力传感器上断开 ③ 将 3 节 1.5V 干电池的正极（+）引线连接到端子 3，并将负极（-）引线连接到端子 1 ④ 将电压表正极（+）引线连接到端子 2，负极（-）引线连接到端子 1	1.0~4.8V	

表 5-8 空气混合风门伺服电动机目标脉冲数据流测试标准

解码器显示	测量项目/范围	正常状态	诊断备注
Air Mix Servo Targ Pulse（D） （Air Mix Pulse-D）	驾驶人侧空气混合伺服电动机目标脉冲/最小：0，最大：255	MAX. COLD：92（脉冲） MAX. HOT：5（脉冲）	—

⑥ 空调压缩机电磁阀的检测。丰田卡罗拉汽车压缩机与空调放大器的电路图如图 5-50 所示，断开压缩机线束插接器，压缩机电磁阀端子如图 5-51 所示，压缩机电磁阀的检测条件见表 5-9。

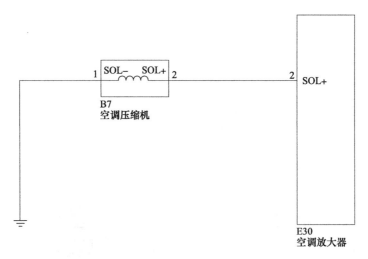

图 5-50 丰田卡罗拉汽车压缩机与空调放大器的电路图

表 5-9 压缩机电磁阀的检测条件

解码器连接	条件	规定状态
B7-2(SOL+)-B7-1(SOL-)	20℃（68℉）	10~11Ω

⑦ 检测空调放大器到压缩机的线束。继续断开空调放大器线束插接器，线束插接器端子如图 5-52 所示，线束检测的方法及标准见表 5-10。

表 5-10　空调放大器到压缩机线束的检测方法及标准

解码器连接	条件	规定状态
E30-2(SOL+)-B7-2(SOL+)	始终	小于 1Ω
E30-2(SOL+)-车身搭铁	始终	10kΩ 或更大
B7-1(SOL-)-车身搭铁	始终	小于 1Ω

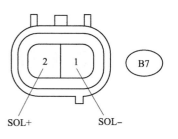

图 5-51　压缩机电磁阀端子

⑧ 检测空调放大器。将空调放大器线束插接器及压缩机电磁阀线束插接器复位插好，起动发动机保持 2000r/min，

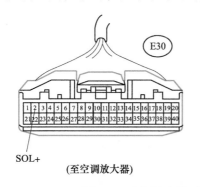

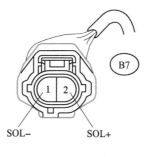

图 5-52　空调放大器到压缩机的线束插接器端子

将设定温度调低，确认鼓风机正常工作。检测空调放大器端子 2 与端子 14 之间的工作波形，空调放大器端子如图 5-53 所示，标准波形及检测波形方法如图 5-54 所示。

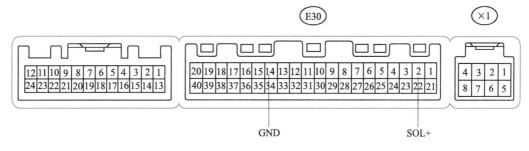

图 5-53　空调放大器端子

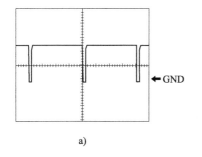

项目	内容
端子号	E30-2(SOL+)-E30-14(GND)
示波器设置	5V/格，500μs/格
车辆状况	发动机运转，制冷系统正常工作

a)　　　　　　　　　　　　　b)

图 5-54　空调放大器控制电磁阀工作标准波形及检测波形方法

a）标准波形　b）检测波形方法

任务 20　汽车空调系统制冷不足故障
的诊断与维修

任务接受

客户报修：我的车（丰田卡罗拉汽车 1.6AT）空调系统冷气不足。

任务准备

20.1　丰田卡罗拉汽车空调制冷系统的信息收集

汽车空调制冷系统在工作过程中，工况较为复杂，对系统各方面的要求较为严格，在使用或维修过程中稍有不慎就会产生制冷效果下降，即感觉车内冷气不足。

1. 空调制冷不足的原因分析

1）制冷剂发生泄漏。车辆在正常使用过程中发现制冷不足，多数原因是制冷剂发生泄漏。

2）制冷管路堵，如膨胀阀、储液干燥器等。

3）环境温度传感器、车内温度传感器、蒸发器温度传感器及阳光传感器等损坏。

4）发动机冷却液温度过高时，发动机 ECU 强制停止空调压缩机的工作，以减少发动机负荷。

5）混合风门或混合风门电机故障。

6）制冷剂中有水分将会产生冰堵，影响制冷效果。

7）冷冻油加注过多。由于冷冻油参与制冷剂的工作循环，因此，冷冻油过多将会影响蒸发器的热交换。

8）压缩机功率下降。空调压缩机气缸磨损过大或进排气阀片关闭不严等原因将导致压缩比下降，即压缩机制冷功率下降，空调冷气不足。

9）散热器冷却风扇或风扇模块故障导致散热器冷却风扇转速下降，降低冷凝器的冷却效果，进而降低蒸发器的制冷效果。

10）空调放大器故障。

11）自动空调控制总成（面板）故障。

2. 制冷剂压力的检测

空调制冷系统在工作时制冷剂的工作压力对制冷效果起着决定性的作用，为此，要能精确地检测制冷剂压力，并通过检测的压力值判断制冷系统存在的故障原因。在检查空调制冷系统制冷剂压力时，先将车辆起动并保持发动机以 1500r/min 的转速运转，鼓风机转速至最高，温度调至最低，将进气模式置于内循环模式，打开车门，这时观察压力表的指针显示，测量结果有以下几种：

（1）制冷剂压力值正常　制冷系统制冷剂正常工作压力显示如图 5-55 所示，丰田卡罗拉汽车制冷系统正常工作时高压侧与低压侧压力标准值见表 5-6。

（2）高压侧与低压侧制冷剂压力均低于标准值　高压侧与低压侧制冷剂压力均低于标

准值，如图 5-56 所示，此时，通过观察窗可以看到气泡。发生这种现象的原因是制冷管路有泄漏。处理方法是补充制冷剂至标准压力值，检查有无泄漏，若有泄漏则需要拆卸制冷系统进行处理。

（3）高压侧与低压侧制冷剂压力不稳定
高压侧与低压侧制冷剂压力不稳定，低压侧更明显，有时显示的是正常工作压力，有时显示的是真空，如图 5-57 所示。发生这种现象的原因是空调制冷管路中有水分，水分在膨胀阀节流孔处

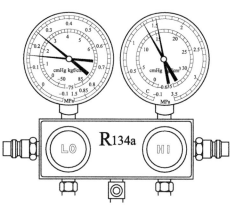

图 5-55　制冷系统制冷剂正常工作压力显示

冻结，导致制冷剂循环堵塞，压缩机停止工作；当冰融化后制冷系统又恢复正常工作。处理方法是更换干燥器并抽真空重新加制冷剂。

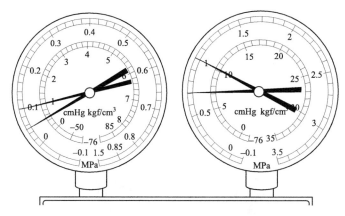

图 5-56　高压侧与低压侧制冷剂压力均低于标准值

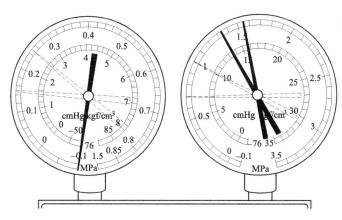

图 5-57　高压侧与低压侧制冷剂压力不稳定

（4）低压侧显示真空、高压侧显示压力非常低　低压侧显示真空，高压侧显示压力非常低，如图 5-58 所示。发生这种现象的原因是制冷管路中的冷凝器（干燥器）或膨胀阀堵

塞。处理方法是清洗或更换。

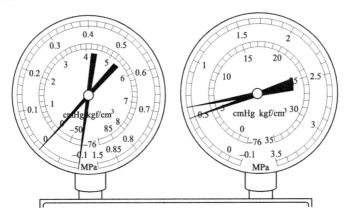

图 5-58　高、低压侧压力显示情况

（5）高压侧与低压侧制冷剂压力均高　高压侧与低压侧制冷剂压力均高，如图 5-59 所示。这时用手摸低压侧管路，若低压管路过热，则说明制冷管路中有空气；若低压管路过凉，则说明膨胀阀不能闭合（卡住）。如果低压侧管路温度没有异常，则检测散热器冷却风扇转速是否正常，检查冷凝器表面是否散热正常，确认是否制冷剂加注过量。

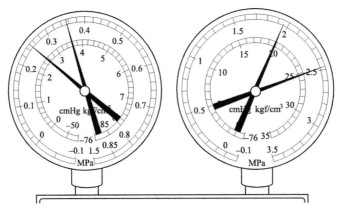

图 5-59　高压侧与低压侧制冷剂压力均高

（6）低压侧压力过高、高压侧的压力过低　低压侧压力过高、高压侧的压力过低，如图 5-60 所示。发生这种现象的原因是压缩机功率不足。处理方法是更换压缩机。

3. 制冷系统泄漏检查

汽车空调制冷系统出现不制冷或制冷不足故障时，主要的原因是制冷管路出现堵、漏，而传感器及空调放大器等 ECU 损坏的可能性较小。

（1）目测检漏　由于制冷剂与冷冻油是相溶的，所以当制冷剂泄漏时一定有油迹。目测时要仔细检测制冷系统管路的接口，通常情况下泄漏是非常细微的，目测检漏很难发现漏点。

（2）肥皂水检测　用气泵将制冷系统管路加压 1.5MPa，然后在制冷管路各接口部位涂上肥皂水，冒泡处即为漏点。

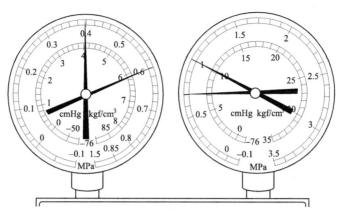

图 5-60　低压侧压力过高、高压侧压力过低

（3）真空检测　用真空泵将系统抽真空至 76cmHg（1cmHg = 13.33Pa）的真空度，保持 20min，然后观察歧管压力表是否有变化，若表针回升，真空度变小，说明制冷管路有泄漏。这种方法只能检测出系统存在泄漏，但不能检测到具体泄漏位置，需要进一步检测。

（4）电子检漏仪　将制冷系统加注制冷剂至正常工作压力，高压侧与低压侧的压力均为 0.5~0.6MPa，用电子检漏仪对着管路各接口位置移动，当检漏仪发出报警时说明此处泄漏。

（5）荧光剂检漏　将荧光剂按一定比例加入制冷系统中，起动车辆发动机，打开空调制冷系统，当制动系统运行几分钟后，关闭空调制冷系统，将发动机熄火。这时，戴上专用眼镜，用检漏灯照射制冷系统管路的接口，泄漏处将呈现黄色荧光。

4. 汽车空调制冷系统维修专用设备

（1）温度计　温度计用来测量车内温度及出风口温度。

（2）湿度计　湿度计用来测量车内湿度。

（3）真空泵　拆检或更换制冷系统的零部件后，制冷系统均需要抽真空后才能注入制冷剂，真空泵便是完成这一任务的专用设备。

图 5-61 所示为刮片式真空泵的结构及工作原理图，工作时在离心力和内部弹簧的张力作用下，刮片紧贴在定子的缸壁上，并将其分隔成吸气腔和压缩腔。转子旋转时进气腔容积逐渐扩大，腔内压力下降，从而吸入气体；与此同时，压缩腔容积逐渐减小，压力升高，气体从排气阀排到大气中。这样不断循环，就可以把制冷系统内的空气抽出，从而达到抽真空的目的。

（4）歧管压力表　歧管压力表是维修汽车空调系统不可缺少的仪表。它用于制冷系统制冷压力检测、抽真空、制冷剂的注入和排放、添加润滑油等作业。

如图 5-62 所示，歧管压力表主要由低压表、高压表、低压手动阀、高压手动阀、阀体 5 和三个软管接头组合而成，其工作原理及使用注意事项如下：

1）压力表组的工作原理。

① 当高压手动阀和低压手动阀同时全开时，全部管道连通。此时接上真空泵便可以对系统进行抽真空。

② 低压手动阀和高压手动阀同时闭合，则可以进行制冷系统高压侧和低压侧的压力检查。

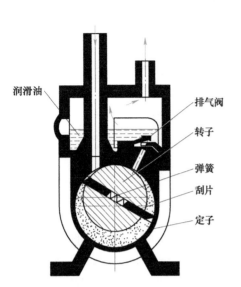

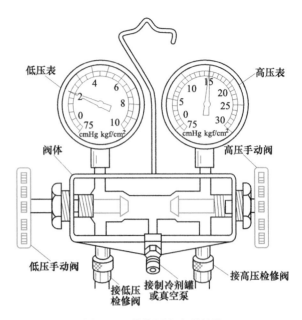

图 5-61　刮片式真空泵的结构及工作原理图

图 5-62　歧管压力表的结构

③ 高压手动阀关闭，低压手动阀打开，则可以由低压侧注入制冷剂。

④ 低压手动阀关闭，高压手动阀打开，则可以由高压侧注入制冷剂。

歧管压力表上的注入软管采用三种颜色。各注入软管的用法如下：一般蓝色软管连接低压侧的检修阀（即压缩机的吸入侧检修阀），绿色软管连接真空泵或制冷剂罐，红色软管连接高压侧的检修阀（即压缩机的排出侧检修阀）。

2）歧管压力表的使用注意事项。

① 歧管压力表软管与接头连接时只许用手拧紧，不准用工具拧紧。

② 歧管压力表不用时，软管要与接头连起来防止灰尘或杂物或水进入管内。

③ 使用时要把管内的空气排空。

④ 歧管压力表是一种精密仪表，应当细心维护，以保持仪表及软管接头的清洁，轻拿轻放。

（5）制冷剂注入阀　罐装的制冷剂需要注入阀才能开罐使用，注入阀的结构如图 5-63 所示。

注入阀由手把、阀针和板状螺母等组成，使用方法如下：

1）首先应将注入阀手把逆时针转动，阀针升高到最高位置，然后将板状螺母也升到最高位置。

2）把注入阀装在罐的顶部，然后顺时针转动板状螺母，使它与罐顶上的螺纹联接并紧固，这样把阀固定在罐的顶部。

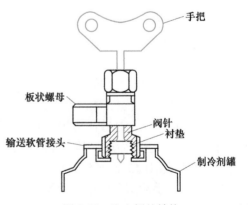

图 5-63　注入阀的结构

3）将歧管压力表中间的软管接在注入阀的接头上，然后将其紧固。

4）顺时针转动手把，阀针下移将制冷剂罐顶部刺破。

5）将注入阀手把逆时针转动，使阀针抬起，与此同时，还应打开歧管压力表的相应手动阀，此时便可向制冷系统加入制冷剂。

6）若要停止制冷剂注入，可顺时针转动注入阀手把使阀针下移封闭罐顶部被刺破的小孔，使制冷剂停止外流，最后将与歧管压力表相连的手动阀关闭。

（6）检漏仪

1）工作原理。电子检漏仪的工作原理图如图5-64所示，当用铂金做成的阳极被加热器加热后，将它放在空气中，会有阳离子射向阴极上，这样在电路中便有电流产生。

如果起动吸气扇，使制冷剂气体通过两极板之间，阳离子的数量便会迅速增加，电路中的电流也会明显增大。再将电路中电流通过放大器放大，放大后的电流可使微安表的指针摆动（有些检漏仪是以产生闪光信号的强弱来标定泄漏的多少，有些仪器设有蜂鸣器进行报警），从而测出制冷剂的泄漏部位及其泄漏强度。

2）电子检漏仪的结构。如图5-65所示，左侧为检漏仪的探测部分，右侧为检漏仪的主体部分，两部分之间用螺旋线（内有几条通电导线）连接。

① 探测部分：探测部分主要由保护套、传感器头、复位键和探测手柄等组成。传感器头内装有铂金制成的阳极及阴极，探测手柄内装有高效吸气扇。

② 主体部分：主体部分的面板设置有选择开关、泄漏强度显示灯和电源显示灯等，仪器底部装有两个1.5V电池，仪器内部装有变压器、放大器和蜂鸣器等。

③ 检漏仪的特点：通过转换开关便可以检测CFC（R12、R11等）、HCFC（R22等）、HFC（环保制冷剂R134a）；当仪器置于已被制冷剂污染的空气中使用时，开关接通后，蜂鸣器便会报警，这时按下复位键，仪器便以当时空气中制冷剂的浓度标定作为基准进行检测。这时只有当空气中制冷剂的浓度高于标定的浓度时，仪器才能显示数据。

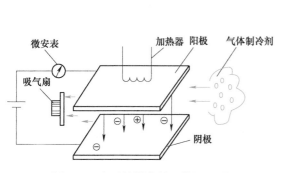

图5-64　电子检漏仪的工作原理图

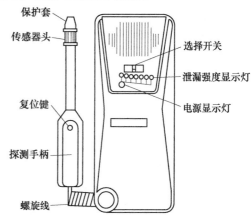

图5-65　电子检漏仪

（7）冷媒加注机　冷媒加注机功能较全，如图5-66所示，主要可以实现回收加注制冷剂、加冷冻油、制冷系统压力测试、抽真空、充电打压、管路免拆清洗等功能。

（8）汽车空调制冷系统维修常用工具及耗材　汽车空调制冷系统维修工具及耗材实物如图5-67所示。

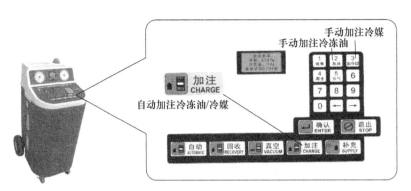

图 5-66 冷媒加注机的功能

加氟管1根　转换头1个　410接头1个　原装机油×1瓶

图 5-67 汽车空调制冷系统维修工具及耗材实物

5. 汽车空调系统的作业内容

（1）检测制冷剂压力

1）如图 5-68 所示，接好歧管压力表检测制冷剂压力，关闭歧管压力表的高低压手动阀，高压手动阀侧软管接制冷管路高压侧维修阀，低压手动阀侧阀软管接制冷管路低压侧维修阀。

2）起动发动机，打开空调开关，调低车内温度，将风机打开高速挡，打开所有车门。此时歧管压力表所读取的数值就是制冷系统实际工作压力，与标准工作压力进行比较，便可判断制冷系统存在哪些故障。

（2）补加制冷剂 若经过检测制冷剂压力确认制冷剂不足时，可进行补加制冷剂作业。

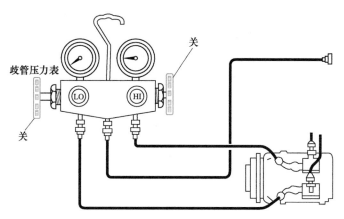

图 5-68　检测制冷系统制冷剂的工作压力

此时工作特点：发动机运行，制冷系统运行，压缩机从低压侧将气态制冷剂吸入制冷系统（制冷剂罐正立）。

1）在检测制冷系统压力的基础上，如图 5-69 所示，将中间软管与制冷剂瓶连接好，打开制冷剂罐，拧松中间注入软管歧管压力表侧的螺母，听到制冷剂排放的声音后，立刻拧紧螺母，此过程的目的是将中间注入软管中的空气排出。

2）将制冷剂罐正立，打开歧管压力表的低压手动阀（切记关闭高压手动阀），让制冷剂以气态的形式进入制冷系统的低压侧。

3）当制冷剂压力达到标准值后，关闭低压手动阀，拆下歧管压力表，结束制冷剂的加注。

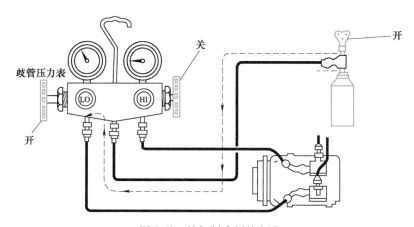

图 5-69　补加制冷剂的方法

（3）抽真空　当汽车空调制冷管路更换储液干燥器、膨胀阀、冷凝器或蒸发器等部件，重新充注制冷剂之前需要对制冷系统进行抽真空作业，抽真空的目的是将管路中的空气及水分彻底排除，否则水分在膨胀阀处易产生冰阻，空气易导致制冷效果下降；另一方面，抽真空也可以检测制冷管路是否存在泄漏点。具体抽真空的步骤如下：

1）正确连接歧管压力表、真空泵，制冷系统抽真空的连接如图 5-70 所示，高压手动阀侧软管接制冷管路高压检修阀，低压手动阀侧软管接制冷管路低压检修阀。

2）开动真空泵，打开歧管压力表的高、低压手动阀。几分钟后，在歧管压力表上产生大于 750mmHg 的真空度，持续 10min 后停止抽真空。

3）关闭高、低压手动阀，其表针应在 10min 内不得回升。这一过程就是前面所说的真空试漏。若在抽真空时系统达不到所需的真空度，或达到了所需的真空度，但在 10min 内表针有回升，则说明制冷系统有泄漏处。检漏时，从低压端注入少量气态制冷剂。当压力达到 100kPa 时，迅速关闭制冷剂瓶和低压手动阀。用电子检漏仪检查漏点，并将漏泄之处修理好再重新开始抽真空。

4）再次开动真空泵，打开歧管压力表的高、低压手动阀，继续抽真空 15min，然后关闭高、低压手动阀，观察是否有泄漏，确认没有泄漏后，抽真空结束，为后面进行系统充注制冷剂做好准备。

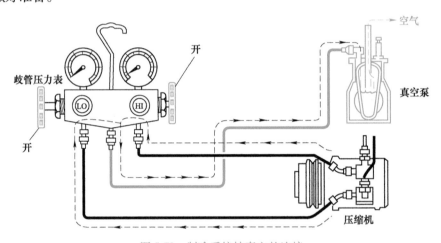

图 5-70　制冷系统抽真空的连接

（4）制冷系统重新加注制冷剂　当制冷系统管路拆开再装复后，就需要重新加注制冷剂才能恢复空调系统制冷功能。在重新加注制冷剂前要考虑应该加多少制冷剂？是否需要加冷冻油？加多少冷冻油等问题。制冷剂与冷冻油加多了都可能导致制冷效果变差，加少了又不能更好地发挥制冷效率。这些问题要根据维修手册的要求严格确定加注量。若需要加注冷冻油则先加注冷冻油，然后再抽真空加注制冷剂。

制冷系统重新加注制冷剂一定要在抽真空之后进行。抽真空并确认没有泄漏点后，便可以向制冷管路中加注制冷剂。为了提高效率，可先在高压侧加注液态制冷剂，其步骤如下：

1）在对制冷系统抽真空后，关闭歧管压力表的高、低压手动阀，断开真空泵，将中间软管与制冷剂瓶连接好，如图 5-71 所示。

2）打开制冷剂罐，拧松中间注入软管歧管压力表侧的螺母，听到制冷剂排放的声音后，立刻拧紧螺母，此过程的目的是将中间注入软管中的空气排出。

3）打开歧管压力表的高压手动阀，制冷剂罐倒立（此时不准打开低压手动阀，不准起动发动机），使制冷剂以液态的形式进入制冷系统的高压侧。当高压侧的制冷剂压力不再增加时（感觉罐中制冷剂不再减少时），关闭歧管压力表的高压侧手动阀。

4）起动发动机，车内温度调至低温，鼓风机转速调至高速，打开所有车门。将制冷剂罐正立，打开歧管压力表的低压手动阀（切记关闭高压手动阀），让制冷剂以气态的形式进

入制冷系统的低压侧。

5）当制冷剂压力达到标准值后，拆下歧管压力表，结束制冷剂的加注。

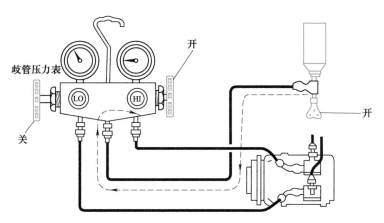

图 5-71　从制冷系统高压侧充入液态制冷剂

20.2　丰田卡罗拉汽车空调系统制冷不足的故障分析

根据丰田卡罗拉汽车空调制冷系统的工作原理可知，故障的部位及原因分析如图 5-72 所示。

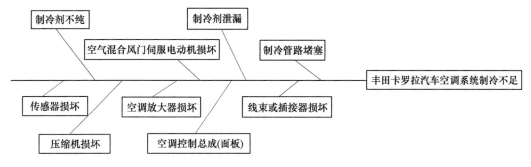

图 5-72　丰田卡罗拉汽车空调系统制冷不足的故障部位及原因分析

20.3　丰田卡罗拉汽车空调制冷系统维修计划与维修设备、材料准备

1. 维修计划

1）外部直观检查。

2）采用万用表等一般仪器检测。

3）采用解码器诊断系统进行故障诊断。

4）确定故障原因和零部件。

5）针对存在的问题进行拆装维修。

2. 维修设备、材料准备

丰田卡罗拉汽车空调制冷系统维修设备与材料准备见表 5-11。

表 5-11　丰田卡罗拉汽车空调制冷系统维修设备与材料准备

名称	数量	名称	数量
解码器	1 台	维修手册	1 套
汽车万用表	1 台	手套、抹布等	1 批
常规拆装工具	1 套	电工胶布等	1 卷
扭力扳手	1 把	工作台	1 台
歧管压力表	1 个	冷媒回收加注机	1 台
温度计	1 个	冷冻油	1 桶

 任务实施

⚠ 警告	
注意不要让液体制冷剂溅入眼睛或溅到皮肤上	

⚠ 警告	
制冷系统工作时，歧管压力表高压阀不能打开，否则易发生制冷剂罐爆炸	

20.4　丰田卡罗拉汽车空调系统制冷不足的故障检查

1. 确认故障现象

接到车辆后，要进行故障现象确认。起动发动机并打开空调制冷系统，控制发动机转速为 1500r/min，调低设定温度，调高鼓风机转速，调整出风模式，打开车门，用手感觉各个出风口温度，最后确认风量正常但制冷效果不理想，属于空调系统制冷不足的故障现象。

2. 故障检测

空调系统制冷不足的故障原因较为复杂，检查故障时，由简单到复杂，具体检查步骤如下：

1）检测车内出风口温度。保持车辆规定状态，如图 5-73 所示，检查出风口的温度，检测结果为 13.78℃，而出口温度标准为 5～8℃。因此，该车空调系统制冷不足的故障现象属实。

此时空调出风口温度为13.78℃，风速为6.4m/s

图 5-73　检测车内出风口温度

2）目测检查。保持车辆状态，如图 5-74 所示，从观察孔中观察制冷管路中是否存在气泡。若有气泡，则说明制冷剂不足，需要补加制冷剂。

同时，要目测空调制冷系统高低压侧管路接口等能看到的地方是否有油污、管路是否有异常的挤压变形或折弯，目测冷凝器的冷却风扇是否正常工作，以上发现问题便要先行处理。

3）用手感觉制冷系统管路温度是否正常，冷凝器的入口与出口的温度差是否正常，蒸发器入口与出口的温度差是否正常，低压管路与高压管路的温度是否正常。如发现问题优先处理。

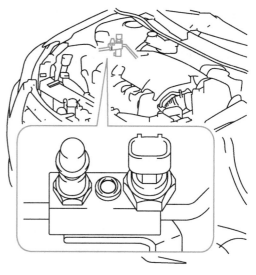

图 5-74　通过观察孔检测制冷系统中是否有气泡

4）检测制冷系统制冷剂压力。保持车辆规定状态，用歧管压力表检测制冷系统制冷剂压力，根据检测结果，若发现问题优先处理。若制冷系统高低压侧压力均低，说明制冷剂不足，需要补加制冷剂至标准值。

5）读取故障码，根据故障码的提示进行处理。

6）经过以上各项检测，若故障还没有排除，可以将制冷系统制冷剂回收，拆解制冷管路进行清洗，视情更换膨胀阀。重新抽真空、加注冷冻油及制冷剂，故障可排除。

任务 21　汽车空调系统无暖风故障的诊断与维修

任务接受

客户报修：我的车（丰田卡罗拉汽车 1.6AT）空调系统无暖风。

任务准备

21.1　丰田卡罗拉汽车空调供暖系统的信息收集

1. 汽车供暖的分类

供暖系统也称为暖风系统，在汽车空调系统中，供暖是重要的功能之一，尤其是在寒冷的北方，冬季车内没有暖风是无法驾驶车辆的。

按热源的不同可将汽车空调供暖系统分为两种类型：余热式供暖系统与独立式供暖系统。

余热式供暖系统是利用发动机冷却液对车内空气进行加热的。轿车车内空间小，取暖需要的热量也少，所以一般都装用余热水暖式供暖系统。

独立式供暖系统是利用独立的热源对车内空气或送入车内的外部新鲜空气进行加热的。

独立热源通常是燃烧汽油、柴油等燃料的燃烧器，或者采用电加热，大型客车常常采用独立式供暖系统，这样才能满足整个车厢内的供暖需求。

2. 余热水暖式供暖系统

余热水暖式供暖系统的工作原理如图 5-75 所示。发动机冷却液温度达到 85℃时，冷却系统中的节温器开启，在水泵的作用下冷却液进行大循环，此时发动机冷却液温度控制为 90℃。从发动机缸套

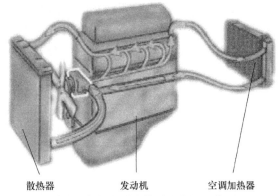

散热器　　　发动机　　　空调加热器

图 5-75　余热水暖式供暖系统的工作原理

出来的高温冷却液一部分流到供暖系统的加热器，另一部分流到散热器散热，在鼓风机的作用下，车内或外部新鲜空气经过加热器后，冷空气变成了热空气。

3. 丰田卡罗拉汽车供暖系统的组成

丰田卡罗拉汽车供暖系统的加热过程由冷却液加热器与 PTC 加热器（电加热）两部分组成，PTC 加热器位于冷却液加热器上方，如图 5-76 所示。这样设计的好处是在冷车起动时车厢内暖风可由 PTC 加热器提供，车内瞬时可达到设定的舒适温度。

PTC 加热器由 PTC 元件、铝散热片和铜片组成，如图 5-77 所示。PTC 材料陶瓷发热元件有热阻小、换热效率高的优点。

当电流施加在 PTC 元件上时，其表面温度维持在 250℃左右，防止 PTC 表面产生"发红"现象。

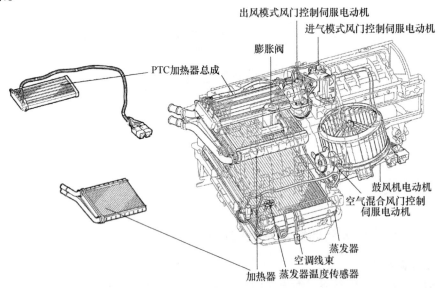

图 5-76　丰田卡罗拉汽车供暖系统加热器位置

4. 丰田卡罗拉汽车供暖系统的工作过程

PTC 加热器功率分为三级，由空调放大器控制，空调放大器根据冷却液温度、环境温度确定 PTC 加热器功率，空调放大器与 PTC 加热器控制系统的组成如图 5-78 所示。

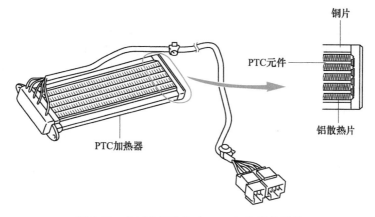

图 5-77　丰田卡罗拉汽车 PTC 加热器的结构

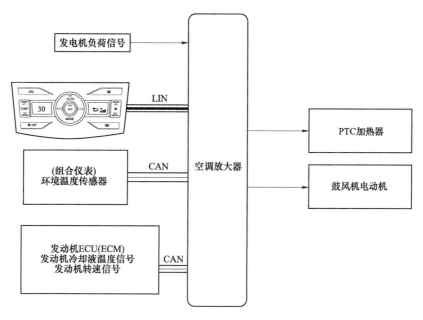

图 5-78　空调放大器与 PTC 加热器控制系统的组成

PTC 加热器与冷却液加热器协同工作关系如图 5-79 所示，PTC 加热器的工作电路图如图 5-80 所示。

1）当冷却液温度小于 65℃ 时，PTC 加热器以最大功率工作。PTC 加热器三个继电器同时闭合，四个加热管同时加热。

2）当冷却液温度为 65～70℃ 时，PTC 加热器在最大功率与中等功率之间切换工作。此时，1 号、2 号继电器常闭，空调放大器根据需要控制 3 号继电器闭合

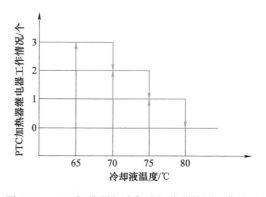

图 5-79　PTC 加热器与冷却液加热器协同工作关系

或打开。

3）当冷却液温度为70~75℃时，PTC加热器在中等功率与最小功率之间切换工作。此时，1号继电器常闭，3号继电器常开，空调放大器根据需要控制2号继电器闭合或打开。

4）当冷却液温度为75~80℃时，PTC加热器在最小功率档间歇工作。此时，2号、3号继电器常开，空调放大器根据需要控制1号继电器闭合或打开。

5）当冷却液温度大于80℃时，空调放大器控制PTC加热器停止工作，供暖系统全部由冷却液加热器完成对车内空气的加热，PTC加热器三个继电器同时断开。

只有当环境温度低于10℃、鼓风机处于工作状态、车内温度设置为最热状态时，PTC加热器才有可能参与暖风工作。同时，空调放大器还要参考发电机的负荷及发动机的负荷控制PTC加热器的功率。

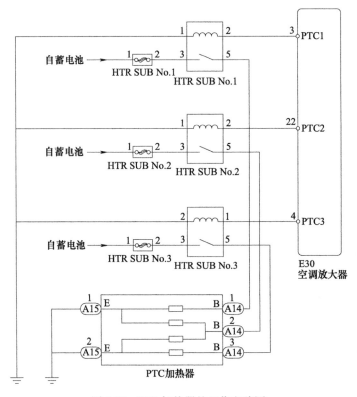

图5-80　PTC加热器的工作电路图

21.2　丰田卡罗拉汽车空调系统无暖风的故障分析

根据丰田卡罗拉汽车空调系统的工作原理可知，故障的部位及原因分析如图5-81所示。

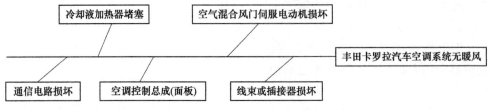

图5-81　丰田卡罗拉汽车空调系统无暖风的故障部位及原因分析

21.3　丰田卡罗拉汽车空调供暖系统维修计划与维修设备、材料准备

1. 维修计划

1）外部直观检查。

2）采用万用表等一般仪器检测。

3）采用解码器诊断系统进行故障诊断。

4）确定故障原因和零部件。

5）针对存在的问题进行拆装维修。

2. 维修设备、材料准备

丰田卡罗拉汽车空调供暖系统维修设备与材料准备见表 5-12。

表 5-12　丰田卡罗拉汽车空调供暖系统维修设备与材料准备

名称	数量	名称	数量
解码器	1 台	维修手册	1 套
汽车万用表	1 台	手套、抹布等	1 批
常规拆装工具	1 套	电工胶布等	1 卷
扭力扳手	1 把	工作台	1 台
温度计	1 个		

⚠ 警告
检查加热器进水管与出水管温度时，小心烫手

21.4　丰田卡罗拉汽车空调系统无暖风的故障检查

1. 确认故障现象

接到车辆后，要进行故障现象的确认。起动发动机待到发动机冷却液温度达到 90℃ 时打开空调系统，温度设定要比环境温度高几度，调高鼓风机转速，用手感觉各个出风口温度，最后确认风量正常但没有暖气，属于空调系统无暖风的故障现象。

2. 故障检测

空调系统无暖风的故障原因较为简单，检查故障时，具体检查步骤如下：

1）打开发动机舱盖，用手摸空调加热器的进水管与出水管，如图 5-82 所示，正常情况进水管与出水管有一定温差，但都应该很热，若进水管很热而出水管不热，说明空调加热器堵塞，需要拆下处理，一般是更换新的加热器。

2）若加热器正常，这时可读取故障码，按照故障码的提示进行处理。

3）若没有故障码，则需要对空气混合风门伺服电动机进行主动测试。

4）若空气混合风门伺服电动机正常，则更换空调控制总成（面板），或者拆卸空调器总成，检查空气混合风门的传动机构是否存在故障。

图 5-82　检查空调加热器的进水管与出水管的冷却液温度

任务 22　汽车空调系统出风口无风故障 的诊断与维修

任务接受

客户报修：我的车（丰田卡罗拉汽车 1.6AT）空调出风口无风。

任务准备

22.1　丰田卡罗拉汽车空调送风系统的信息收集

1. 车内空气循环形式

汽车空调系统工作时，车内空气循环形式有两种：一种是外界新鲜空气进入空调器进行空气调节工作，称为外循环；另一种是车内空气进入空调器进行空气调节工作，称为内循环，如图 5-83 所示。车内空气循环形式的选择由新鲜/再循环空气风门控制，如图 5-84 所示。

2. 汽车空调系统的通风

将新鲜空气送进车内，取代污浊空气的过程，称为通风。通风的目的是使车内空气新鲜，以保证驾乘人员健康和舒适。

汽车空调系统的通风方式有动压通风和强制通风两种。

（1）动压通风　动压通风也叫作自然通风，它是利用汽车行驶时空气对车身表面所产

生的压力为动力，按照车身表面压力分
布规律，在车上适当的地方开设进风口
和排风口，以实现车内的自然通风。

　　进风口应设置在汽车前部的正压
区，并且尽可能要离地面高一些，以免
汽车行驶时扬起的尘土进入车内；排风
口应设置在汽车车厢后部的负压区。

　　轿车自然通风时的空气流动如
图5-85所示，进风口设置在车前风窗玻
璃的下部，而且在进风口处还设有进气
阀门和内循环空气阀门，用来控制新鲜
空气的流量。

　　（2）强制通风　强制通风是利用鼓
风机强制将车外部新鲜空气吸入车内进
行通风换气的。

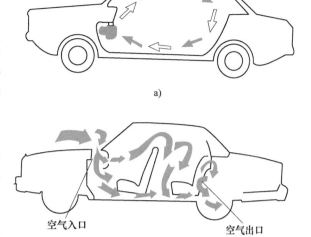

图 5-83　汽车空调进气形式示意图

a）内循环　b）外循环

3. 空气净化系统

　　空气净化系统的作用主要是除去空气中的悬浮尘埃及车内烟雾。汽车在公路上行驶，悬
浮粉尘是其最大的污染。根据粉尘特性的不同，除尘净化可采取过滤除尘和静电除尘两种
形式。

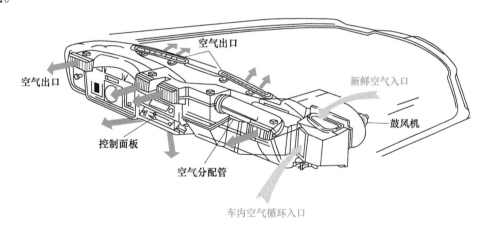

图 5-84　汽车空调进气形式的控制

　　（1）过滤除尘　过滤除尘常
用的方法是采用空调进气滤清器，
简称为空调滤芯。其主要采用由无
纺布、过滤纤维等组成的干式纤维
滤清器对空气进行除尘。对于较大
的尘埃，由于其惯性作用，来不及
随气流转弯而碰在纤维孔壁上；对
于微小颗粒，在围绕纵横交错的纤

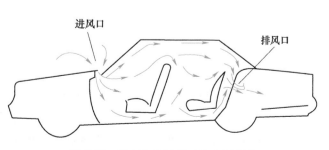

图 5-85　轿车自然通风时的空气流动

维表面运动时，与纤维摩擦产生静电作用，被纤维吸附在其表面。

（2）静电除尘　静电除尘是指利用高压电极产生高压电场，对空气进行电离，使尘粒带电，然后在电场的作用下产生定向运动，沉降在正负电极上，而实现对空气的除尘。

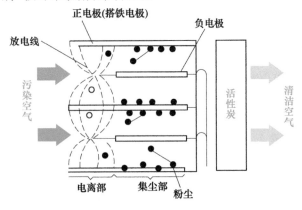

图 5-86　静电式净化器的工作原理

静电式净化器的工作原理如图 5-86 所示，它由电离部、集尘部和活性炭吸附器三部分组成。在电离部的电极之间施加高达 5kV 的高电压，使粉尘电离并带上负电；带负电的粉尘在电场力的作用下，向由正极板构成的集尘部移动。在集尘部，由于正极板外加的高压正电，将带负电的粉尘吸附。除去粉尘后的空气再用活性炭吸附，除去臭味及有害气体，净化后的空气被送至车内。

（3）净化烟雾　在空调器内部设置了烟雾浓度传感器。当空调系统处于 AUTO 方式时，烟雾浓度传感器开始检测烟雾，将信号发送给空调控制单元。有烟雾时空调放大器控制鼓风机自动低速运转，没有烟雾时自动停止，总能保持车内空气清新。

烟雾浓度传感器的结构及原理如图 5-87 所示，其由发光元件、光敏元件及信号处理电路等三部分组成，通过细缝的空气可以自由流动，发光元件间歇地发出红外线，在没有烟雾的情况下，红外线射不到光敏元件上，电路不工作，但当烟雾等进入传感器内部时，烟雾粒子对间歇的红外光进行漫反射，就有红外光射到光敏元件上，这时空调放大器判断出车内有烟雾，就会使鼓风机旋转。

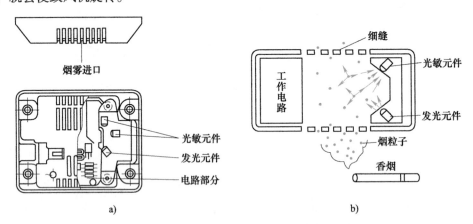

a)　　　　　　　　　　　　b)

图 5-87　烟雾浓度传感器的结构及原理

a) 传感器的结构　b) 传感器的工作原理

（4）空气质量传感器　空气质量传感器安装在新鲜空气吸入装置内，如图 5-88 所示，当空调系统处于 AUTO 方式时，空气质量传感器用来监测外界空气的污染程度，空调放大器根据空气污染程度及环境温度自动将外循环转为内循环模式工作。

4. 汽车空调出风口风量与出风模式

丰田卡罗拉汽车出风口如图 5-89 所示，在不同出风模式下各出风口风量比例见表 5-13。

空气质量传感器
G238

图 5-88　空气质量传感器安装在新鲜空气吸入装置内

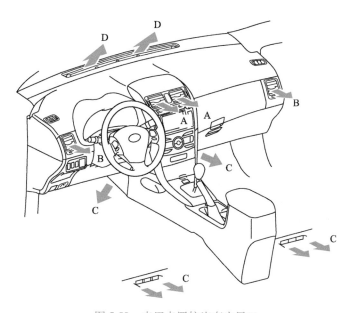

图 5-89　丰田卡罗拉汽车出风口

表 5-13　丰田卡罗拉汽车各出风口风量比例

说明（模式）	中央	侧部	吹脚	除霜
	A	B	C	D
面部 🏃	○	○	—	—
双级 ↙🏃	○	○	○	—
脚部 ↙🏃	—	○	○	○

（续）

说明（模式）	中央	侧部	吹脚	除霜
	A	B	C	D
脚部/除霜	—	○	○	○
除霜	—	○	—	○

注：○的尺寸表示风量的比例。

22.2 丰田卡罗拉汽车空调出风口无风的故障分析

根据丰田卡罗拉汽车空调系统的工作原理可知，故障的部位及原因分析如图5-90所示。

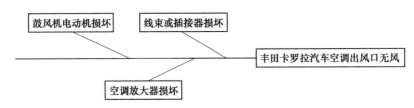

图 5-90 丰田卡罗拉汽车空调出风口无风的故障部位及原因分析

22.3 丰田卡罗拉汽车空调系统维修计划与维修设备、材料准备

1. 维修计划

1）外部直观检查。

2）采用万用表等一般仪器检测。

3）采用解码器诊断系统进行故障诊断。

4）确定故障原因和零部件。

5）针对存在的问题进行拆装维修。

2. 维修设备、材料准备

丰田卡罗拉汽车空调系统维修设备与材料准备见表5-14。

表 5-14 丰田卡罗拉汽车空调系统维修设备与材料准备

名称	数量	名称	数量
解码器	1台	维修手册	1套
汽车万用表	1台	手套、抹布等	1批
常规拆装工具	1套	电工胶布等	1卷
扭力扳手	1把	工作台	1台

任务实施

22.4 丰田卡罗拉汽车空调出风口无风的故障检查

1. 确认故障现象

接到车辆后，要进行故障现象确认。打开点火开关，调高鼓风机转速，调整出风模式，

用手感觉各个出风口风量，最后确认出风口无风量，属于空调系统出风口无风量的故障现象。

2. 故障检测

丰田卡罗拉汽车空调系统鼓风机的电路原理如图 5-44 所示，针对空调系统出风口无风量的故障现象，具体检查步骤如下：

1）检查鼓风机熔丝。图 5-91 所示为发动机舱继电器盒内鼓风机 HTR 熔丝的位置，拆下HTR 熔丝并检查是否正常，若正常则进入下一步。

2）对鼓风机做主动测试。将解码器连接到DLC3，打开点火开关置于 ON 档，选择主动测试中的鼓风机电动机项目，丰田卡罗拉汽车鼓风机主动测试标准见表 5-15，鼓风机共有 31 个等级，若测试结果正常，则进入下一步。

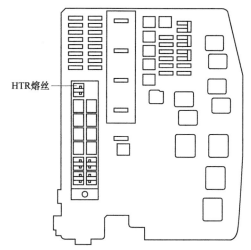

图 5-91　发动机舱继电器盒内
鼓风机 HTR 熔丝的位置

表 5-15　丰田卡罗拉汽车鼓风机主动测试标准

解码器显示	测试部位
Blower Motor（鼓风机电动机）	鼓风机电动机/最小：0，最大：31

3）检测空调放大器。打开点火开关，打开鼓风机开关，空调放大器端子如图 5-92 所示，测量空调放大器端子 E30-23（BLW）和车身搭铁之间的波形，标准波形如图 5-93 所示。调整空调控制总成（面板）鼓风机的转速，空调放大器输出的占空比波形随着鼓风机速度等级而变化，若测试结果正常，则进入下一步。否则更换空调放大器。

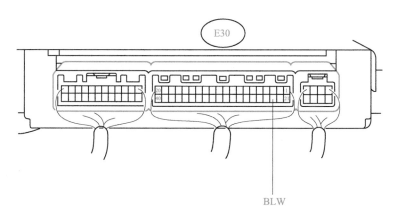

图 5-92　空调放大器端子

4）更换空调控制总成（面板）。

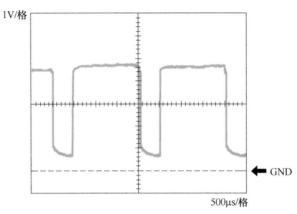

图 5-93　空调放大器控制鼓风机的标准波形

参 考 文 献

［1］吉利，马明芳 . 舒适与安全系统诊断与维修 ［M］. 北京：机械工业出版社，2016.

［2］毛峰 . 汽车车身电控技术 ［M］. 3 版 . 北京：机械工业出版社，2016.

［3］毛峰 . 汽车电器设备与维修 ［M］. 3 版 . 北京：机械工业出版社，2019.

说　明

1. "学习工作页"配套相应主教材使用；

2. 教师根据教学进度，布置学习工作页中相应任务，也可以变更补充；

3. "学习工作页"由学生独立或集体完成；

4. 教师及时检查批改学生完成工作页情况，并给以评分；

5. 教师定期组织学生撰写海报，并进行交流。

目　　录

项目 1　汽车仪表与报警系统故障诊断与维修 ··· 1

　　任务 1　汽车仪表不工作故障的诊断与维修 ··· 1

　　任务 2　冷却液温度表不工作故障的诊断与维修 ······································· 4

　　任务 3　燃油表不工作故障的诊断与维修 ··· 7

　　任务 4　车速表不工作故障的诊断与维修 ·· 10

　　任务 5　发动机转速表不工作故障的诊断与维修 ····································· 12

项目 2　电动车窗等辅助电气系统故障诊断与维修 ······································· 15

　　任务 6　右后车窗玻璃不能下降故障的诊断与维修 ·································· 15

　　任务 7　左侧后视镜不能调整故障的诊断与维修 ····································· 18

　　任务 8　驾驶人侧电动座椅不能调整故障的诊断与维修 ·························· 20

　　任务 9　电动天窗不能打开故障的诊断与维修 ·· 24

　　任务 10　刮水器不工作故障的诊断与维修 ··· 26

　　任务 11　后风窗玻璃除雾器不工作故障的诊断与维修 ······························ 29

项目 3　安全与防盗系统故障诊断与维修 ··· 32

　　任务 12　驾驶人侧车门不能锁止故障的诊断与维修 ································· 32

　　任务 13　不能进入防盗报警模式故障的诊断与维修 ································· 35

　　任务 14　安全气囊警告灯常亮故障的诊断与维修 ···································· 37

项目 4　车道变换等辅助驾驶系统故障诊断与维修 ······································· 42

　　任务 15　驻车距离报警系统不工作故障的诊断与维修 ······························ 42

　　任务 16　自动泊车系统不工作故障的诊断与维修 ···································· 44

　　任务 17　车道变换辅助系统不工作故障的诊断与维修 ······························ 47

　　任务 18　自适应巡航系统不工作故障的诊断与维修 ································· 50

项目 5　汽车空调系统故障诊断与维修 ··· 53

　　任务 19　汽车空调系统不能制冷故障的诊断与维修 ································· 53

　　任务 20　汽车空调系统制冷不足故障的诊断与维修 ································· 56

　　任务 21　汽车空调系统无暖风故障的诊断与维修 ···································· 59

　　任务 22　汽车空调系统出风口无风故障的诊断与维修 ······························ 62

项目1　汽车仪表与报警系统故障诊断与维修

任务1　汽车仪表不工作故障的诊断与维修

1.1　下图为丰田卡罗拉汽车组合仪表示意图，请说明表盘每个部分的名称及作用。

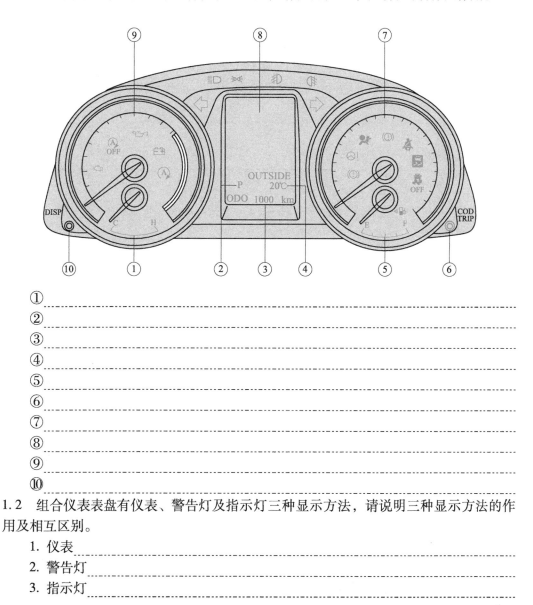

①
②
③
④
⑤
⑥
⑦
⑧
⑨
⑩

1.2　组合仪表表盘有仪表、警告灯及指示灯三种显示方法，请说明三种显示方法的作用及相互区别。

1. 仪表

2. 警告灯

3. 指示灯

4. 相互区别：

1.3　当丰田卡罗拉汽车在行驶过程中组合仪表表盘显示下列符号，请说明每个符号表达的含义。

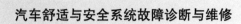 _____

_____

_____

_____

_____

_____

_____

_____

_____

_____

_____

1.4　在丰田卡罗拉汽车上找到 METER 熔丝及 ECU-B 熔丝，说明在车上哪个熔丝盒第几号位置。

　　METER 熔丝_____

　　ECU-B 熔丝_____

1.5　小组完成"汽车仪表不工作故障的诊断与维修"工单。

　　1. 故障描述

车上检查并确认故障现象。

故障现象：_____

_____

　　2. 车辆的基本信息与基本检查

基本信息	车架号		车牌号	
	行驶里程		车辆年款	

基本检查	发动机怠速	□正常	□不正常
	仪表盘是否有警告灯亮	□正常	□不正常
	冷却液液位	□正常	□不正常
	机油液位	□正常	□不正常
	蓄电池电量	□正常	□不正常

外观检查		刮痕：□正常　□不正常 变形：□正常　□不正常 破损：□正常　□不正常

3. 制订工作计划及小组分工

_____

_____

_____

_____

4. 设计诊断流程

①_____ ②_____ ③_____

④_____ ⑤_____ ⑥_____

5. 任务实施

依据诊断流程，参照维修手册进行规范操作，并记录检测内容、方法及数据。

诊断流程	检测内容	选项	
第（　）步		□正常	□不正常
第（　）步		□正常	□不正常
第（　）步		□正常	□不正常
第（　）步		□正常	□不正常
第（　）步		□正常	□不正常
第（　）步		□正常	□不正常
第（　）步		□正常	□不正常
第（　）步		□正常	□不正常
第（　）步		□正常	□不正常
第（　）步		□正常	□不正常
结论	故障内容		
	排除方法		
	对车主合理建议		

6. 学习评价

小组学生可以自评及互评，教师对每个学生进行工作评价。

	学生 1	学生 2	学生 3	学生 4	学生 5	备注
安全生产						
车间 5S 标准						
工具仪器使用						
故障诊断方法						
查阅资料						
原因分析						
诊断流程设计						
结论正确						
工作态度						
课堂纪律						

任务 2　冷却液温度表不工作故障的诊断与维修

2.1　下图为冷却液温度表原理图，请回答下列问题。

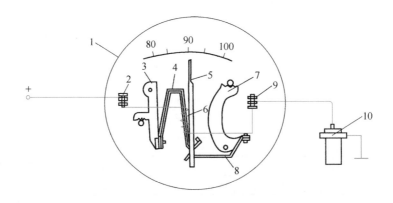

　　1. 序号 4 的名称是＿＿＿＿＿＿，其组成及特点是＿＿＿＿＿＿＿＿＿＿＿＿＿

＿＿＿＿＿＿＿＿＿＿＿＿＿＿＿＿＿＿＿＿＿＿＿＿＿＿＿＿＿＿＿＿＿＿＿＿＿

　　2. 序号 10 的名称是＿＿＿＿＿＿，其组成及特点是＿＿＿＿＿＿＿＿＿＿＿＿＿

＿＿＿＿＿＿＿＿＿＿＿＿＿＿＿＿＿＿＿＿＿＿＿＿＿＿＿＿＿＿＿＿＿＿＿＿＿

2.2　下图为丰田卡罗拉汽车冷却液温度表原理图，请回答下列问题。

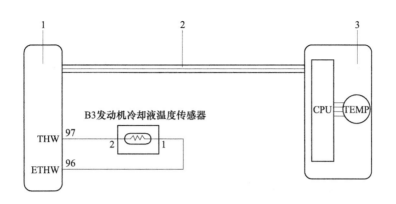

序号 1 表示的是＿＿＿＿＿＿，序号 2 表示的是＿＿＿＿＿＿，序号 3 表示的是
＿＿＿＿＿＿。发动机冷却液温度传感器可以设计为直接连接到序号 3 吗?
＿＿＿＿＿＿，为什么?＿＿＿＿＿＿＿＿＿＿＿＿＿＿＿＿＿＿＿＿＿＿
＿＿＿＿＿＿＿＿＿＿＿＿＿＿＿＿＿＿＿＿＿＿＿＿＿＿＿＿＿＿＿＿＿＿

2.3　发动机冷却液温度表的原理及使用注意事项。

1. 发动机冷却液温度表通常也称为＿＿＿＿＿＿，其作用＿＿＿＿＿＿
＿＿＿＿＿＿＿＿＿＿＿＿＿＿。冷却液温度表的工作电路由＿＿＿＿＿＿
和＿＿＿＿＿＿两部分组成。

2. 发动机冷却液温度表在发动机正常工作时其显示的温度一般是＿＿＿＿＿＿，
当冷却液温度高于＿＿＿＿＿＿时就要停车，等待维修人员来救援。

3. 在发动机正常工作时发动机冷却液温度表不工作（指针在刻度最低端），发生这
种故障现象的原因有＿＿＿＿＿＿、＿＿＿＿＿＿或＿＿＿＿＿＿。

4. 某些德系车除配有发动机冷却液温度表外，还配有＿＿＿＿＿＿，当冷却液温
度高于＿＿＿＿＿＿报警，提醒驾驶人发动机冷却液温度过高，需要立刻停车，等待维
修人员来救援；同时冷却系统还配有＿＿＿＿＿＿，当冷却液不足时报警，
提醒驾驶人需要安排时间到维修企业做检查。

2.4　小组完成"冷却液温度表不工作故障的诊断与维修"工单。

1. 故障描述

车上检查并确认故障现象。

故障现象：＿＿＿＿＿＿＿＿＿＿＿＿＿＿＿＿＿＿＿＿＿＿＿＿＿＿＿＿＿
＿＿＿＿＿＿＿＿＿＿＿＿＿＿＿＿＿＿＿＿＿＿＿＿＿＿＿＿＿＿＿＿＿＿

2. 车辆的基本信息与基本检查

基本信息	车架号		车牌号	
	行驶里程		车辆年款	

基本检查	发动机怠速	□正常	□不正常
	仪表盘是否有警告灯亮	□正常	□不正常
	冷却液液位	□正常	□不正常
	机油液位	□正常	□不正常
	蓄电池电量	□正常	□不正常

外观检查		刮痕：□正常　　□不正常 变形：□正常　　□不正常 破损：□正常　　□不正常

3. 制订工作计划及小组分工

_____

_____

_____

_____

4. 设计诊断流程

① _____ ② _____ ③ _____

④ _____ ⑤ _____ ⑥ _____

5. 任务实施

依据诊断流程，参照维修手册进行规范操作，并记录检测内容、方法及数据。

诊断流程	检测内容	选项	
第（　）步		□正常	□不正常
第（　）步		□正常	□不正常
第（　）步		□正常	□不正常
第（　）步		□正常	□不正常
第（　）步		□正常	□不正常
第（　）步		□正常	□不正常
第（　）步		□正常	□不正常
第（　）步		□正常	□不正常
第（　）步		□正常	□不正常
第（　）步		□正常	□不正常
结论	故障内容		
	排除方法		
	对车主合理建议		

6. 学习评价

小组学生可以自评及互评，教师对每个学生进行工作评价。

	学生 1	学生 2	学生 3	学生 4	学生 5	备注
安全生产						
车间 5S 标准						
工具仪器使用						
故障诊断方法						
查阅资料						
原因分析						
诊断流程设计						
结论正确						
工作态度						
课堂纪律						

任务 3　燃油表不工作故障的诊断与维修

3.1　下图为燃油表的原理图，请回答下列问题。

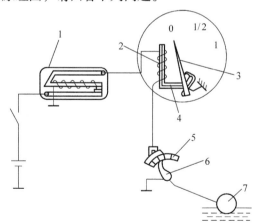

　　1. 序号 1 的名称是＿＿＿＿＿＿＿＿＿＿，其组成及特点是＿＿＿＿＿＿＿＿＿＿＿＿，
作用是＿＿＿＿＿＿＿＿＿＿＿＿＿＿＿＿＿＿＿＿＿＿＿＿＿＿＿＿＿＿＿＿＿＿＿＿
　　2. 序号 2 的名称是＿＿＿＿＿＿＿＿＿，其作用是＿＿＿＿＿＿＿＿＿＿＿＿＿＿＿
　　3. 序号 4 的名称是＿＿＿＿＿＿＿＿＿，其作用是＿＿＿＿＿＿＿＿＿＿＿＿＿＿＿
　　4. 序号 5 的名称是＿＿＿＿＿＿＿＿＿，其作用是＿＿＿＿＿＿＿＿＿＿＿＿＿＿＿
　　5. 序号 6 的名称是＿＿＿＿＿＿＿＿＿，其作用是＿＿＿＿＿＿＿＿＿＿＿＿＿＿＿
　　6. 序号 7 的名称是＿＿＿＿＿＿＿＿＿，其作用是＿＿＿＿＿＿＿＿＿＿＿＿＿＿＿
3.2　下图为丰田卡罗拉汽车燃油表原理图，如何检测燃油表传感器是否正常？

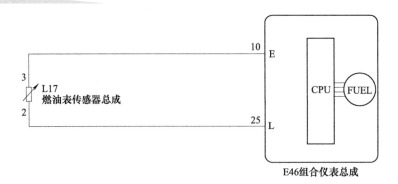

E46组合仪表总成

3.3　汽车燃油表的基本原理及使用注意事项。

1. 汽车燃油表的作用是＿＿＿＿＿＿＿＿＿＿＿＿＿＿＿＿＿＿＿＿＿＿＿。燃油表的工作电路由＿＿＿＿＿＿＿＿＿＿＿和＿＿＿＿＿＿＿＿＿＿两部分组成。

2. 当丰田卡罗拉汽车燃油表指针到红色区域时，燃油警告灯亮起，这时油箱还剩燃油约＿＿＿＿＿＿＿＿＿＿L，大约可继续行驶＿＿＿＿＿＿＿＿＿＿km。正常驾驶车辆时，当燃油表指针接近红色区域时就要及时给车辆加油，否则，由于燃油过少导致＿＿＿＿＿＿＿＿＿＿＿＿＿不能充分冷却而烧坏。

3.4　小组完成"燃油表不工作故障的诊断与维修"工单。

1. 故障描述

车上检查并确认故障现象。

故障现象：＿＿＿＿＿＿＿＿＿＿＿＿＿＿＿＿＿＿＿＿＿＿＿＿＿＿＿＿＿＿＿

2. 车辆的基本信息与基本检查

基本信息	车架号		车牌号	
	行驶里程		车辆年款	
基本检查	发动机怠速		□正常	□不正常
	仪表盘是否有警告灯亮		□正常	□不正常
	冷却液液位		□正常	□不正常
	机油液位		□正常	□不正常
	蓄电池电量		□正常	□不正常
外观检查			刮痕：□正常　　□不正常 变形：□正常　　□不正常 破损：□正常　　□不正常	

3. 制订工作计划及小组分工

_____

_____

_____

_____

4. 设计诊断流程

①_____ ②_____ ③_____

④_____ ⑤_____ ⑥_____

5. 任务实施

依据诊断流程，参照维修手册进行规范操作，并记录检测内容、方法及数据。

诊断流程	检测内容	选项	
第（　）步		□正常	□不正常
第（　）步		□正常	□不正常
第（　）步		□正常	□不正常
第（　）步		□正常	□不正常
第（　）步		□正常	□不正常
第（　）步		□正常	□不正常
第（　）步		□正常	□不正常
第（　）步		□正常	□不正常
第（　）步		□正常	□不正常
第（　）步		□正常	□不正常
结论	故障内容		
	排除方法		
	对车主合理建议		

6. 学习评价

小组学生可以自评及互评，教师对每个学生进行工作评价。

	学生 1	学生 2	学生 3	学生 4	学生 5	备注
安全生产						
车间 5S 标准						
工具仪器使用						
故障诊断方法						
查阅资料						
原因分析						
诊断流程设计						
结论正确						
工作态度						
课堂纪律						

任务4 车速表不工作故障的诊断与维修

4.1 下图为丰田卡罗拉汽车车速表原理图，请简述其工作原理。

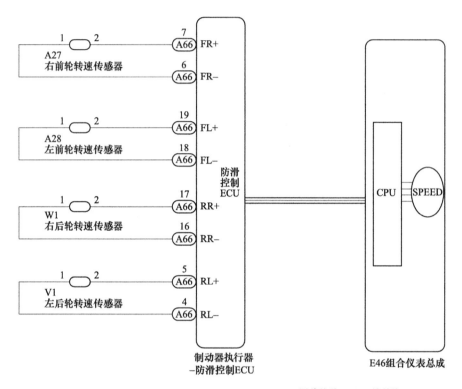

4.2 下图为丰田卡罗拉汽车轮速传感器结构图，请简述其工作原理。

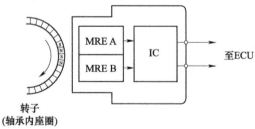

4.3 小组完成"车速表不工作故障的诊断与维修"工单

1. 故障描述

车上检查并确认故障现象。

故障现象：_____

_____

2. 车辆基本信息与基本检查

基本信息	车架号		车牌号	
	行驶里程		车辆年款	
基本检查	发动机怠速		□正常	□不正常
	仪表盘是否有警告灯亮		□正常	□不正常
	冷却液液位		□正常	□不正常
	机油液位		□正常	□不正常
	蓄电池电量		□正常	□不正常
外观检查	(图示)		刮痕：□正常 变形：□正常 破损：□正常	□不正常 □不正常 □不正常

3. 制定工作计划及小组分工

_____

_____

_____

_____

4. 设计诊断流程

①_____ ②_____ ③_____

④_____ ⑤_____ ⑥_____

5. 任务实施

依据诊断流程，参照维修手册进行规范操作，并记录检测内容、方法及数据。

诊断流程	检测内容	选项	
第（ ）步		□正常	□不正常
第（ ）步		□正常	□不正常
第（ ）步		□正常	□不正常
第（ ）步		□正常	□不正常
第（ ）步		□正常	□不正常

（续）

诊断流程	检测内容	选项	
第（　　）步		□正常	□不正常
第（　　）步		□正常	□不正常
第（　　）步		□正常	□不正常
第（　　）步		□正常	□不正常
第（　　）步		□正常	□不正常
结论	故障内容		
	排除方法		
	对车主合理建议		

6. 学习评价

小组学生可以自评及互评，教师对每个学生进行工作评价。

	学生1	学生2	学生3	学生4	学生5	备注
安全生产						
车间5S标准						
工具仪器使用						
故障诊断方法						
查阅资料						
原因分析						
诊断流程设计						
结论正确						
工作态度						
课堂纪律						

任务5　发动机转速表不工作故障的诊断与维修

5.1　下图为丰田卡罗拉汽车发动机转速表原理图，请简述其工作原理。

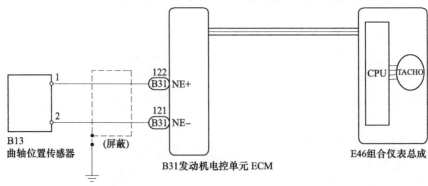

_____

_____

_____

_____

5.2　下图为丰田卡罗拉汽车发动机转速传感器结构图，请简述其工作原理。

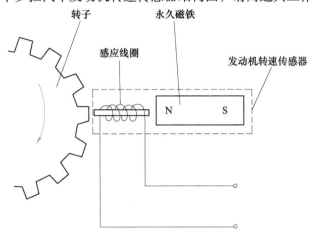

_____

_____

_____

_____

5.3　小组完成"发动机转速表不工作故障的诊断与维修"工单。

　　1. 故障描述

车上检查并确认故障现象。

故障现象：_____

　　2. 车辆的基本信息与基本检查

基本 信息	车架号		车牌号	
	行驶里程		车辆年款	
基本 检查	发动机怠速	□正常		□不正常
	仪表盘是否有警告灯亮	□正常		□不正常
	冷却液液位	□正常		□不正常
	机油液位	□正常		□不正常
	蓄电池电量	□正常		□不正常
外观 检查		刮痕：□正常 变形：□正常 破损：□正常		□不正常 □不正常 □不正常

3. 制定工作计划及小组分工

_____

_____

_____

_____

4. 设计诊断流程

①_____ ②_____ ③_____

④_____ ⑤_____ ⑥_____

5. 任务实施

依据诊断流程，参照维修手册进行规范操作，并记录检测内容、方法及数据。

诊断流程	检测内容	选项	
第（　）步		□正常	□不正常
第（　）步		□正常	□不正常
第（　）步		□正常	□不正常
第（　）步		□正常	□不正常
第（　）步		□正常	□不正常
第（　）步		□正常	□不正常
第（　）步		□正常	□不正常
第（　）步		□正常	□不正常
第（　）步		□正常	□不正常
第（　）步		□正常	□不正常
结论	故障内容		
	排除方法		
	对车主合理建议		

6. 学习评价

小组学生可以自评及互评，教师对每个学生进行工作评价。

	学生 1	学生 2	学生 3	学生 4	学生 5	备注
安全生产						
车间 5S 标准						
工具仪器使用						
故障诊断方法						
查阅资料						
原因分析						
诊断流程设计						
结论正确						
工作态度						
课堂纪律						

项目2 电动车窗等辅助电气系统故障诊断与维修

任务6 右后车窗玻璃不能下降故障的诊断与维修

6.1 下图为丰田卡罗拉汽车车窗主控开关的结构图，请回答下列问题。

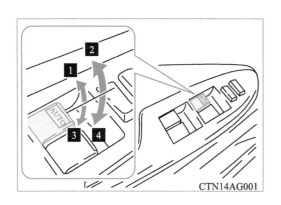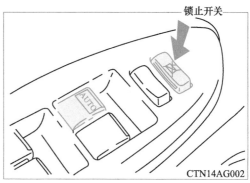

1. 图中1、2表示_____
2. 图中3、4表示_____
3. 图中"锁止开关"表示_____，
其原理是_____

6.2 下图为丰田卡罗拉汽车右后车窗玻璃升降电机控制原理图，请回答下列问题。

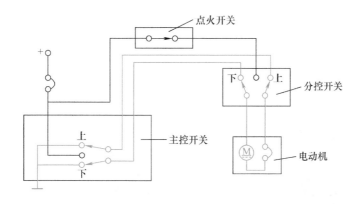

   1. 针对一个车窗玻璃升降电机设置两个开关的目的是_____

_____。

两个开关相线的区别是_____

玻璃升降电机的特点是_____；

2. 当驾驶人发现用主控开关不能操控右后车窗玻璃升降时，可用右后门的_____来操控右后玻璃升降，若正常则说明_____；若不能操控右后玻璃升降，则_____损坏可能性较大。

6.3　电动车窗玻璃的控制原理及使用注意事项。

1. 为了提高乘客舒适性及行驶安全性，乘客侧车窗玻璃控制都设有两个开关，分别为驾驶人使用的_____及乘客使用的_____，当驾驶人按下门窗玻璃升降禁止开关时，乘客使用的_____功能无效。

2. 电动车窗具有一键到底功能时，使用时避免将手或头_____，防止_____

3. 车辆在高速公路行驶时，禁止打开车窗玻璃，理由是_____；正确的通风方法是利用_____

4. 当驾驶人离开车辆锁车时，发现有个车窗玻璃没有关闭，这时正确的操作_____

6.4　小组完成"右后车窗玻璃不能下降故障的诊断与维修"工单。

1. 故障描述

车上检查并确认故障现象。

故障现象：_____

2. 车辆的基本信息与基本检查

基本信息	车架号		车牌号	
	行驶里程		车辆年款	
基本检查	发动机怠速		□正常	□不正常
	仪表盘是否有警告灯亮		□正常	□不正常
	冷却液液位		□正常	□不正常
	机油液位		□正常	□不正常
	蓄电池电量		□正常	□不正常
外观检查			刮痕：□正常　　□不正常 变形：□正常　　□不正常 破损：□正常　　□不正常	

3. 制订工作计划及小组分工

_____

_____

_____

_____

4. 设计诊断流程

① _____ ② _____ ③ _____

④ _____ ⑤ _____ ⑥ _____

5. 任务实施

依据诊断流程，参照维修手册进行规范操作，并记录检测内容、方法及数据。

诊断流程	检测内容	选项	
第（ ）步		□正常	□不正常
第（ ）步		□正常	□不正常
第（ ）步		□正常	□不正常
第（ ）步		□正常	□不正常
第（ ）步		□正常	□不正常
第（ ）步		□正常	□不正常
第（ ）步		□正常	□不正常
第（ ）步		□正常	□不正常
第（ ）步		□正常	□不正常
第（ ）步		□正常	□不正常
结论	故障内容		
	排除方法		
	对车主合理建议		

6. 学习评价

小组学生可以自评及互评，教师对每个学生进行工作评价。

	学生 1	学生 2	学生 3	学生 4	学生 5	备注
安全生产						
车间 5S 标准						
工具仪器使用						
故障诊断方法						
查阅资料						
原因分析						
诊断流程设计						
结论正确						
工作态度						
课堂纪律						

任务7 左侧后视镜不能调整故障的诊断与维修

7.1 下图为丰田卡罗拉汽车后视镜开关的结构图，请回答下列问题。

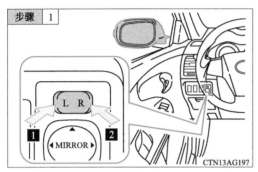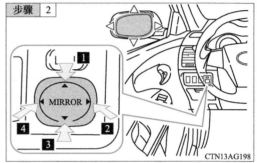

1. 上图步骤1中序号1、2分别表示_____
2. 上图步骤2中序号1、2、3、4分别表示_____
3. 上图中所示驾驶人每按一次后视镜开关，则后视镜开关内部都需要有_____个闸刀开关联动。每个镜片背面有_____个电动机，其中负责_____调整的电动机有_____个，负责_____调整的电动机有_____个，若后视镜有自动折叠功能，则还需要增加_____个电动机，每个电机都是直流永磁可逆电动机。

7.2 下图为丰田卡罗拉汽车左后视镜控制原理图，请回答下列问题。

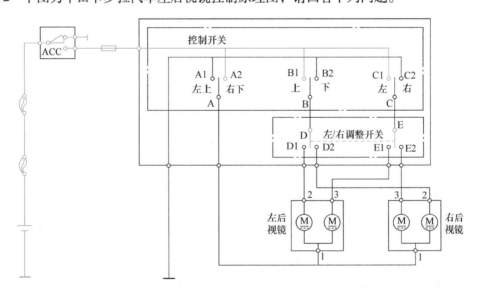

1. 如上图所示，后视镜开关内部闸刀开关动作的规律是_____

2. 当驾驶人发现左后视镜不能上下调整时，则_____损坏可能性较大。

7.3 电动后视镜控制原理及使用注意事项。

车辆在行驶过程中道路变换或倒车入库时后视镜将发挥作用。因此后视镜调整应该确保车辆左右相邻车道及车后方的可视范围越大越好，若调整不当，_____增大，易发生交通事故；特殊情况可临时调整后视镜，完成车辆移动后再将后视镜调回常态。

7.4 小组完成"左侧后视镜不能调整故障的诊断与维修"工单。

1. 故障描述

车上检查并确认故障现象。

故障现象：_____

_____

2. 车辆的基本信息与基本检查

基本信息	车架号		车牌号	
	行驶里程		车辆年款	
基本检查	发动机怠速	□正常		□不正常
	仪表盘是否有警告灯亮	□正常		□不正常
	冷却液液位	□正常		□不正常
	机油液位	□正常		□不正常
	蓄电池电量	□正常		□不正常
外观检查		刮痕：□正常 变形：□正常 破损：□正常		□不正常 □不正常 □不正常

3. 制订工作计划及小组分工

_____

_____

_____

_____

4. 设计诊断流程

①_____ ②_____ ③_____

④_____ ⑤_____ ⑥_____

5. 任务实施

依据诊断流程，参照维修手册进行规范操作，并记录检测内容、方法及数据。

诊断流程	检测内容	选项	
第（　）步		□正常	□不正常
第（　）步		□正常	□不正常
第（　）步		□正常	□不正常
第（　）步		□正常	□不正常
第（　）步		□正常	□不正常
第（　）步		□正常	□不正常
第（　）步		□正常	□不正常
第（　）步		□正常	□不正常
第（　）步		□正常	□不正常
第（　）步		□正常	□不正常
结论	故障内容		
	排除方法		
	对车主合理建议		

6. 学习评价

小组学生可以自评及互评，教师对每个学生进行工作评价。

	学生 1	学生 2	学生 3	学生 4	学生 5	备注
安全生产						
车间 5S 标准						
工具仪器使用						
故障诊断方法						
查阅资料						
原因分析						
诊断流程设计						
结论正确						
工作态度						
课堂纪律						

任务 8　驾驶人侧电动座椅不能调整故障的诊断与维修

8.1　下图为丰田卡罗拉汽车电动座椅开关结构图，请回答下列问题。

　　1. 下图中序号 1、2、3 分别表示＿＿＿＿＿＿＿＿＿＿＿＿＿＿＿＿＿＿＿

2. 右图中序号 4 表示＿＿＿＿＿＿＿＿＿＿＿＿＿＿

3. 驾驶人每按一次座椅开关，则座椅开关内部都需要有＿＿＿＿＿＿＿个闸刀开关闭合，接通相应电动机的相线，使电动机转动完成座椅的调整。每个电动机都是直流永磁可逆电机，实现座椅两个方向的调整，当电动机都不工作时，每个电动机两端都是通过＿＿＿＿＿＿＿而回到电源负极。

8.2 下图为丰田卡罗拉汽车电动座椅控制原理图，请回答下列问题。

1. 当驾驶人发现座椅不能前后滑动时，则＿＿＿＿＿＿＿损坏可能性较大。

2. 当驾驶人发现座椅所有方向都不能调整时，则＿＿＿＿＿＿＿＿＿＿＿＿损坏可能性较大。

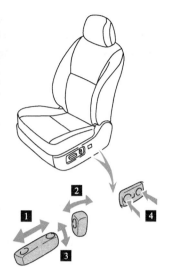

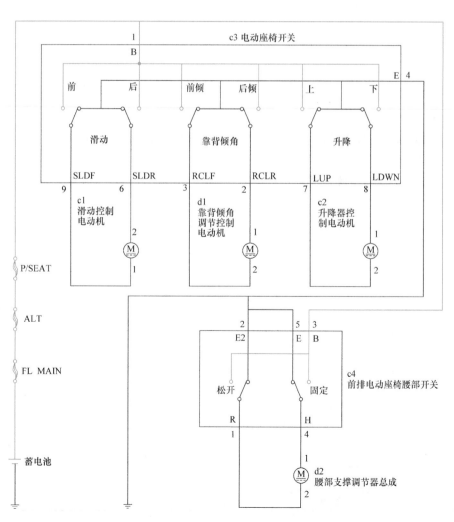

8.3　电动座椅控制原理及使用注意事项。

　　驾驶人座椅基本调整包括座椅高度、前后距离以及座椅靠背倾斜角度，座椅的调整关系到驾驶人的安全性、操控性及舒适性。座椅调整就是确保驾驶人双脚及双手能轻松自由操控车辆，在调整过程中应该先调整座椅的_____，确保_____能自由操控，然后再调整_____，确保_____能自由操控。

8.4　小组完成"驾驶人侧电动座椅不能调整故障的诊断与维修"工单。

　　1. 故障描述

　　车上检查并确认故障现象。

　　故障现象：_____

　　_____

　　2. 车辆的基本信息与基本检查

基本信息	车架号		车牌号	
	行驶里程		车辆年款	
基本检查	发动机怠速		□正常	□不正常
	仪表盘是否有警告灯亮		□正常	□不正常
	冷却液液位		□正常	□不正常
	机油液位		□正常	□不正常
	蓄电池电量		□正常	□不正常
外观检查			刮痕：□正常　　　□不正常 变形：□正常　　　□不正常 破损：□正常　　　□不正常	

3. 制订工作计划及小组分工

_____

_____

_____

_____

4. 设计诊断流程

① _____ ② _____ ③ _____

④ _____ ⑤ _____ ⑥ _____

5. 任务实施

依据诊断流程，参照维修手册进行规范操作，并记录检测内容、方法及数据。

诊断流程	检测内容	选项	
第（　）步		□正常	□不正常
第（　）步		□正常	□不正常
第（　）步		□正常	□不正常
第（　）步		□正常	□不正常
第（　）步		□正常	□不正常
第（　）步		□正常	□不正常
第（　）步		□正常	□不正常
第（　）步		□正常	□不正常
第（　）步		□正常	□不正常
第（　）步		□正常	□不正常
结论	故障内容		
	排除方法		
	对车主合理建议		

6. 学习评价

小组学生可以自评及互评，教师对每个学生进行工作评价。

	学生 1	学生 2	学生 3	学生 4	学生 5	备注
安全生产						
车间 5S 标准						
工具仪器使用						
故障诊断方法						
查阅资料						
原因分析						
诊断流程设计						
结论正确						
工作态度						
课堂纪律						

任务 9　电动天窗不能打开故障的诊断与维修

9.1　下图为丰田卡罗拉汽车天窗开关结构图，请说明图中各按键的含意。

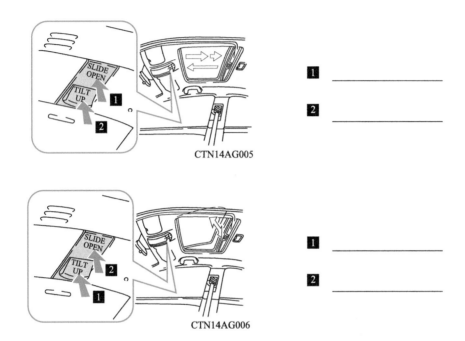

1　＿＿＿＿＿＿＿＿＿＿

2　＿＿＿＿＿＿＿＿＿＿

CTN14AG005

1　＿＿＿＿＿＿＿＿＿＿

2　＿＿＿＿＿＿＿＿＿＿

CTN14AG006

9.2　电动天窗控制原理及使用注意事项。

　　1. 当驾驶人下车锁车时发现天窗没有关闭，这时正确的操作是＿＿＿＿＿＿＿＿＿＿

　　2. 当驾驶人发现车内饰板或 A 柱、C 柱内饰板有漏水的痕迹时，正确的做法是应该先检查＿＿＿＿＿＿＿＿＿＿＿＿＿＿＿＿＿＿＿＿＿＿＿＿＿＿＿＿＿＿＿＿＿＿＿＿＿＿＿

＿＿

　　3. 电动天窗的功能主要是可使车内空气产生＿＿＿＿＿＿＿＿，加速车内污染空气排出车外。

9.3　小组完成"电动天窗不能打开故障的诊断与维修"工单。

　　1. 故障描述

车上检查并确认故障现象。

故障现象：＿＿＿＿＿＿＿＿＿＿＿＿＿＿＿＿＿＿＿＿＿＿＿＿＿＿＿＿＿＿＿＿＿＿

＿＿

　　2. 车辆的基本信息与基本检查

基本信息	车架号		车牌号	
	行驶里程		车辆年款	

基本检查	发动机怠速	□正常	□不正常
	仪表盘是否有警告灯亮	□正常	□不正常
	冷却液液位	□正常	□不正常
	机油液位	□正常	□不正常
	蓄电池电量	□正常	□不正常

外观检查		
	刮痕：□正常	□不正常
	变形：□正常	□不正常
	破损：□正常	□不正常

3. 制订工作计划及小组分工

_____

_____

_____

_____

4. 设计诊断流程

①_____ ②_____ ③_____

④_____ ⑤_____ ⑥_____

5. 任务实施

依据诊断流程，参照维修手册进行规范操作，并记录检测内容、方法及数据。

诊断流程	检测内容	选项	
第（　）步		□正常	□不正常
第（　）步		□正常	□不正常
第（　）步		□正常	□不正常
第（　）步		□正常	□不正常
第（　）步		□正常	□不正常
第（　）步		□正常	□不正常
第（　）步		□正常	□不正常
第（　）步		□正常	□不正常
第（　）步		□正常	□不正常
第（　）步		□正常	□不正常
结论	故障内容		
	排除方法		
	对车主合理建议		

6. 学习评价

小组学生可以自评及互评，教师对每个学生进行工作评价。

	学生 1	学生 2	学生 3	学生 4	学生 5	备注
安全生产						
车间 5S 标准						
工具仪器使用						
故障诊断方法						
查阅资料						
原因分析						
诊断流程设计						
结论正确						
工作态度						
课堂纪律						

任务 10　刮水器不工作故障的诊断与维修

10.1　下图为刮水器的结构图，请回答下列问题。

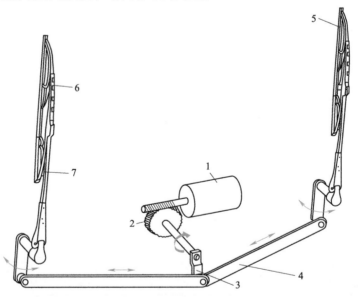

写出图中零件的名称，并简述刮水器的基本工作原理。

1. ＿＿＿＿＿　2. ＿＿＿＿＿　3. ＿＿＿＿＿　4. ＿＿＿＿＿

5. ＿＿＿＿＿　6. ＿＿＿＿＿　7. ＿＿＿＿＿

刮水器的基本工作原理是：＿＿＿＿＿＿＿＿＿＿＿＿＿＿＿＿＿＿＿＿

10.2 下图为丰田卡罗拉汽车刮水器开关的结构图，请回答下列问题。

说明图中序号 1~7 所示档位内容。

1. _____ 2. _____ 3. _____ 4. _____

5. _____ 6. _____ 7. _____

10.3 根据丰田卡罗拉汽车刮水器的控制原理图，请回答下列问题。

1. 当驾驶人关闭刮水器开关时，刮水器依靠_____实现自动回位。

2. 当驾驶人发现刮水器间歇档不工作时，则_____损坏可能性较大。

3. 刮水器电机的调速原理是_____

10.4 根据德系车刮水器的控制原理图，请回答下列问题。

当驾驶人关闭刮水器开关时，刮水器依靠_____

_____实现自动回位。

10.5 刮水器的原理及使用注意事项。

刮水器在使用过程中要及时补加_____，禁止在风窗玻璃干燥状态开动刮水器。在雨天使用刮水器时档位选择要恰当，否则影响驾驶人视线，当发现刮水效果变差时，应及时更换_____。

10.6 小组完成"刮水器不工作故障的诊断与维修"工单。

1. 故障描述

车上检查并确认故障现象。

故障现象：_____

_____

2. 车辆的基本信息与基本检查

基本信息	车架号		车牌号	
	行驶里程		车辆年款	
基本检查	发动机怠速		□正常	□不正常
	仪表盘是否有警告灯亮		□正常	□不正常
	冷却液液位		□正常	□不正常
	机油液位		□正常	□不正常
	蓄电池电量		□正常	□不正常

（续）

基本信息	车架号		车牌号	
	行驶里程		车辆年款	

外观检查		刮痕：□正常　　□不正常 变形：□正常　　□不正常 破损：□正常　　□不正常

3. 制订工作计划及小组分工

_____

_____

_____

4. 设计诊断流程

①_____　　②_____　　③_____

④_____　　⑤_____　　⑥_____

5. 任务实施

依据诊断流程，参照维修手册进行规范操作，并记录检测内容、方法及数据。

诊断流程	检测内容	选项	
第（　）步		□正常	□不正常
第（　）步		□正常	□不正常
第（　）步		□正常	□不正常
第（　）步		□正常	□不正常
第（　）步		□正常	□不正常
第（　）步		□正常	□不正常
第（　）步		□正常	□不正常
第（　）步		□正常	□不正常
第（　）步		□正常	□不正常
第（　）步		□正常	□不正常
结论	故障内容		
	排除方法		
	对车主合理建议		

6. 学习评价

小组学生可以自评及互评，教师对每个学生进行工作评价。

	学生 1	学生 2	学生 3	学生 4	学生 5	备注
安全生产						
车间 5S 标准						
工具仪器使用						
故障诊断方法						
查阅资料						
原因分析						
诊断流程设计						
结论正确						
工作态度						
课堂纪律						

任务 11　后风窗玻璃除雾器不工作故障的诊断与维修

11.1　下图为风窗玻璃除雾器的结构图，在图中填写零件的名称并回答下列问题。

汽车前风窗玻璃除雾原理是：_____

_____

后风窗玻璃除雾原理是：_____

_____

11.2　根据丰田卡罗拉汽车后风窗玻璃除雾器的控制原理，简述为什么在电路中要设计时钟电路。

_____

_____

11.3　小组完成"后风窗玻璃除雾器不工作故障的诊断与维修"工单。

　　1. 故障描述

车上检查并确认故障现象。

故障现象：_____

_____

2. 车辆的基本信息与基本检查

基本信息	车架号		车牌号	
	行驶里程		车辆年款	
基本检查	发动机怠速	□正常		□不正常
	仪表盘是否有警告灯亮	□正常		□不正常
	冷却液液位	□正常		□不正常
	机油液位	□正常		□不正常
	蓄电池电量	□正常		□不正常
外观检查		刮痕：□正常　　□不正常 变形：□正常　　□不正常 破损：□正常　　□不正常		

3. 制订工作计划及小组分工

_____

_____

_____

4. 设计诊断流程

①_____　②_____　③_____

④_____　⑤_____　⑥_____

5. 任务实施

依据诊断流程，参照维修手册进行规范操作，并记录检测内容、方法及数据。

诊断流程	检测内容	选项	
第（　）步		□正常	□不正常
第（　）步		□正常	□不正常
第（　）步		□正常	□不正常
第（　）步		□正常	□不正常
第（　）步		□正常	□不正常
第（　）步		□正常	□不正常

（续）

诊断流程	检测内容	选项	
第（　）步		□正常	□不正常
第（　）步		□正常	□不正常
第（　）步		□正常	□不正常
第（　）步		□正常	□不正常
结论	故障内容		
	排除方法		
	对车主合理建议		

6. 学习评价

小组学生可以自评及互评，教师对每个学生进行工作评价。

	学生1	学生2	学生3	学生4	学生5	备注
安全生产						
车间 5S 标准						
工具仪器使用						
故障诊断方法						
查阅资料						
原因分析						
诊断流程设计						
结论正确						
工作态度						
课堂纪律						

项目 3　安全与防盗系统故障诊断与维修

任务 12　驾驶人侧车门不能锁止故障的诊断与维修

12.1　下图为丰田卡罗拉汽车中控锁系统电路图，请回答下列问题。

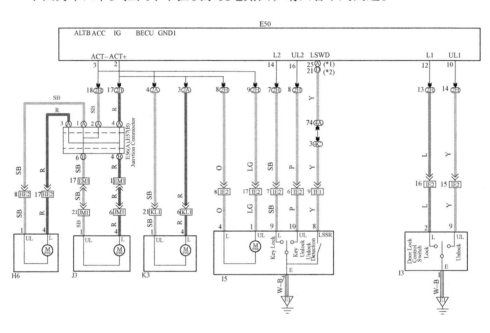

写出图中零件的名称，并简述中控锁的基本工作原理。

E50 ＿＿＿＿＿＿＿＿＿　I3 ＿＿＿＿＿＿＿＿＿　I5 ＿＿＿＿＿＿＿

中控锁的基本工作原理是：＿＿＿＿＿＿＿＿＿＿＿＿＿＿＿＿＿＿＿＿＿＿＿＿＿＿＿

＿＿＿

I5 中端子 8 的作用是＿＿＿＿＿＿＿＿＿＿＿＿＿＿＿＿＿＿＿＿＿＿＿＿＿＿＿＿＿＿

12.2　根据丰田卡罗拉汽车中控锁的控制原理，请回答下列问题。

1. 丰田卡罗拉汽车中控锁系统是由＿＿＿＿＿＿＿＿＿＿＿控制模块控制的。

2. 当有一个车门没有关闭时，驾驶人按下玻璃升降主控开关上的全车锁控制开关，全车锁＿＿＿＿＿＿＿＿＿＿＿工作。

3. 当用遥控器锁车时，发现有一个车门没有锁上，此时＿＿＿＿＿＿＿＿＿＿＿＿＿＿＿＿损坏可能性较大。

4. 当用遥控器锁车时，发现全车锁没有动作，而用钥匙锁车全车锁正常动作，此时＿＿＿＿＿＿＿＿＿＿＿＿＿＿＿可能性较大。

12.3　小组完成"驾驶人侧车门不能锁止故障的诊断与维修"工单。

　　1. 故障描述

车上检查并确认故障现象。

故障现象：_____

_____

　　2. 车辆的基本信息与基本检查

基本信息	车架号		车牌号	
	行驶里程		车辆年款	
基本检查	发动机怠速	□正常		□不正常
	仪表盘是否有警告灯亮	□正常		□不正常
	冷却液液位	□正常		□不正常
	机油液位	□正常		□不正常
	蓄电池电量	□正常		□不正常
外观检查		刮痕：□正常　　　　□不正常 变形：□正常　　　　□不正常 破损：□正常　　　　□不正常		

　　3. 制订工作计划及小组分工

_____

_____

_____

　　4. 设计诊断流程

①_____　②_____　③_____

④_____　⑤_____　⑥_____

　　5. 任务实施

依据诊断流程，参照维修手册进行规范操作，并记录检测内容、方法及数据。

诊断流程	检测内容	选项	
第（　）步		□正常	□不正常
第（　）步		□正常	□不正常

（续）

诊断流程	检测内容	选项	
第（　）步		□正常	□不正常
第（　）步		□正常	□不正常
第（　）步		□正常	□不正常
第（　）步		□正常	□不正常
第（　）步		□正常	□不正常
第（　）步		□正常	□不正常
第（　）步		□正常	□不正常
第（　）步		□正常	□不正常
结论	故障内容		
	排除方法		
	对车主合理建议		

6. 学习评价

小组学生可以自评及互评，教师对每个学生进行工作评价。

	学生 1	学生 2	学生 3	学生 4	学生 5	备注
安全生产						
车间 5S 标准						
工具仪器使用						
故障诊断方法						
查阅资料						
原因分析						
诊断流程设计						
结论正确						
工作态度						
课堂纪律						

任务 13   不能进入防盗报警模式故障的
诊断与维修

13.1   下图为防盗报警系统的组成图，请回答下列问题。

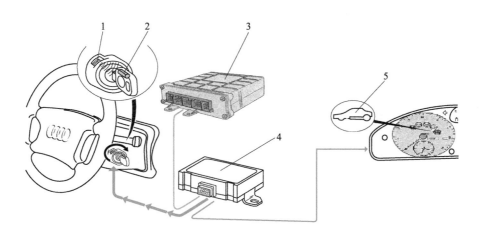

写出图中零件的名称，并简述防盗系统的基本工作原理。

1. _____ 2. _____ 3. _____ 4. _____

5. _____

防盗系统的基本工作原理是：_____

_____

_____

13.2   根据丰田卡罗拉汽车防盗报警的控制原理，请回答下列问题。

1. 车辆进入防盗报警状态需要满足的基本设置条件是：

_____

_____

_____

_____

_____

2. 车辆报警的方式是_____

13.3   小组完成"不能进入防盗报警模式故障的诊断与维修"工单。

1. 故障描述

车上检查并确认故障现象。

故障现象：_____

_____

2. 车辆的基本信息与基本检查

基本信息	车架号		车牌号	
	行驶里程		车辆年款	
基本检查	发动机怠速		□正常	□不正常
	仪表盘是否有警告灯亮		□正常	□不正常
	冷却液液位		□正常	□不正常
	机油液位		□正常	□不正常
	蓄电池电量		□正常	□不正常
外观检查			刮痕：□正常　　□不正常 变形：□正常　　□不正常 破损：□正常　　□不正常	

3. 制订工作计划及小组分工

_____

_____

_____

_____

4. 设计诊断流程

①_____　②_____　③_____

④_____　⑤_____　⑥_____

5. 任务实施

依据诊断流程，参照维修手册进行规范操作，并记录检测内容、方法及数据。

诊断流程	检测内容	选项	
第（　）步		□正常	□不正常
第（　）步		□正常	□不正常
第（　）步		□正常	□不正常
第（　）步		□正常	□不正常
第（　）步		□正常	□不正常
第（　）步		□正常	□不正常
第（　）步		□正常	□不正常
第（　）步		□正常	□不正常
第（　）步		□正常	□不正常
第（　）步		□正常	□不正常
结论	故障内容		
	排除方法		
	对车主合理建议		

6. 学习评价

小组学生可以自评及互评，教师对每个学生进行工作评价。

	学生 1	学生 2	学生 3	学生 4	学生 5	备注
安全生产						
车间 5S 标准						
工具仪器使用						
故障诊断方法						
查阅资料						
原因分析						
诊断流程设计						
结论正确						
工作态度						
课堂纪律						

任务 14　安全气囊警告灯常亮故障的诊断与维修

14.1　下图为安全气囊结构图，请回答下列问题。

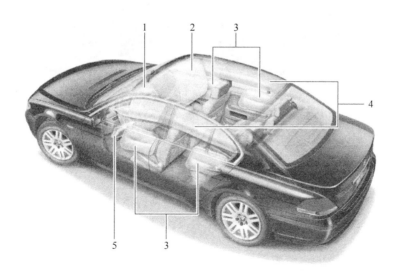

写出图中零件的名称：

1. ＿＿＿＿＿＿＿　2. ＿＿＿＿＿＿＿　3. ＿＿＿＿＿＿＿　4. ＿＿＿＿＿＿＿

5. ＿＿＿＿＿＿＿

安全气囊的基本工作原理是：＿＿＿＿＿＿＿＿＿＿＿＿＿＿＿＿＿＿＿＿＿＿

＿＿＿＿＿＿＿＿＿＿＿＿＿＿＿＿＿＿＿＿＿＿＿＿＿＿＿＿＿＿＿＿＿＿＿＿

14.2 下图为碰撞传感器的结构图，请回答下列问题。

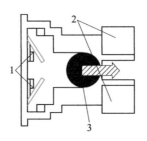

写出图中零件的名称：

1. _____ 2. _____ 3. _____

碰撞传感器的基本工作原理是：_____

_____

14.3 下图为安全气囊气体发生器的结构图，请回答下列问题。

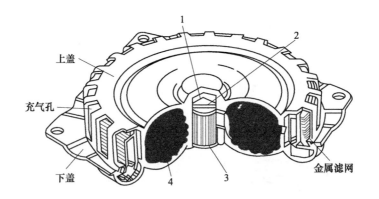

写出零件的名称：

1. _____ 2. _____ 3. _____ 4. _____

气体发生器的基本工作原理是：_____

_____

14.4 根据丰田卡罗拉汽车安全气囊控制原理，请回答下列问题。

1. 带有窗帘式安全气囊的丰田卡罗拉汽车，其安全气囊系统共有_____、

_____、_____、_____及_____等传感

器。窗帘式安全气囊引爆的条件是_____与_____传感器同时工作。

2. 丰田卡罗拉汽车前排座椅侧安全气囊的引爆条件是_____与_____

传感器同时工作。

14.5 汽车安全气囊系统拆装及使用注意事项。

1. 在拆卸转向盘饰盖（驾驶人侧安全气囊点火器）线束时正确方法如下图所示，

这种线束连接方式称为_____，其目的是_____同理，在拆装

安全气囊系统所有的线束时都要注意这种线束的连接方式。

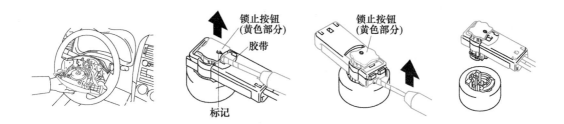

2. 如下图所示，在拆卸安全气囊总成（点火器）时，为了防止发生误爆，在安全气囊总成（点火器）端子插接器中设计了_____机构，其基本原理是_____

_____

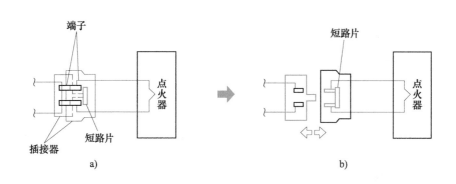

3. 如下图所示，在拆装安全气囊系统线束时，为了防止线束插接器插接不到位，在机械式碰撞传感器端子插接器中设计了_____机构，其基本原理是_____

_____

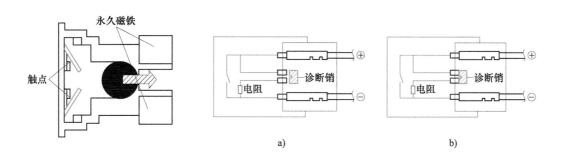

14.6 小组完成"安全气囊警告灯常亮故障的诊断与维修"工单。

1. 故障描述

车上检查并确认故障现象。

故障现象：_____

_____

2. 车辆的基本信息与基本检查

基本信息	车架号		车牌号	
	行驶里程		车辆年款	
基本检查	发动机怠速		□正常	□不正常
	仪表盘是否有警告灯亮		□正常	□不正常
	冷却液液位		□正常	□不正常
	机油液位		□正常	□不正常
	蓄电池电量		□正常	□不正常
外观检查		刮痕：□正常 变形：□正常 破损：□正常	□不正常 □不正常 □不正常	

3. 制订工作计划及小组分工

_____

_____

_____

_____

4. 设计诊断流程

①_____ ②_____ ③_____

④_____ ⑤_____ ⑥_____

5. 任务实施

依据诊断流程，参照维修手册进行规范操作，并记录检测内容、方法及数据。

诊断流程	检测内容	选项	
第（　）步		□正常	□不正常
第（　）步		□正常	□不正常
第（　）步		□正常	□不正常
第（　）步		□正常	□不正常
第（　）步		□正常	□不正常
第（　）步		□正常	□不正常
第（　）步		□正常	□不正常
第（　）步		□正常	□不正常
第（　）步		□正常	□不正常
第（　）步		□正常	□不正常
结论	故障内容		
	排除方法		
	对车主合理建议		

6. 学习评价

小组学生可以自评及互评，教师对每个学生进行工作评价。

	学生 1	学生 2	学生 3	学生 4	学生 5	备注
安全生产						
车间 5S 标准						
工具仪器使用						
故障诊断方法						
查阅资料						
原因分析						
诊断流程设计						
结论正确						
工作态度						
课堂纪律						

项目 4　车道变换等辅助驾驶系统故障诊断与维修

任务 15　驻车距离报警系统不工作故障的诊断与维修

15.1　下图为丰田卡罗拉汽车驻车距离报警系统的结构图，请回答下列问题。

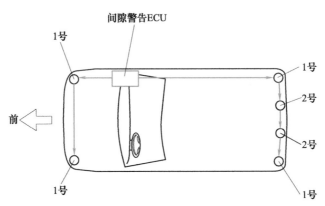

　　1. 图中 1 号与 2 号零件的全称是，1 号＿＿＿＿＿＿，2 号＿＿＿＿＿＿，它们的区别有＿＿＿＿＿＿及＿＿＿＿＿＿。

　　2. 雷达，是英文 Radar 的音译，源于 Radio Detection and Ranging 的缩写，意思为"无线电探测和测距"，无线电波与声波都可以用来测距，在汽车上常用的雷达分为＿＿＿＿＿＿、＿＿＿＿＿＿与＿＿＿＿＿＿等几种测距雷达。由于＿＿＿＿＿＿雷达在安装、接收与发射方面要求低，故用于驻车距离报警系统，也称为倒车雷达或倒车影像。

15.2　根据驻车距离报警系统的控制原理，请回答下列问题。

　　1. 当按下驻车辅助开关时，驻车距离报警系统没有反应，其故障原因有＿＿＿＿＿＿、＿＿＿＿＿＿、＿＿＿＿＿＿及＿＿＿＿＿＿等。

　　2. 驻车距离报警系统传感器常见的故障是＿＿＿＿＿＿、＿＿＿＿＿＿及＿＿＿＿＿＿等。

　　3. 前超声波传感器的工作条件是＿＿＿＿＿＿、＿＿＿＿＿＿及＿＿＿＿＿＿。

　　4. 后超声波传感器的工作条件是＿＿＿＿＿＿、＿＿＿＿＿＿及＿＿＿＿＿＿。

　　5. 1 号超声波传感器与 2 号超声波传感器在安装时＿＿＿＿＿＿互换。

　　6. 两个前超声波传感器是相互＿＿＿＿＿＿联，其工作信号传送到距离警告 ECU ＿＿＿＿＿＿号端子。

　　7. 四个后超声波传感器是相互＿＿＿＿＿＿联，其工作信号传送到距离警告 ECU

_____号端子。

15.3 小组完成"驻车距离报警系统不工作故障的诊断与维修"工单。

1. 故障描述

车上检查并确认故障现象。

故障现象：_____

_____

2. 车辆的基本信息与基本检查

基本信息	车架号		车牌号	
	行驶里程		车辆年款	
基本检查	发动机怠速	□正常		□不正常
	仪表盘是否有警告灯亮	□正常		□不正常
	冷却液液位	□正常		□不正常
	机油液位	□正常		□不正常
	蓄电池电量	□正常		□不正常
外观检查		刮痕：□正常 变形：□正常 破损：□正常		□不正常 □不正常 □不正常

3. 制订工作计划及小组分工

_____

_____

_____

4. 设计诊断流程

①_____ ②_____ ③_____

④_____ ⑤_____ ⑥_____

5. 任务实施

依据诊断流程，参照维修手册进行规范操作，并记录检测内容、方法及数据。

诊断流程	检测内容	选项	
第（ ）步		□正常	□不正常
第（ ）步		□正常	□不正常
第（ ）步		□正常	□不正常

（续）

诊断流程	检测内容	选项	
第（　）步		□正常	□不正常
第（　）步		□正常	□不正常
第（　）步		□正常	□不正常
第（　）步		□正常	□不正常
第（　）步		□正常	□不正常
第（　）步		□正常	□不正常
第（　）步		□正常	□不正常
结论	故障内容		
	排除方法		
	对车主合理建议		

6. 学习评价

小组学生可以自评及互评，教师对每个学生进行工作评价。

	学生 1	学生 2	学生 3	学生 4	学生 5	备注
安全生产						
车间 5S 标准						
工具仪器使用						
故障诊断方法						
查阅资料						
原因分析						
诊断流程设计						
结论正确						
工作态度						
课堂纪律						

任务 16　自动泊车系统不工作故障的诊断与维修

16.1　下图为奥迪汽车自动泊车系统的结构图，请回答下列问题。

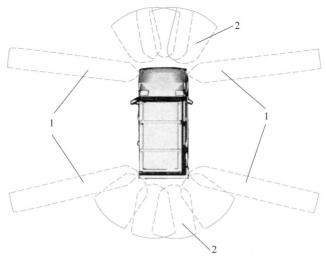

1. 图中 1 与 2 的全称是，1 _____，2 _____，它们的区别有 _____ 及 _____。分别有 _____ 个与 _____ 个。

2. 自动泊车系统是在驻车辅助系统的基础上发展而来的，所谓自动泊车就是指驾驶人不需要控制 _____，驾驶人只负责控制 _____，视情控制 _____ 及 _____。

16.2 根据奥迪汽车自动泊车系统的控制原理，请回答下列问题。

1. 自动泊车系统需要电动助力系统参与工作，因为：_____

_____

2. 自动泊车系统需要驾驶人视情况控制车辆的制动，因为：_____

_____

3. 自动泊车系统需要转向信号系统参与工作，因为：_____

_____

4. 当自动泊车系统工作时，若驾驶人操控转向盘，则自动泊车系统立刻停止工作，因为：_____

_____

16.3 当奥迪汽车自动泊车系统不工作时，其故障原因可能有：

1. _____
2. _____
3. _____
4. _____
5. _____

16.4 小组完成"自动泊车系统不工作故障的诊断与维修"工单。

1. 故障描述

车上检查并确认故障现象。

故障现象：_____

_____

2. 车辆的基本信息与基本检查

基本信息	车架号		车牌号	
	行驶里程		车辆年款	
基本检查	发动机怠速		□正常	□不正常
	仪表盘是否有警告灯亮		□正常	□不正常
	冷却液液位		□正常	□不正常
	机油液位		□正常	□不正常
	蓄电池电量		□正常	□不正常
外观检查			刮痕：□正常　　变形：□正常　　破损：□正常	□不正常　　□不正常　　□不正常

3. 制订工作计划及小组分工

_____

_____

_____

4. 设计诊断流程

①_____ ②_____ ③_____

④_____ ⑤_____ ⑥_____

5. 任务实施

依据诊断流程，参照维修手册进行规范操作，并记录检测内容、方法及数据。

诊断流程	检测内容	选项	
第（　）步		□正常	□不正常
第（　）步		□正常	□不正常
第（　）步		□正常	□不正常
第（　）步		□正常	□不正常
第（　）步		□正常	□不正常
第（　）步		□正常	□不正常
第（　）步		□正常	□不正常
第（　）步		□正常	□不正常

（续）

诊断流程	检测内容	选项	
第（　　）步		☐正常	☐不正常
第（　　）步		☐正常	☐不正常
结论	故障内容		
	排除方法		
	对车主合理建议		

6. 学习评价

小组学生可以自评及互评，教师对每个学生进行工作评价。

	学生1	学生2	学生3	学生4	学生5	备注
安全生产						
车间5S标准						
工具仪器使用						
故障诊断方法						
查阅资料						
原因分析						
诊断流程设计						
结论正确						
工作态度						
课堂纪律						

任务 17　车道变换辅助系统不工作故障的诊断与维修

17.1　下图为奥迪汽车车道变换辅助系统的结构图，请回答下列问题。

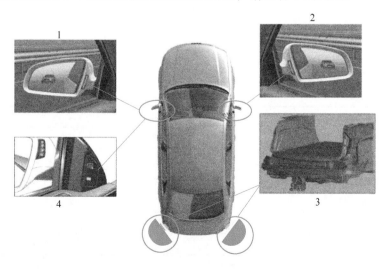

1. 图中各零件的名称分别是：1. ＿＿＿＿＿＿　2. ＿＿＿＿＿＿　3. ＿＿＿＿＿＿
4. ＿＿＿＿＿＿

2. 车道变换辅助系统（SWA）的作用是＿＿＿＿＿＿＿＿＿＿＿＿＿＿＿＿＿＿

＿＿＿＿＿＿＿＿＿＿＿＿＿＿＿＿＿＿＿＿＿＿＿＿＿＿＿＿＿＿＿＿＿＿＿＿

3. 车道变换辅助系统的雷达由＿＿＿＿＿＿＿＿与＿＿＿＿＿＿＿＿两部分组成，其中左
右两个雷达中的＿＿＿＿＿＿＿是主控单元。

4. 车道变换辅助系雷达采用的频率为＿＿＿＿＿＿、波长为＿＿＿＿＿＿，天
线采用的是＿＿＿＿＿＿＿，探测距离是＿＿＿＿＿＿。

5. 车道变换辅助系统是借助＿＿＿＿＿＿监控车辆＿＿＿＿＿＿的行驶区域（无
盲区），并在驾驶人变换车道时提供帮助。

17.2　根据奥迪汽车车道变换辅助控制原理，请回答下列问题。

1. 车道变换辅助系统需要 ABS 系统参与工作，因为：＿＿＿＿＿＿＿＿＿＿＿

＿＿＿＿＿＿＿＿＿＿＿＿＿＿＿＿＿＿＿＿＿＿＿＿＿＿＿＿＿＿＿＿＿＿＿＿

2. 车道变换辅助系统需要组合仪表控制单元参与工作，因为：＿＿＿＿＿＿＿

＿＿＿＿＿＿＿＿＿＿＿＿＿＿＿＿＿＿＿＿＿＿＿＿＿＿＿＿＿＿＿＿＿＿＿＿

3. 车道变换辅助系统需要转向信号参与工作，因为：＿＿＿＿＿＿＿＿＿＿＿

＿＿＿＿＿＿＿＿＿＿＿＿＿＿＿＿＿＿＿＿＿＿＿＿＿＿＿＿＿＿＿＿＿＿＿＿

4. 车道变换辅助系统需要刮水器控制单元参与工作，因为：＿＿＿＿＿＿＿＿

＿＿＿＿＿＿＿＿＿＿＿＿＿＿＿＿＿＿＿＿＿＿＿＿＿＿＿＿＿＿＿＿＿＿＿＿

17.3　当奥迪汽车车道变换辅助系统不工作时，其故障原因可能有：

1. ＿＿＿＿＿＿＿＿＿＿＿＿＿＿＿＿＿＿＿＿＿＿＿＿＿＿＿＿＿＿＿＿＿＿＿
2. ＿＿＿＿＿＿＿＿＿＿＿＿＿＿＿＿＿＿＿＿＿＿＿＿＿＿＿＿＿＿＿＿＿＿＿
3. ＿＿＿＿＿＿＿＿＿＿＿＿＿＿＿＿＿＿＿＿＿＿＿＿＿＿＿＿＿＿＿＿＿＿＿
4. ＿＿＿＿＿＿＿＿＿＿＿＿＿＿＿＿＿＿＿＿＿＿＿＿＿＿＿＿＿＿＿＿＿＿＿
5. ＿＿＿＿＿＿＿＿＿＿＿＿＿＿＿＿＿＿＿＿＿＿＿＿＿＿＿＿＿＿＿＿＿＿＿

17.4　小组完成"车道变换辅助系统不工作故障的诊断与维修"工单。

1. 故障描述
车上检查并确认故障现象。
故障现象：＿＿＿＿＿＿＿＿＿＿＿＿＿＿＿＿＿＿＿＿＿＿＿＿＿＿＿＿＿＿＿

＿＿＿＿＿＿＿＿＿＿＿＿＿＿＿＿＿＿＿＿＿＿＿＿＿＿＿＿＿＿＿＿＿＿＿＿

2. 车辆的基本信息与基本检查

基本信息	车架号		车牌号	
	行驶里程		车辆年款	
基本检查	发动机怠速		□正常	□不正常
	仪表盘是否有警告灯亮		□正常	□不正常
	冷却液液位		□正常	□不正常
	机油液位		□正常	□不正常
	蓄电池电量		□正常	□不正常

（续）

基本 信息	车架号		车牌号	
	行驶里程		车辆年款	

外观 检查		刮痕：□正常　　　□不正常 变形：□正常　　　□不正常 破损：□正常　　　□不正常

3. 制订工作计划及小组分工

_____

_____

_____

4. 设计诊断流程

①_____ ②_____ ③_____

④_____ ⑤_____ ⑥_____

5. 任务实施

依据诊断流程，参照维修手册进行规范操作，并记录检测内容、方法及数据。

诊断流程	检测内容	选项	
第（　）步		□正常	□不正常
第（　）步		□正常	□不正常
第（　）步		□正常	□不正常
第（　）步		□正常	□不正常
第（　）步		□正常	□不正常
第（　）步		□正常	□不正常
第（　）步		□正常	□不正常
第（　）步		□正常	□不正常
第（　）步		□正常	□不正常
第（　）步		□正常	□不正常
结论	故障内容		
	排除方法		
	对车主合理建议		

6. 学习评价

小组学生可以自评及互评，教师对每个学生进行工作评价。

	学生 1	学生 2	学生 3	学生 4	学生 5	备注
安全生产						
车间 5S 标准						
工具仪器使用						
故障诊断方法						
查阅资料						
原因分析						
诊断流程设计						
结论正确						
工作态度						
课堂纪律						

任务 18 　自适应巡航系统不工作故障的诊断与维修

18.1 根据奥迪汽车自适应巡航系统的原理，回答下列问题。

1. 自适应巡航系统的作用是＿＿＿＿＿＿＿＿＿＿＿＿＿＿＿＿＿＿＿＿＿＿＿

2. 自适应巡航系统的雷达由＿＿＿＿＿＿与＿＿＿＿＿＿两部分组成，雷达传感器采用的频率为＿＿＿＿＿、波长为＿＿＿＿＿，天线采用的是＿＿＿＿＿，探测距离是＿＿＿＿＿。

3. 自适应巡航系统也称为主动巡航系统，英文缩写＿＿＿＿＿。相对于早期车辆的定速巡航系统，自适应巡航系统不仅可以让车辆保持一定行驶速度，还能根据与前车的距离＿＿＿＿＿，以保证与前车的最佳安全距离。

18.2 如下图所示，请回答下列问题。

图中 ⌒－⌒－－－ 所表示的具体含意是＿＿＿＿＿＿＿＿＿＿＿＿＿＿＿＿＿

18.3 根据奥迪汽车自适应巡航控制原理，请回答下列问题。

　　1. 自适应巡航系统需要 ESP 控制单元参与工作，因为：＿＿＿＿＿＿＿＿＿＿＿

＿＿＿＿＿＿＿＿＿＿＿＿＿＿＿＿＿＿＿＿＿＿＿＿＿＿＿＿＿＿＿＿＿＿＿＿＿＿

　　2. 自适应巡航系统需要组合仪表控制单元参与工作，因为：＿＿＿＿＿＿＿＿＿＿

＿＿＿＿＿＿＿＿＿＿＿＿＿＿＿＿＿＿＿＿＿＿＿＿＿＿＿＿＿＿＿＿＿＿＿＿＿＿

　　3. 自适应巡航系统需要发动机控制单元参与工作，因为：＿＿＿＿＿＿＿＿＿＿＿

＿＿＿＿＿＿＿＿＿＿＿＿＿＿＿＿＿＿＿＿＿＿＿＿＿＿＿＿＿＿＿＿＿＿＿＿＿＿

　　4. 自适应巡航系统需要驾驶人"协助"参与控制车辆的制动，因为：＿＿＿＿＿

＿＿＿＿＿＿＿＿＿＿＿＿＿＿＿＿＿＿＿＿＿＿＿＿＿＿＿＿＿＿＿＿＿＿＿＿＿＿

18.4 当奥迪汽车自适应巡航系统不工作时，其故障原因可能有：

　　1. ＿＿＿＿＿＿＿＿＿＿＿＿＿＿＿＿＿＿＿＿＿＿＿＿＿＿＿＿＿＿＿＿＿＿＿

　　2. ＿＿＿＿＿＿＿＿＿＿＿＿＿＿＿＿＿＿＿＿＿＿＿＿＿＿＿＿＿＿＿＿＿＿＿

　　3. ＿＿＿＿＿＿＿＿＿＿＿＿＿＿＿＿＿＿＿＿＿＿＿＿＿＿＿＿＿＿＿＿＿＿＿

　　4. ＿＿＿＿＿＿＿＿＿＿＿＿＿＿＿＿＿＿＿＿＿＿＿＿＿＿＿＿＿＿＿＿＿＿＿

　　5. ＿＿＿＿＿＿＿＿＿＿＿＿＿＿＿＿＿＿＿＿＿＿＿＿＿＿＿＿＿＿＿＿＿＿＿

18.5 小组完成"自适应巡航系统不工作故障的诊断与维修"工单。

　　1. 故障描述

车上检查并确认故障现象。

故障现象：＿＿＿＿＿＿＿＿＿＿＿＿＿＿＿＿＿＿＿＿＿＿＿＿＿＿＿＿＿＿＿＿＿

＿＿＿＿＿＿＿＿＿＿＿＿＿＿＿＿＿＿＿＿＿＿＿＿＿＿＿＿＿＿＿＿＿＿＿＿＿＿

　　2. 车辆的基本信息与基本检查

基本信息	车架号		车牌号	
	行驶里程		车辆年款	
基本检查	发动机怠速	□正常		□不正常
	仪表盘是否有警告灯亮	□正常		□不正常
	冷却液液位	□正常		□不正常
	机油液位	□正常		□不正常
	蓄电池电量	□正常		□不正常
外观检查		刮痕：□正常　　□不正常 变形：□正常　　□不正常 破损：□正常　　□不正常		

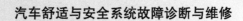

3. 制订工作计划及小组分工

_____

_____

_____

_____

4. 设计诊断流程

①_____ ②_____ ③_____

④_____ ⑤_____ ⑥_____

5. 任务实施

依据诊断流程，参照维修手册进行规范操作，并记录检测内容、方法及数据。

诊断流程	检测内容	选项	
第（　）步		□正常	□不正常
第（　）步		□正常	□不正常
第（　）步		□正常	□不正常
第（　）步		□正常	□不正常
第（　）步		□正常	□不正常
第（　）步		□正常	□不正常
第（　）步		□正常	□不正常
第（　）步		□正常	□不正常
第（　）步		□正常	□不正常
第（　）步		□正常	□不正常
结论	故障内容		
	排除方法		
	对车主合理建议		

6. 学习评价

小组学生可以自评及互评，教师对每个学生进行工作评价。

	学生 1	学生 2	学生 3	学生 4	学生 5	备注
安全生产						
车间 5S 标准						
工具仪器使用						
故障诊断方法						
查阅资料						
原因分析						
诊断流程设计						
结论正确						
工作态度						
课堂纪律						

项目 5　汽车空调系统故障诊断与维修

任务 19　汽车空调系统不能制冷故障的诊断与维修

19.1　根据丰田卡罗拉汽车空调系统的原理，回答下列问题。

　　1. 汽车空调系统的功能有＿＿＿＿＿＿＿＿、＿＿＿＿＿＿＿＿、＿＿＿＿＿＿＿＿

＿＿＿＿＿＿＿ 。

　　2. 汽车空调系统一般由＿＿＿＿＿＿＿＿、＿＿＿＿＿＿＿＿、＿＿＿＿＿＿＿＿

＿＿＿＿＿＿＿和＿＿＿＿＿＿＿＿＿＿组成。

　　3. 汽车空调制冷系统使用的制冷剂通常有＿＿＿＿＿＿＿＿、＿＿＿＿＿＿＿

及＿＿＿＿＿＿＿＿。制冷剂主要特性有＿＿＿＿＿＿＿＿、＿＿＿＿＿＿＿、

＿＿＿＿＿＿＿及＿＿＿＿＿＿＿＿。

19.2　如下图所示，请回答下列问题。

　　1. 写出图中零件的名称：1. ＿＿＿＿＿＿　　2. ＿＿＿＿＿＿　　3. ＿＿＿＿＿＿

4. ＿＿＿＿＿＿　5. ＿＿＿＿＿＿　6. ＿＿＿＿＿＿　7. ＿＿＿＿＿＿

　　2. 制冷循环包括＿＿＿＿＿＿、＿＿＿＿＿＿、＿＿＿＿＿＿及＿＿＿＿＿＿等 4
个过程。

19.3　根据丰田卡罗拉汽车空调系统的原理，请回答下列问题。

1. 储液干燥器的作用是＿＿＿＿＿＿＿＿＿＿＿＿＿＿＿＿＿＿＿＿＿＿＿＿＿＿＿

＿＿＿＿＿＿＿＿＿＿＿；液体分离器的作用是＿＿＿＿＿＿＿＿＿＿＿＿＿＿＿＿

＿＿＿＿＿＿＿＿＿＿＿，两者安装位置的区别是＿＿＿＿＿＿＿＿＿＿＿＿＿＿＿

＿＿＿＿＿＿＿＿＿＿＿＿＿＿＿＿＿＿＿＿＿＿＿＿＿＿＿＿＿＿＿＿＿＿＿＿＿＿

2. 制冷压缩机的作用是＿＿＿＿＿＿＿＿＿＿＿＿＿＿＿＿＿＿＿＿＿＿＿＿

＿＿＿＿＿＿＿＿＿＿＿，电动汽车与燃油汽车制冷压缩机的区别是＿＿＿＿＿＿＿

19.4 如下图所示，请回答下列问题。

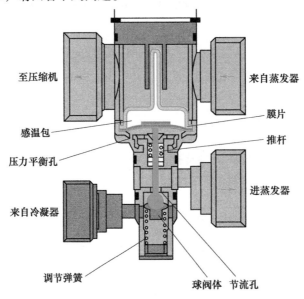

此零件的名称是＿＿＿＿＿＿＿＿＿，其工作过程是＿＿＿＿＿＿＿＿＿＿＿＿＿

＿＿＿＿＿＿＿＿＿＿＿＿＿＿＿＿＿＿＿＿＿＿＿＿＿＿＿＿＿＿＿＿＿＿＿＿＿＿

＿＿＿＿＿＿＿＿＿＿＿＿＿＿＿＿＿＿＿＿＿＿＿＿＿＿＿＿＿＿＿＿＿＿＿＿＿＿

19.5 如下图所示，请回答下列问题。

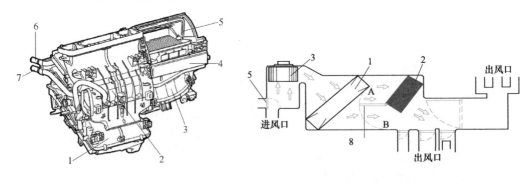

1. 写出图中零件的名称：1. ＿＿＿＿＿＿＿＿ 2. ＿＿＿＿＿＿＿＿ 3. ＿＿＿＿＿＿＿＿

4. ＿＿＿＿＿＿＿ 5. ＿＿＿＿＿＿＿ 6. ＿＿＿＿＿＿＿ 7. ＿＿＿＿＿＿＿ 8. ＿＿＿＿＿＿＿

2. 说明出风口空气温度调节原理是＿＿＿＿＿＿＿＿＿＿＿＿＿＿＿＿＿＿＿＿＿

＿＿＿＿＿＿＿＿＿＿＿＿＿＿＿＿＿＿＿＿＿＿＿＿＿＿＿＿＿＿＿＿＿＿＿＿＿＿

3. 手动空调系统与自动空调系统主要区别是 _____

_____

19.6 当丰田卡罗拉汽车空调系统不制冷时，其主要故障原因可能有：

1. _____
2. _____
3. _____
4. _____
5. _____

19.7 小组完成"汽车空调系统不能制冷故障的诊断与维修"工单。

1. 故障描述

车上检查并确认故障现象。

故障现象：_____

_____

2. 车辆的基本信息与基本检查

基本信息	车架号		车牌号	
	行驶里程		车辆年款	
基本检查	发动机怠速	□正常		□不正常
	仪表盘是否有警告灯亮	□正常		□不正常
	冷却液液位	□正常		□不正常
	机油液位	□正常		□不正常
	蓄电池电量	□正常		□不正常
外观检查		刮痕：□正常　　□不正常 变形：□正常　　□不正常 破损：□正常　　□不正常		

3. 制订工作计划及小组分工

_____

_____

_____

4. 设计诊断流程

①_____ ②_____ ③_____

④_____ ⑤_____ ⑥_____

5. 任务实施

依据诊断流程，参照维修手册进行规范操作，并记录检测内容、方法及数据。

诊断流程	检测内容	选项	
第（　）步		□正常	□不正常
第（　）步		□正常	□不正常
第（　）步		□正常	□不正常
第（　）步		□正常	□不正常
第（　）步		□正常	□不正常
第（　）步		□正常	□不正常
第（　）步		□正常	□不正常
第（　）步		□正常	□不正常
第（　）步		□正常	□不正常
第（　）步		□正常	□不正常
结论	故障内容		
	排除方法		
	对车主合理建议		

6. 学习评价

小组学生可以自评及互评，教师对每个学生进行工作评价。

	学生1	学生2	学生3	学生4	学生5	备注
安全生产						
车间5S标准						
工具仪器使用						
故障诊断方法						
查阅资料						
原因分析						
诊断流程设计						
结论正确						
工作态度						
课堂纪律						

任务 20　汽车空调系统制冷不足故障的诊断与维修

20.1　根据丰田卡罗拉汽车空调系统的原理，回答下列问题。

1. 汽车空调系统在_____、_____、_____、_____

条件下，其制冷系统正常工作压力是高压侧＿＿＿＿＿＿＿＿低压侧＿＿＿＿＿＿＿

2. 汽车空调制冷系统工作时高压侧与低压侧制冷剂压力均低于标准值，其故障原因可能是＿＿＿＿＿＿＿＿＿＿＿＿＿＿＿＿＿＿＿＿＿＿＿＿＿＿＿＿＿＿＿＿＿＿＿＿

3. 汽车空调制冷系统工作时高压侧与低压侧制冷剂压力不稳定，其故障原因可能是＿＿＿＿＿＿＿＿＿＿＿＿＿＿＿＿＿＿＿＿＿＿＿＿＿＿＿＿＿＿＿＿＿＿＿＿＿＿

4. 汽车空调制冷系统工作时低压侧显示真空而高压侧显示压力非常低，其故障原因可能是＿＿＿＿＿＿＿＿＿＿＿＿＿＿＿＿＿＿＿＿＿＿＿＿＿＿＿＿＿＿＿＿＿＿

5. 汽车空调制冷系统工作时高压侧与低压侧制冷剂压力均高，其故障原因可能是＿＿＿＿＿＿＿＿＿＿＿＿＿＿＿＿＿＿＿＿＿＿＿＿＿＿＿＿＿＿＿＿＿＿＿＿＿＿

6. 汽车空调制冷系统工作时低压侧压力过高而高压侧的压力过低，其故障原因可能是＿＿＿＿＿＿＿＿＿＿＿＿＿＿＿＿＿＿＿＿＿＿＿＿＿＿＿＿＿＿＿＿＿＿＿＿＿

20.2　如下图所示，请回答下列问题。

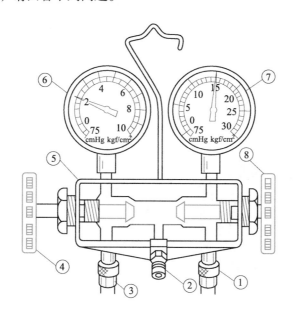

1. 写出图中零件的名称：①＿＿＿＿＿＿＿　②＿＿＿＿＿＿＿　③＿＿＿＿＿＿＿

④＿＿＿＿＿＿　⑤＿＿＿＿＿＿　⑥＿＿＿＿＿＿　⑦＿＿＿＿＿＿　⑧＿＿＿＿＿＿

2. 图中表的读数分别是＿＿＿＿＿＿＿＿与＿＿＿＿＿＿＿＿

20.3　根据丰田卡罗拉汽车空调系统的原理，请回答下列问题。

补加制冷剂的步骤：

1. ＿＿＿＿＿＿＿＿＿＿＿＿＿＿＿＿＿＿＿＿＿＿＿＿＿＿＿＿＿＿＿＿＿＿＿＿＿

2. ＿＿＿＿＿＿＿＿＿＿＿＿＿＿＿＿＿＿＿＿＿＿＿＿＿＿＿＿＿＿＿＿＿＿＿＿＿

3. ＿＿＿＿＿＿＿＿＿＿＿＿＿＿＿＿＿＿＿＿＿＿＿＿＿＿＿＿＿＿＿＿＿＿＿＿＿

4. ＿＿＿＿＿＿＿＿＿＿＿＿＿＿＿＿＿＿＿＿＿＿＿＿＿＿＿＿＿＿＿＿＿＿＿＿＿

5. ＿＿＿＿＿＿＿＿＿＿＿＿＿＿＿＿＿＿＿＿＿＿＿＿＿＿＿＿＿＿＿＿＿＿＿＿＿

20.4　当丰田卡罗拉汽车空调制冷不足时，其主要故障原因可能有：

1. _____
2. _____
3. _____
4. _____
5. _____

20.5 小组完成"汽车空调系统制冷不足故障的诊断与维修"工单。

1. 故障描述

车上检查并确认故障现象。

故障现象：_____

_____

2. 车辆的基本信息与基本检查

基本信息	车架号		车牌号	
	行驶里程		车辆年款	
基本检查	发动机怠速		□正常	□不正常
	仪表盘是否有警告灯亮		□正常	□不正常
	冷却液液位		□正常	□不正常
	机油液位		□正常	□不正常
	蓄电池电量		□正常	□不正常
外观检查			刮痕：□正常　变形：□正常　破损：□正常	□不正常　□不正常　□不正常

3. 制订工作计划及小组分工

_____

_____

_____

4. 设计诊断流程

①_____ ②_____ ③_____

④_____ ⑤_____ ⑥_____

5. 任务实施

依据诊断流程，参照维修手册进行规范操作，并记录检测内容、方法及数据。

诊断流程	检测内容	选项	
第（　）步		☐正常	☐不正常
第（　）步		☐正常	☐不正常
第（　）步		☐正常	☐不正常
第（　）步		☐正常	☐不正常
第（　）步		☐正常	☐不正常
第（　）步		☐正常	☐不正常
第（　）步		☐正常	☐不正常
第（　）步		☐正常	☐不正常
第（　）步		☐正常	☐不正常
第（　）步		☐正常	☐不正常
结论	故障内容		
	排除方法		
	对车主合理建议		

6. 学习评价

小组学生可以自评及互评，教师对每个学生进行工作评价。

	学生 1	学生 2	学生 3	学生 4	学生 5	备注
安全生产						
车间 5S 标准						
工具仪器使用						
故障诊断方法						
查阅资料						
原因分析						
诊断流程设计						
结论正确						
工作态度						
课堂纪律						

任务 21　汽车空调系统无暖风故障的诊断与维修

21.1　如下图所示，请回答下列问题。

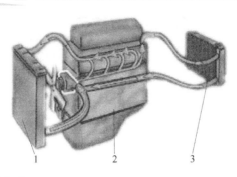

1. 写出图中零件的名称：1. ＿＿＿＿＿＿＿ 2. ＿＿＿＿＿＿＿ 3. ＿＿＿＿＿＿＿

2. 余热水暖式供暖系统的工作原理是当发动机冷却液温度达到85℃时，冷却系统中的＿＿＿＿＿＿开启，在水泵的作用下冷却液进行＿＿＿＿＿＿，此时发动机冷却液温度控制在90℃。从发动机缸套出来的高温冷却液一部分流到供暖系统的加热器，另一部分流到＿＿＿＿＿＿，在鼓风机的作用下，车内或外部新鲜空气经过＿＿＿＿＿＿后，冷空气变成了热空气。

21.2 当丰田卡罗拉汽车空调系统无暖风，其主要故障原因可能有：

1. ＿＿＿＿＿＿＿＿＿＿＿＿＿＿＿＿＿＿＿＿＿＿＿＿＿＿＿＿＿＿＿＿＿

2. ＿＿＿＿＿＿＿＿＿＿＿＿＿＿＿＿＿＿＿＿＿＿＿＿＿＿＿＿＿＿＿＿＿

3. ＿＿＿＿＿＿＿＿＿＿＿＿＿＿＿＿＿＿＿＿＿＿＿＿＿＿＿＿＿＿＿＿＿

4. ＿＿＿＿＿＿＿＿＿＿＿＿＿＿＿＿＿＿＿＿＿＿＿＿＿＿＿＿＿＿＿＿＿

5. ＿＿＿＿＿＿＿＿＿＿＿＿＿＿＿＿＿＿＿＿＿＿＿＿＿＿＿＿＿＿＿＿＿

21.3 小组完成"汽车空调系统无暖风故障的诊断与维修"工单。

1. 故障描述

车上检查并确认故障现象。

故障现象：＿＿＿＿＿＿＿＿＿＿＿＿＿＿＿＿＿＿＿＿＿＿＿＿＿＿＿＿＿＿＿

＿＿＿＿＿＿＿＿＿＿＿＿＿＿＿＿＿＿＿＿＿＿＿＿＿＿＿＿＿＿＿＿＿＿＿＿＿＿

2. 车辆的基本信息与基本检查

基本信息	车架号		车牌号	
	行驶里程		车辆年款	
基本检查	发动机怠速	□正常		□不正常
	仪表盘是有警告灯亮	□正常		□不正常
	冷却液液位	□正常		□不正常
	机油液位	□正常		□不正常
	蓄电池电量	□正常		□不正常
外观检查		刮痕：□正常		□不正常
		变形：□正常		□不正常
		破损：□正常		□不正常

3. 制订工作计划及小组分工

_____

_____

_____

_____

4. 设计诊断流程

①_____ ②_____ ③_____

④_____ ⑤_____ ⑥_____

5. 任务实施

依据诊断流程，参照维修手册进行规范操作，并记录检测内容、方法及数据。

诊断流程	检测内容	选项	
第（ ）步		□正常	□不正常
第（ ）步		□正常	□不正常
第（ ）步		□正常	□不正常
第（ ）步		□正常	□不正常
第（ ）步		□正常	□不正常
第（ ）步		□正常	□不正常
第（ ）步		□正常	□不正常
第（ ）步		□正常	□不正常
第（ ）步		□正常	□不正常
第（ ）步		□正常	□不正常
结论	故障内容		
	排除方法		
	对车主合理建议		

6. 学习评价

小组学生可以自评及互评，教师对每个学生进行工作评价。

	学生 1	学生 2	学生 3	学生 4	学生 5	备注
安全生产						
车间 5S 标准						
工具仪器使用						
故障诊断方法						
查阅资料						
原因分析						
诊断流程设计						
结论正确						
工作态度						
课堂纪律						

任务 22　汽车空调系统出风口无风故障的诊断与维修

22.1　根据丰田卡罗拉汽车空调系统的原理，回答下列问题。

　　1. 汽车空调系统工作时，车内空气循环形式有两种：一种是外界新鲜空气进入空调器进行空气调节工作，称为＿＿＿＿＿＿＿＿；另一种是车内空气进入空调器进行空气调节工作，称为＿＿＿＿＿＿＿。

　　2. 汽车空调系统的通风方式有＿＿＿＿＿＿＿和＿＿＿＿＿＿＿两种。＿＿＿＿＿＿是利用汽车行驶时空气对车身表面所产生的压力为动力，按照车身表面＿＿＿＿＿＿＿，在车上适当的地方开设进风口和排风口，以实现车内的自然通风；＿＿＿＿＿＿＿是利用鼓风机强制将车外部新鲜空气吸入车内进行通风换气的。

22.2　当丰田卡罗拉汽车空调出风口无风时，其主要故障原因可能有：

　　1. ＿＿＿＿＿＿＿＿＿＿＿＿＿＿＿＿＿＿＿＿＿＿＿＿＿＿＿＿＿＿＿＿＿

　　2. ＿＿＿＿＿＿＿＿＿＿＿＿＿＿＿＿＿＿＿＿＿＿＿＿＿＿＿＿＿＿＿＿＿

　　3. ＿＿＿＿＿＿＿＿＿＿＿＿＿＿＿＿＿＿＿＿＿＿＿＿＿＿＿＿＿＿＿＿＿

22.3　小组完成"汽车空调系统出风口无风故障的诊断与维修"工单。

　　1. 故障描述

　　车上检查并确认故障现象。

　　故障现象：＿＿＿＿＿＿＿＿＿＿＿＿＿＿＿＿＿＿＿＿＿＿＿＿＿＿＿＿＿＿＿

＿＿＿＿＿＿＿＿＿＿＿＿＿＿＿＿＿＿＿＿＿＿＿＿＿＿＿＿＿＿＿＿＿＿＿＿＿＿

　　2. 车辆的基本信息与基本检查

基本信息	车架号		车牌号	
	行驶里程		车辆年款	
基本检查	发动机怠速	□正常		□不正常
	仪表盘是否有警告灯亮	□正常		□不正常
	冷却液液位	□正常		□不正常
	机油液位	□正常		□不正常
	蓄电池电量	□正常		□不正常
外观检查		刮痕：□正常　　□不正常 变形：□正常　　□不正常 破损：□正常　　□不正常		

3. 制订工作计划及小组分工

_____

_____

_____

_____

4. 设计诊断流程

① _____ ② _____ ③ _____

④ _____ ⑤ _____ ⑥ _____

5. 任务实施

依据诊断流程，参照维修手册进行规范操作，并记录检测内容、方法及数据。

诊断流程	检测内容	选项	
第（　）步		□正常	□不正常
第（　）步		□正常	□不正常
第（　）步		□正常	□不正常
第（　）步		□正常	□不正常
第（　）步		□正常	□不正常
第（　）步		□正常	□不正常
第（　）步		□正常	□不正常
第（　）步		□正常	□不正常
第（　）步		□正常	□不正常
第（　）步		□正常	□不正常
结论	故障内容		
	排除方法		
	对车主合理建议		

6. 学习评价

小组学生可以自评及互评，教师对每个学生进行工作评价。

	学生 1	学生 2	学生 3	学生 4	学生 5	备注
安全生产						
车间 5S 标准						
工具仪器使用						
故障诊断方法						
查阅资料						
原因分析						
诊断流程设计						
结论正确						
工作态度						
课堂纪律